职业院校汽车车身修复专业系列教材

汽车车身制图与识读

张湘衡　冯国苓　主　编
邬玲玲　副主编

電子工業出版社
Publishing House of Electronics Industry
北京·BEIJING

内 容 简 介

本书从基本知识入手，循序渐进地介绍投影方法、三视图、车身制图、车身图样识读和应用、汽车损坏修复的测量工作等内容。汽车车身测量是汽车车身技术人员必备基本知识和技能，也是汽车修理人员必须掌握的操作技能，在汽车修复过程中正确运用汽车车身测量技术可以起到事半功倍的效果。本书可以填补汽车车身在这方面知识的空缺，是中、高职学生必须掌握的基础理论知识。

本书适合职业院校汽车车身修复专业、汽车车身制造专业的师生使用，也可以用做二手车评估教材以及保险行业的培训教材；本书的技术资料是市场上不可多得的技术资料，可供技术人员和从业者自学查询使用。

图书在版编目（CIP）数据

汽车车身制图与识读 / 张湘衡，冯国苓主编．—北京：电子工业出版社，2013.1
职业院校汽车车身修复专业系列教材
ISBN 978-7-121-19435-1

Ⅰ．①汽… Ⅱ．①张… ②冯… Ⅲ．①汽车－车体－机械制图－中等专业学校－教材 Ⅳ．①U463.820.2

中国版本图书馆 CIP 数据核字（2013）第 009968 号

策划编辑：杨宏利　　yhl@phei.com.cn
责任编辑：杨宏利
印　　刷：北京京师印务有限公司
装　　订：北京京师印务有限公司
出版发行：电子工业出版社
　　　　　北京市海淀区万寿路 173 信箱　邮编 100036
开　　本：787×1 092　1/16　印张：14.25　字数：364.8 千字
印　　次：2013 年 1 月第 1 次印刷
印　　数：3 000 册　　定价：29.50 元

凡所购买电子工业出版社图书有缺损问题，请向购买书店调换。若书店售缺，请与本社发行部联系，联系及邮购电话：（010）88254888。

质量投诉请发邮件至 zlts@phei.com.cn，盗版侵权举报请发邮件至 dbqq@phei.com.cn。
服务热线：（010）88258888。

前　言

汽车经过了一百多年的发展，汽车车身有了很多变化，特别当今能源紧张，现代汽车车身大多数采用了整体式车身结构。采用整体式车身结构的汽车质量轻、结构紧凑、安全性能好。

汽车车身采用整体结构，汽车没有与行驶系统连接的底架结构。汽车的行驶系统、转向系统、安全系统等都直接安装在汽车车身上。因此，汽车车身的各结构的几何尺寸、各测量控制点参数是否正确就很重要。汽车车身技术文件都配有车身技术图样，检查这些重要技术参数，用好车身测量方法是汽车检查、评估、修理的重要技术手段。

本书从基本知识入手，循序渐进地介绍投影方法、三视图、车身制图、车身图样识读和应用、汽车损坏修复的测量工作等内容。汽车车身测量是汽车车身技术人员必备基本知识和技能，也是汽车修理人员必须掌握的操作技能，在汽车修复过程中正确运用汽车车身测量技术可以起到事半功倍的效果。

本书系统介绍汽车车身技术图样方面的知识，从汽车图样、车身制图和钣金件展开图到各种车型车身技术图样的识读、汽车车身技术图样在修复工作的重要性及应用、车身碰撞损坏修复工作中的测量方法及修复实例等内容。

本书紧密结合现代汽车采用最多的汽车车身整体式结构，叙述采用科学的，十分有效的简明方法，通过技术测量判断汽车的整体技术状况、汽车的技术特性及碰撞损坏程度。

本书可以填补汽车车身在这方面知识的空缺，是中、高职学生必须掌握的基础理论知识，还可用做汽车车身制造专业的教材及保险行业的培训教材。本书也可以作为评估二手车的教学用书，配合各种车型的技术资料用来对汽车的性能、结构、损坏程度进行评估和鉴定。本书介绍的关于车身图样的内容，也是市场上不可多得的技术资料。

本书由汽车车身修复专家张湘衡和海南经贸职业技术学院冯国苓任主编，南京公用事业技工学校的邬玲玲任副主编。第一章、第二章由冯国苓编写，第三章、第四章、第五章和第六章由张湘衡和邬玲玲编写。

本书在编写的过程中得到各种车型的修理厂和 4S 店的车身修理技术人员、资深汽车车身修复技师的帮助，并协助提供汽车碰撞修复实例，使本书的理论与实践结合，让本书更有实用价值，在此，表示十分感谢。

由于时间仓促，水平和精力有限，书中不当或错误之处在所难免，恳请广大读者和专家批评指正。

编　者

2013 年 1 月

目　　录

第一章
图　　样

根据投影原理、标准或有关规定，表示工程对象，并有必要的技术说明的图，称为图样。

近代一切机器、汽车、工程建筑等产品的制造、使用与维护等都是通过图样来实现的。设计者通过图样来表达设计意图和要求，制造者通过图样来了解设计要求，组织生产加工，使用者根据图样了解它的构造和性能以及正确的使用方法和维护方法。因此，图样是表达设计意图、交流技术思想的重要工具，是工业生产和产品维修的重要技术文件。

1.1　图样的基本知识

为了便于生产和技术交流，图样的格式和表达方法必须有统一的规定。为此，国家技术监督局和标准局发布实施了一系列国家标准即《技术制图》和《机械制图》。现摘要介绍其中部分内容。

投影方法：

空间的物体要按制图的方法绘制图样，必须有一方法，图家标准采用的是正投影法。正投影法是投射线与投影面相垂直的平行投影法。根据正投影法所得到的图形称为正投影图，如图 1-1 所示。

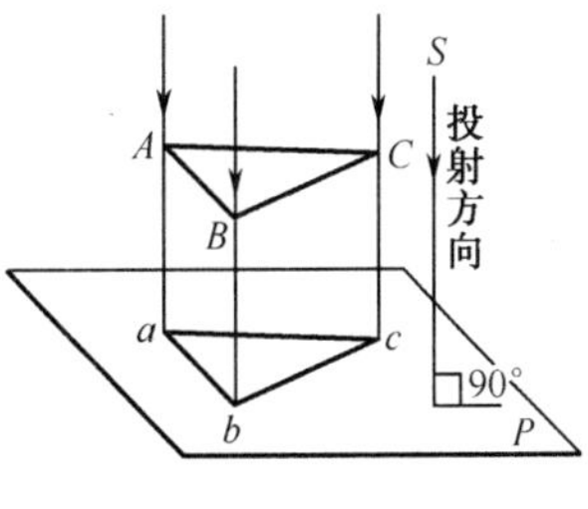

图1-1　正投影法

1. 正投影的基本特征

（1）真实性。当直线段或平面形平行于投影面时，其投影反映直线段实长或平面形的实形，这种投影特性称为真实性，如图 1-2（a）所示。

（2）积聚性。当直线或平面形垂直于投影面时，直线段的投影积聚成点，平面形的投影积聚成线段，这种投影特性称为积聚性，如图 1-2（b）所示。

（3）类似性。当直线段或平面形倾斜于投影面时，直线段投影变短，平面形的投影为原形的类似形，这种投影特性称为类似性，如图 1-2（c）所示。

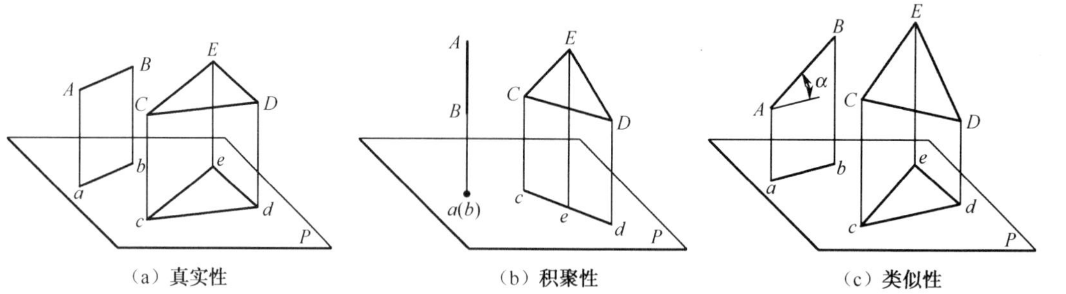

图1-2　正投影的基本特征

2. 三视图的形成

1）三投影面体系的建立和形成

一般设立三个相互垂直相交的投影面，构成三投影体系。分别为正立投影面，用 V 表示，由前向后投射在 *V* 面上得到的视图叫主视图；水平投影面，用 *H* 表示，由上向下投射在 *H* 面上得到的视图叫俯视图；侧立投影面，用 W 表示，由左向右投射在 *W* 面上得到的视图叫左视图，如图 1-3 所示。三个投影面之间的交线称为投影轴，分别用 *OX*、*OY*、*OZ* 表示，简称为 *X* 轴、*Y* 轴、*Z* 轴。*X* 轴代表左右长度方向，*Y* 轴代表前后宽度方向，*Z* 轴代表上下高度方向，如图 1-4 所示。

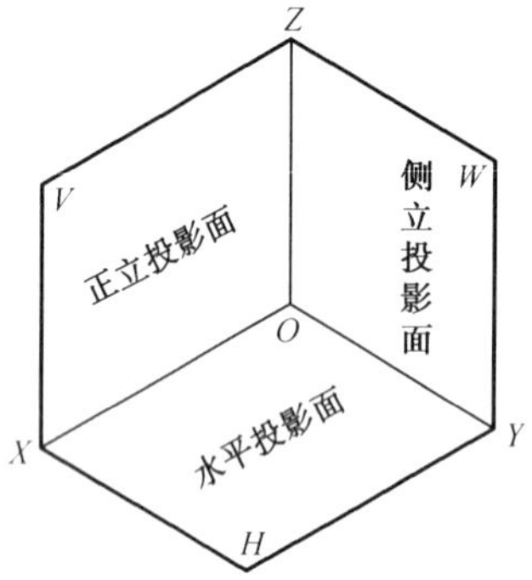

图1-3　三投影面体系

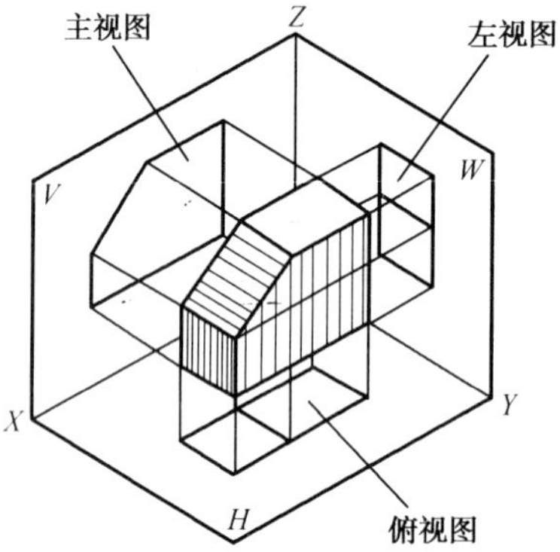

图1-4　三视图的形成

2）三视图之间的对应关系

如图 1-5（a）所示，为三面投影体系，物体在三个面的投影形成三个视图，将投影面旋转展开到同一图面上后，使物体的各视图有规则地配置，并相互之间形成对应关系。

(1) 位置关系。以主视图为准，俯视图配置在它的正下方，左视图配置在它的正右方，如图 1-5（b)、图 1-5（c）所示。

(2) 尺寸关系。物体有长、宽、高三方向的尺寸，每个视图都反映物体的两个方向尺寸：主视图反映长度和高度，俯视图反映长度和宽度，左视图反映宽度和高度。这样，相邻两个视图同一方向的尺寸相等，即：

主、俯视图相应投影长度相等，且对正；

主、左视图相应投影高度相等，且平齐；

俯、左视图相应投影宽度相等。

三视图之间“长对正、高平齐、宽相等”的“三等”关系，就是三视图的投影规律，对于物体的整体或局部都是如此，在画图、读图时要严格遵循，如图 1-5（b）所示。

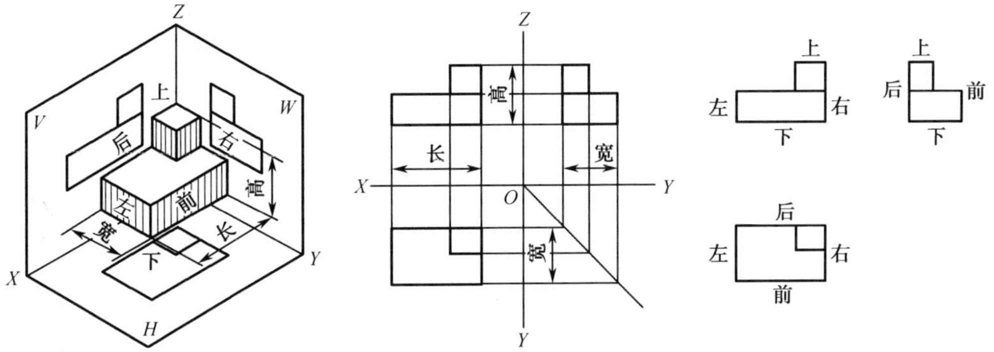

（a）三面投影体系的对应关系　（b）位置关系（一）　（c）位置关系（二）

图1-5　三视图之间的对应关系

1.2　立体

许多机件都可以看成由若干柱、锥、台、球等基本几何体（简称基本体）组合而成，如图 1-6 所示。基本几何体分为平面立体和曲面立体两类。表面全部是平面的立体称为平面立体，如棱柱、棱锥等；表面有平面，又有曲面或全部是曲面的立体称为曲面立体，如圆柱、圆锥、圆球、圆环等。

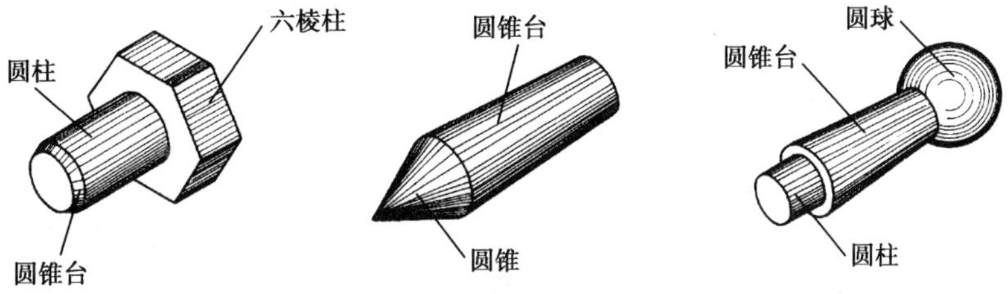

（a）螺栓坯　（b）顶尖　（c）手柄

图1-6　机件

1. 平面立体

常见的平面立体主要有直棱柱（简称棱柱）和直棱锥（简称棱锥）两种。由于它们的表面都是由多边形的平面围成，因此，绘制平面立体的三视图，可归结为画出这些多边形顶点和边的投影。

1）棱柱的形体特征

棱柱表面有两个起着确定棱柱形状特征的平行且相等的多边形平面（称为特征面），其他表面为垂直特征面的矩形。如图 1-7 所示，正六棱柱的顶面和底面为两个形状、大小完全相同的互相平行的正六边形，其余六个侧面均为垂直六边形平面的矩形。

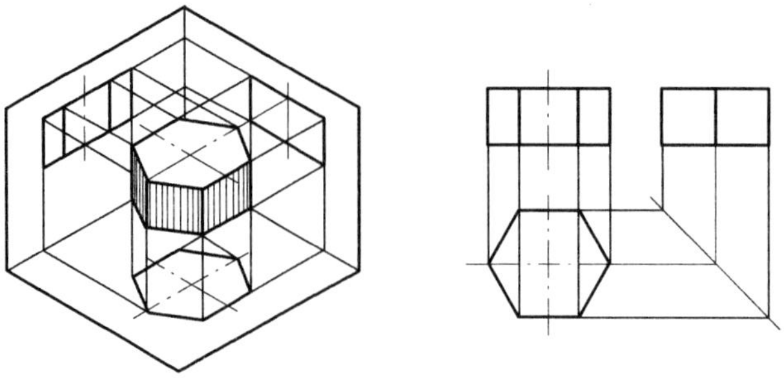

（a）视图（一）　　（b）视图（二）

图1-7　正六棱柱的三视图

2）棱锥的形体特征

棱锥的底面为多边形，各侧面均为过锥顶的三角形。如图 1-8 所示，正三棱锥底面为等边三角形，三个侧面均为过锥顶的等腰三角形。

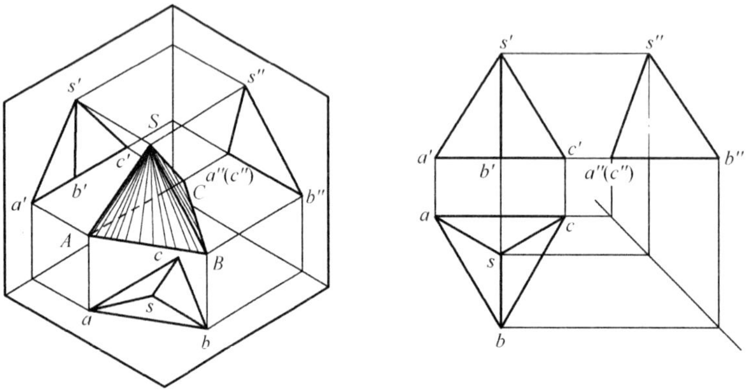

（a）视图（一）　　（b）视图（二）

图1-8　正三棱锥三视图

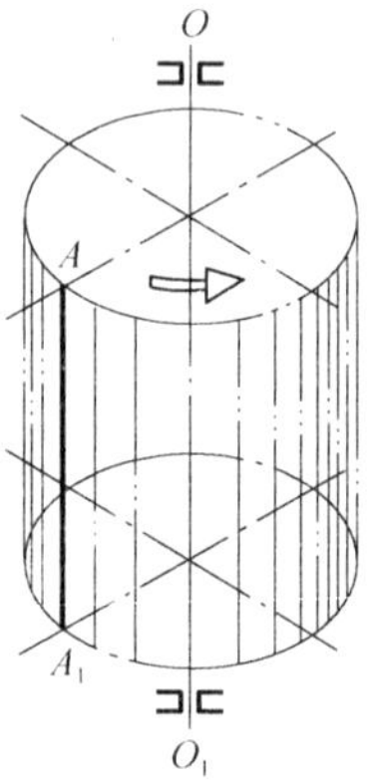

图1-9　圆柱面的形成

3）圆柱

圆柱面的形成：圆柱面可看成一条直线绕与它平行的轴线回转而成。如图 1-9 所示，OO_1 称为轴线，直线 AA_1 称为母线，母线的任一位置称为素线。

4）圆锥

圆锥面的形成： 圆锥面可看成一条直线（母线）绕与它相交的轴线回转而成，如图 1-10 所示。

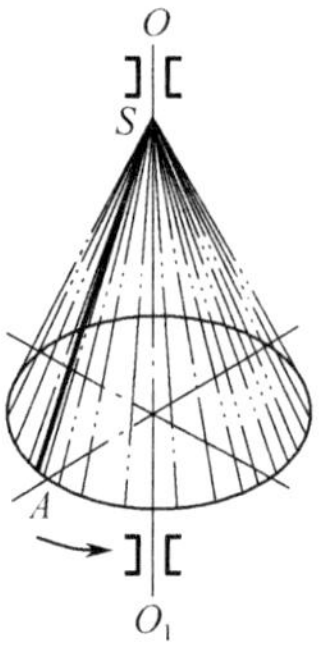

图1-10　圆锥面的形成

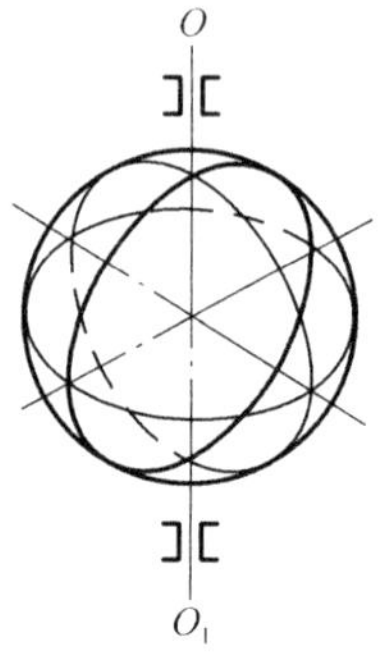

图1-11　圆球面的形成

5）圆球

圆球面的形成：圆球面可看成一个圆（母线）绕其直径回转而成，如图 1-11 所示。

6）圆环

圆环面可看成一圆母线绕与圆平面共面但不通过圆心的轴线回转而成，如图 1-12 所示。

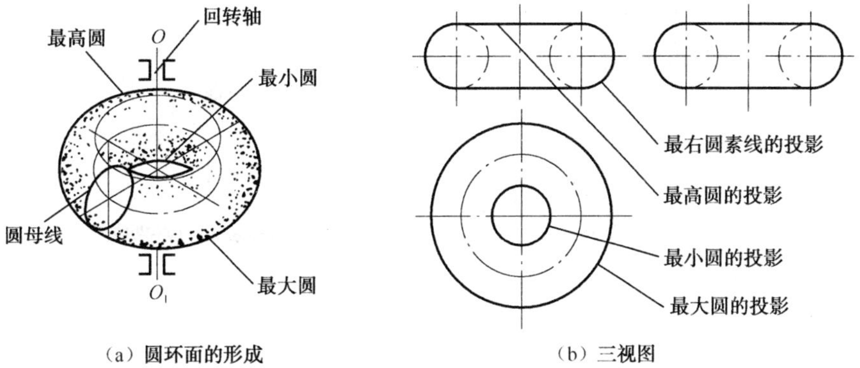

图1-12　圆环面的形成及其三视图

2. 柱体的形体特征

如图 1-13 所示，每个形体都有两个起着决定该形体形状特征的平行且相等的平面（称为特征面），其他表面均垂直于特征面，其他表面全是平面的形体称为平面柱体，其他表面均为曲面的形体称为曲面柱体，其他表面为平、曲面组合的形体成称为平曲柱体。

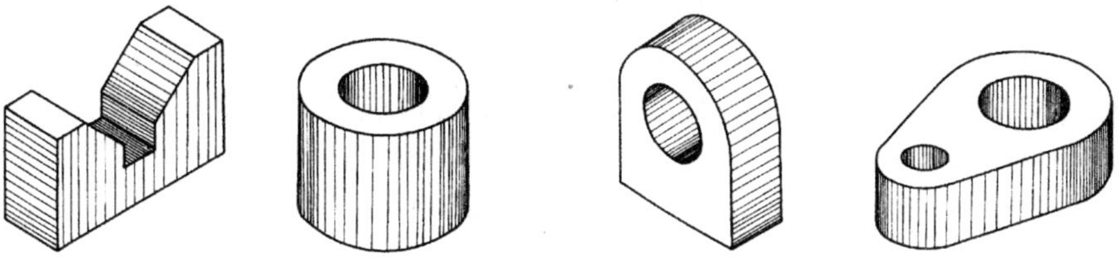

图1-13　柱体

1.3　组合体

1. 组合体的形体分析法

任何复杂的物体，都可以看成是由一些基本体组合而成的。如图 1-14（a）所示的轴承座可看成为如图 1-14（b）所示的底板、支承板、圆筒和肋板四部分叠加和挖切而成。这种假想把组合体分解为若干基本体，分析各基本体的形状、相对位置、组合形式及表面连接方式的分析方法，称为形体分析法。它把复杂问题分解为若干简单问题，便于组合体的绘图、看图和尺寸标注。

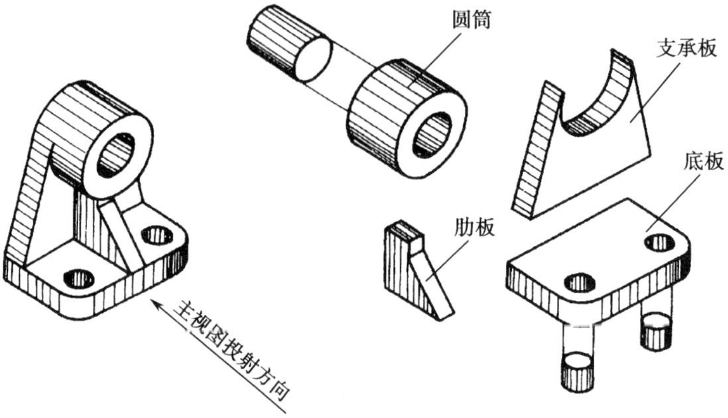

（a）轴承座　　（b）底板、支承板、圆筒和肋板

图1-14　轴承座的形体分析

2. 组合体的三视图画法

1）形体分析

画图前，要对组合体进行形体分析。该轴承座由底板、支承板、肋板和圆筒四部分组成。支承板和肋板叠在底板上方，肋板与支承板前面接触；圆筒由支承板和肋板支撑着；底板、支承板和圆筒三者后面平齐，整体左右对称。

2）选择主视图

主视图是最主要的视图，一般应选择能较明显地反映组合体各组成部分形状和相对位置的方向作为主视图的投影方向，并力求使主要平面平行于投影面，以便投影获得实形，同时考虑物体的正常位置安放，自然平稳，并兼顾其他视图表达的清晰性。如图 1-14 所示中的轴承座沿箭头方向投影所得视图作为主视图较能满足上述要求。

3）选比例、定图幅

视图确定后，要根据实物大小和复杂程度，按标准规定选择作图比例和图幅。一般情况下，尽可能选用 1∶1。确定图幅大小时，除考虑绘图所需面积外，还要留够标注尺寸和画标题栏的位置。

4）布置视图

布图时，应根据各个视图的大小，视图间有足够的标注尺寸的空间以及画标题栏的位置等，画出各视图作图基准线，将视图匀称地布置在幅面上。

5）画底稿（见表 1-1）

为了正确而迅速地画出组合体三视图，画底稿时应注意：

（1）画图时，不应画完组合体的一个完整视图后，再画另一视图，应用形体分析法，逐个形体绘制，按照先主后次、先大后小、先叠加后切割、先可见后不可见的顺序绘图。

（2）画每一形体时，应先画特征视图，后画一般视图，三个视图配合同时进行，以提高速度，少出差错。

表 1-1　轴承座画图步骤

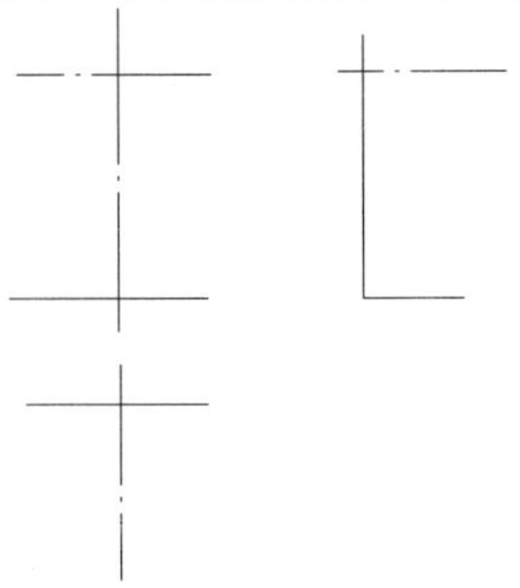 （a）画各作图基准线	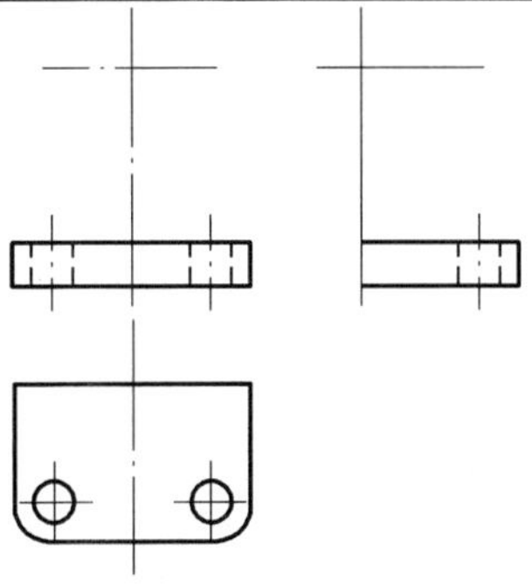 （b）画底板
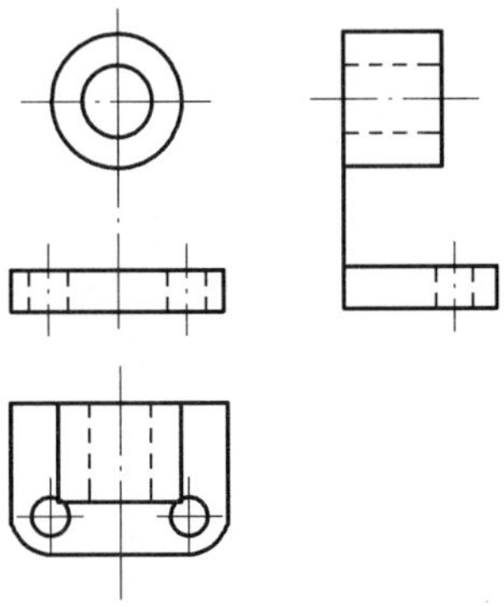 （c）画圆筒	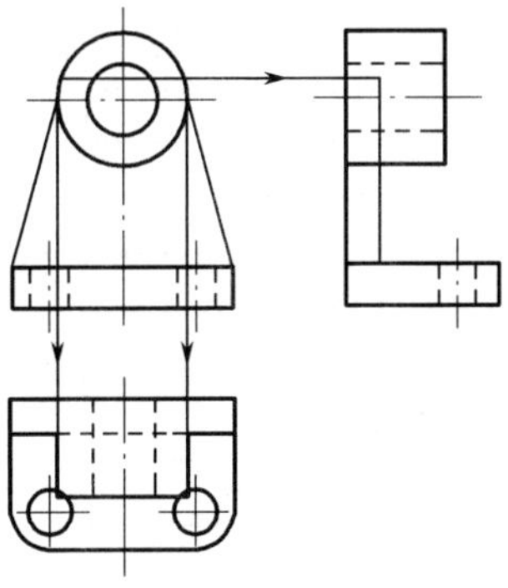 （d）画支承板
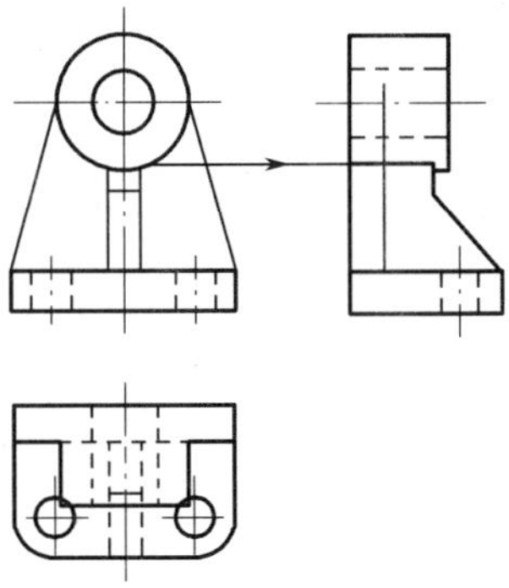 （e）画肋板	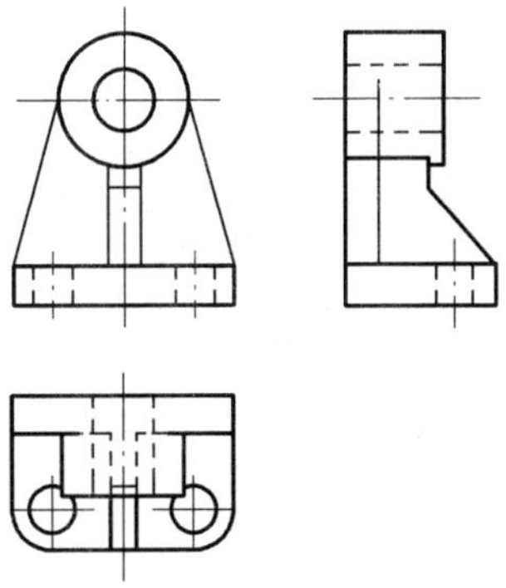 （f）检查，描深加粗

3. 组合体的尺寸标注

视图表达了物体的形状，它的大小要通过标注尺寸来确定，而且尺寸必须注得正确、完整、清晰。

1）尺寸种类

（1）定形尺寸。定形尺寸是指确定组合体各组成部分形状大小的尺寸。如图 1-15（a）、图 1-15（b）所示，支架是由底板、竖板和肋板三部分组成的，底板的定形尺寸为长 66mm、宽 44mm、高 12mm、圆角 *R*10mm 以及板上两圆柱孔直径ϕ10mm；竖板的定形尺寸为长 12mm，圆孔直径ϕ18mm，圆弧半径 *R*18mm；肋板的定形尺寸为长 26mm、宽 10mm，高 18mm。

（2）定位尺寸。定位尺寸是指确定组合体各组成部分相对位置的尺寸。如图 1-15（c）所示，左视图中的尺寸 42mm 是竖板孔ϕ18mm 高度方向的定位尺寸，俯视图中的尺寸 56mm、24mm 分别是底板上两圆孔的长度方向和宽度方向的定位尺寸。由于竖板与底板、肋板与底板前后对称、相互接触，竖板与底板右面平齐，它们之间的相对位置均已确定，无需再注其他定位尺寸。

（3）总体尺寸。总体尺寸是指表示组合体外形总长、总宽、总高的尺寸。如图 1-15（c）所示，底板的长度尺寸 66mm 即总长尺寸，底板宽度尺寸 44mm 即总宽尺寸，尺寸 42mm 和 *R*18mm 决定了支架的总高尺寸。

对于具有圆弧面的结构，为了明确圆弧中心和圆孔的确切位置，通常总体尺寸只注到中心线位置，而不直接注出总尺寸。例如支架的总高尺寸没有直接注出，而是通过尺寸 42mm 和 *R*18mm 相加来反映。

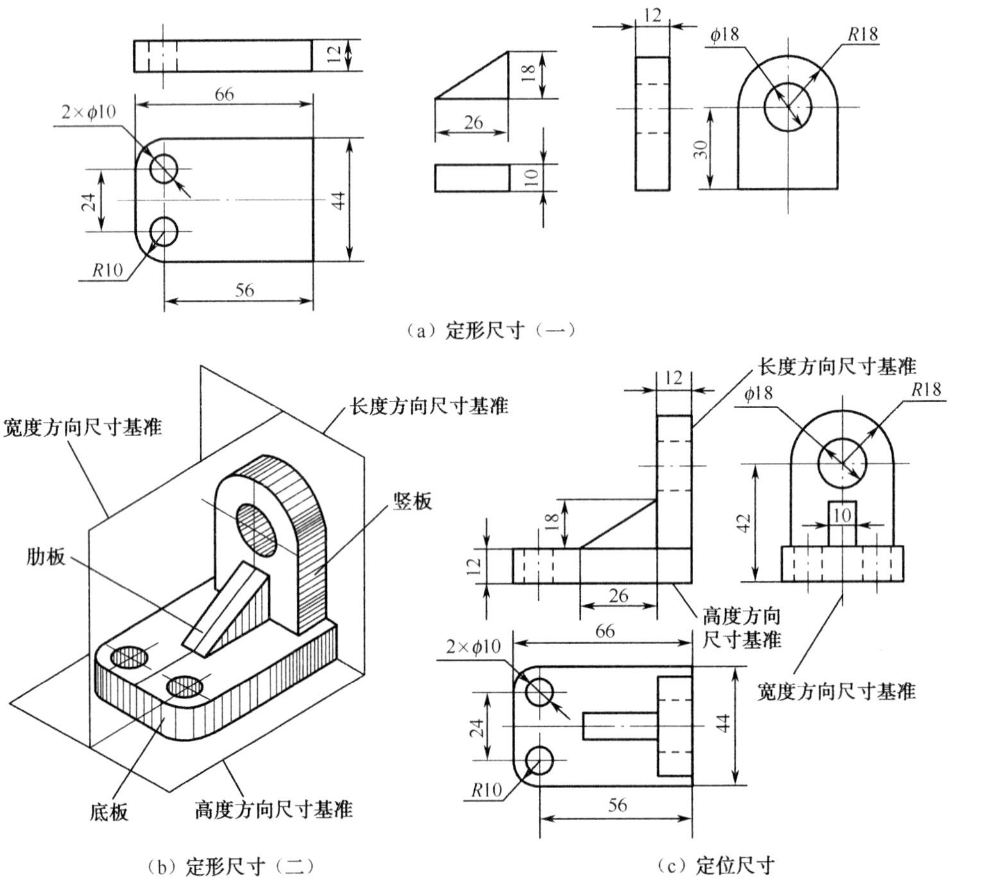

（a）定形尺寸（一）

（b）定形尺寸（二）　　（c）定位尺寸

图1-15　支架的尺寸分析

2）尺寸基准

所谓尺寸基准，就是标注尺寸的起始点。组合体有长、宽、高三个方向的尺寸，所以每个方向至少都应选择一个尺寸基准，一般选择组合体的对称平面、底面、重要端面以及回转体轴线等作为尺寸基准，如图 1-15（b）、图 1-15（c）所示。

3）尺寸标注的基本要求

（1）尺寸标注必须要正确。所注尺寸必须符合国家标准中有关尺寸注法的规定。

（2）尺寸标注必须完整。所注尺寸必须能完全确定物体的形状和大小，不许遗漏，也不得重复。为此，必须运用形体分析法，逐一注出各基本体的定形尺寸，各基本体之间的定位尺寸以及组合体的总体尺寸。

（3）尺寸标注必须清晰。尺寸布置必须整齐清晰，便于看图。为此应注意：

① 应尽量将尺寸注在视图外面，与两视图有关的尺寸，最好标注在两视图之间，如图 1-16 所示的尺寸 38mm、24mm。

② 同一基本体的定形、定位尺寸要集中标注，且标注在反映该形体的形状和位置特征明显的视图上，如图 1-16 所示的尺寸 12mm、10mm、18mm、13mm 等。

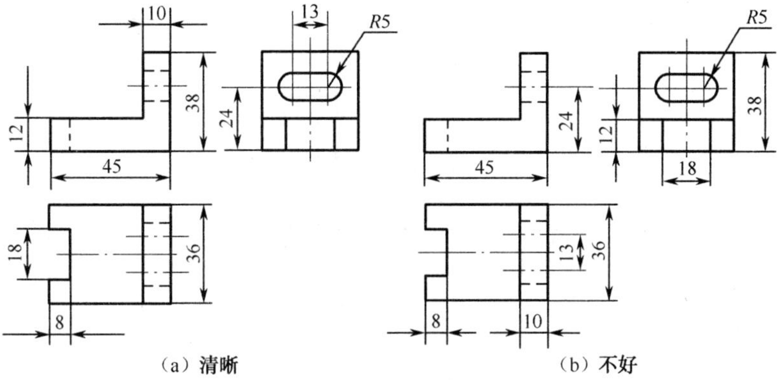

图1-16　尺寸标注的清晰性（一）

③ 同轴回转体的直径尺寸，最好标注在非圆视图上，圆弧半径尺寸，应标注在投影为圆弧的视图上，如图 1-17 所示。

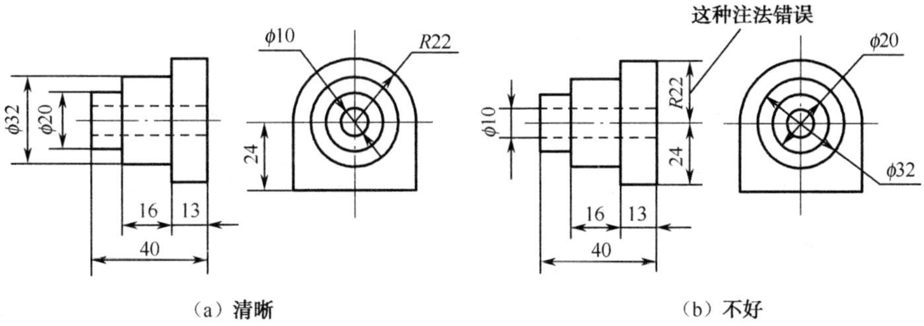

图1-17　尺寸标注的清晰性（二）

④ 尽量避免在虚线上标注尺寸。如图 1-17 所示的ϕ10mm。

4）标注尺寸的方法和步骤

标注组合体尺寸的基本方法是形体分析法。先假想将组合体分解为若干基本形体，选择好尺寸基准，然后逐一注出各基本体的定形尺寸和各基本体之间的定位尺寸，最后标注总体尺寸，并对已注的尺寸作必要的调整，如图 1-18 所示。

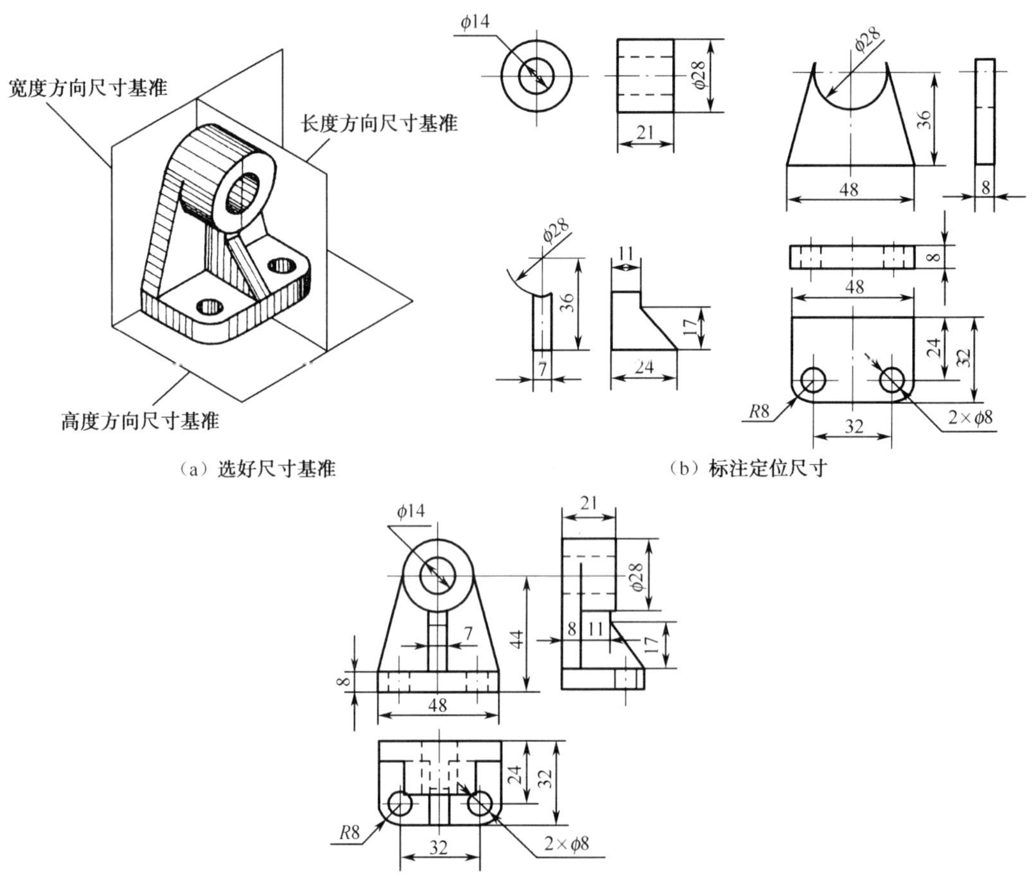

图1-18　标注轴承座尺寸的方法与步骤

1.4　图样画法

国家标准规定表示机件的视图通常有：基本视图、向视图、局部视图和斜视图。

1. 基本视图

用六面体的六个面作为基本投影面，如图 1-19（a）所示，把机件放置于六面体中，按正投影法分别向六个基本投影面投影，即得六个基本视图。六个基本视图的名称及投影方向的规定如下：

主视图　由前向后投影所得的视图。

俯视图　由上向下投影所得的视图。

左视图　由左向右投影所得的视图。

右视图　由右向左投影所得的视图。

仰视图　由下向上投影所得的视图。

后视图　由后向前投影所得的视图。

六个基本投影面的展开如图 1-19（b）所示，即正面不动，将其余投影面展开与正面共面，展开后六个基本视图的位置关系如图 1-19（c）所示。在同一张图纸内按如图 1-18 所示配置基本视图时，可不标注视图的名称。

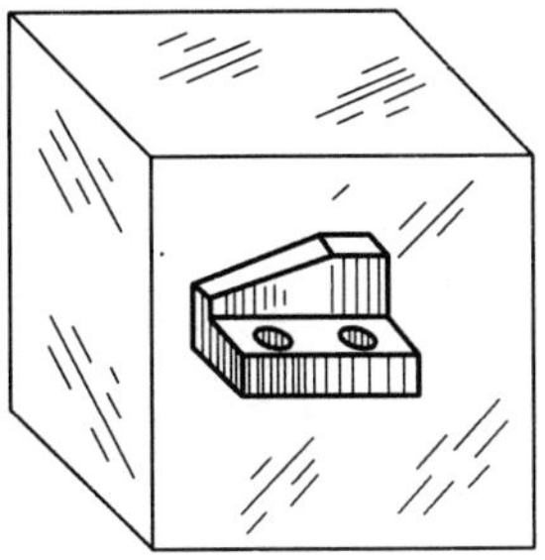

（a）六个基本投影面

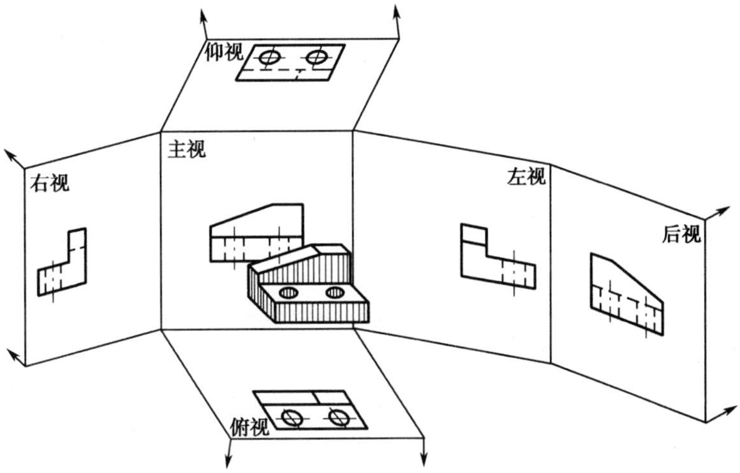

（b）六个基本投影面的展开

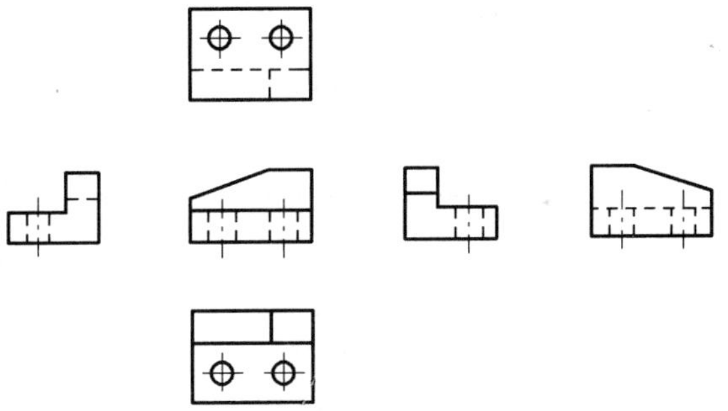

（c）基本视图的配置

图1-19　六个基本视图的形成与配置

六个基本视图同前面的三视图一样，保持投影对应关系，仍然符合“长对正、高平齐、宽相等”的投影规律，除后视图外，其他视图靠近主视图的一边是机件的后面，远离主视图的一边是机件的前面。

表示机件时，应根据机件的结构特点，按实际需要选择视图的数量。

2. 向视图

向视图是可以自由配置的视图。根据需要允许从以下两种表达方式中选择一种。

（1）在向视图上方用大写拉丁字母标注“×”，在相应视图的附近用箭头指明投影方向并标注相同的字母，如图 1-20（a）所示。

（2）在向视图上方（或下方）标注图名。标注图名的各视图的位置，应根据需要和可能，按相应的规则布置，如图 1-20（b）所示。

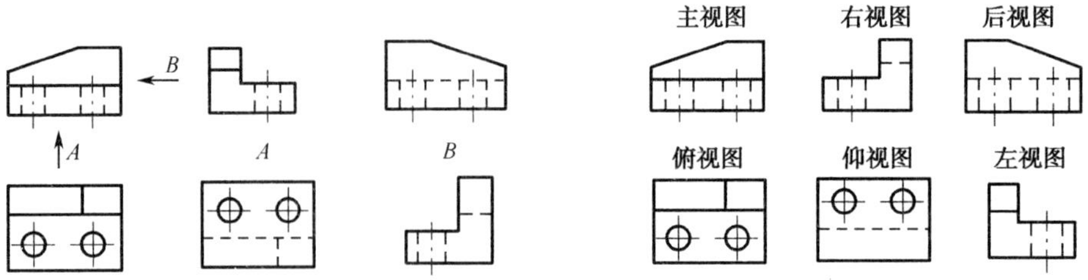

（a）用箭头指明投影方向并标注相同的字母　　（b）标注图名

图1-20　向视图

3. 局部视图

将机件的某一部分向基本投影面投射所得的视图称为局部视图。如图 1-21（a）、（b）所示的机件，选用主、俯两基本视图后，尚有左右两边凸台的结构形状没有表示清楚，如若再用左视图和右视图表示两边凸台时，机件上的圆柱和底板已多次重复投影。而用局部视图表示两边的凸台，则更能突出要表示的重点，且使图面简洁。

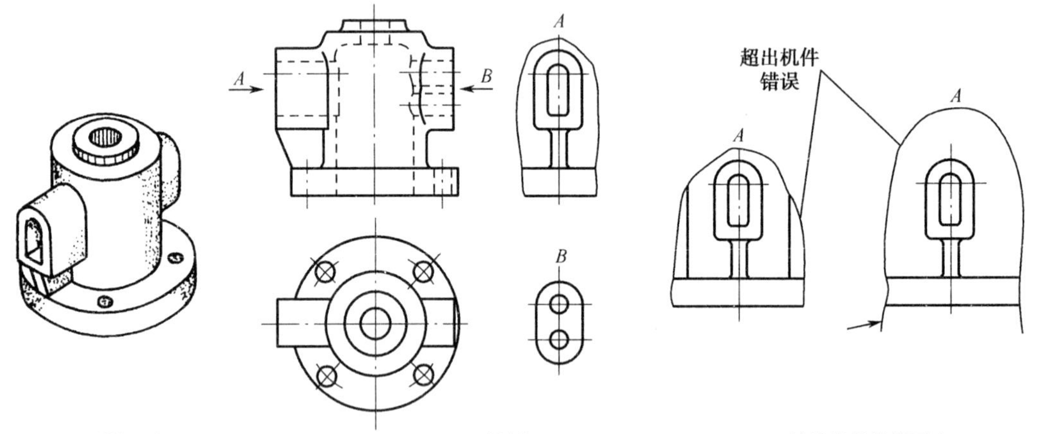

（a）轴视图　　（b）视图　　（c）波浪线的错误画法

图1-21　局部视图的画法

局部视图的断裂边界以波浪线表示，当所表示部分的结构是完整的，其图形的外轮廓线成封闭时，波浪线可省略不画。

局部视图可按基本视图的配置形式配置，也可按向视图的配置形式配置并标注。

4. 斜视图

机件向不平行于任何基本投影面的平面投射所得的视图称为斜视图，如图 1-22 所示的机件，其倾斜的部分无法在基本投影面（水平面）上表示出实形，亦无法标注尺寸。但若加上一个与倾斜部分平行（同时垂直于 V 面）的投影面后，再将其向该投影面投射，就可得到这部分的实形，即斜视图。

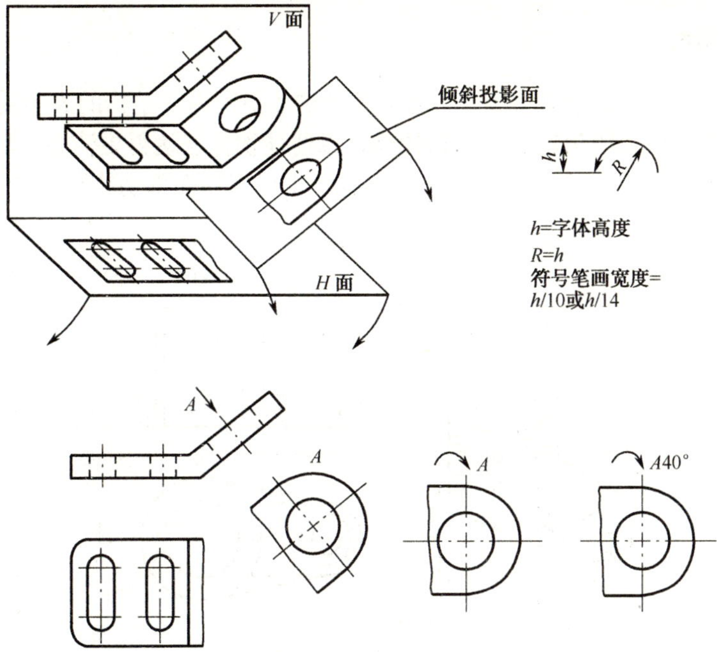

图1-22　斜视图的形成与画法

1.5　剖视图

1. 剖视的基本概念

当物体的内部结构比较复杂时，在视图中就会出现很多虚线，影响图形清晰，也不便于标注尺寸。采用国际中规定的“剖视”方法，则可解决机件内部结构的表示问题。如图 1-23 所示，假想用剖切面剖开机件，将处于观察者和剖切面之间的部分移去，而将其余部分向投影面投射所得的图形称为剖视图，简称剖视。剖切机件的假想平面或曲面称剖切面，剖切面与机件的接触部分称剖面区域。

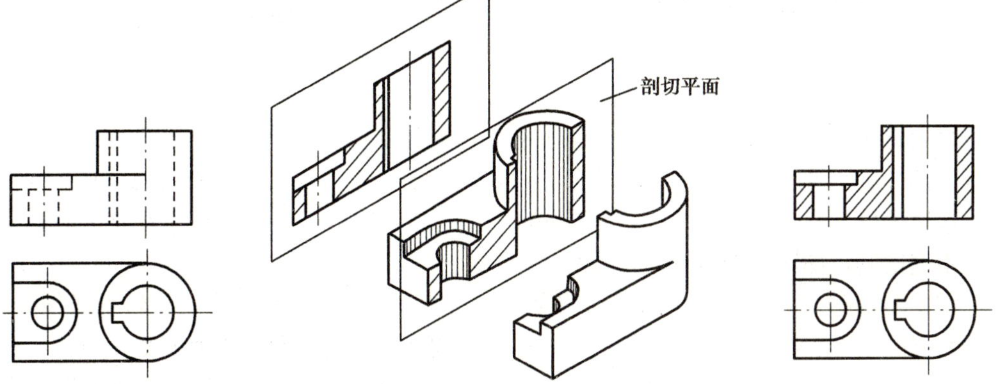

（a）机件的视图　　（b）剖视的形成　　（c）剖视图的画法

图1-23　剖视的概念

2. 剖切面

由于物体的内部结构复杂多变，为适应各种物体不同内部结构的表示需要，可以选用不同数量、位置、形状的剖切面来剖切物体，以便使物体表达得更清楚。

（1）单一剖切面。一般用一个平面剖切物体，也可用柱面剖切物体。常见为平面剖切，如图 1-24 所示。

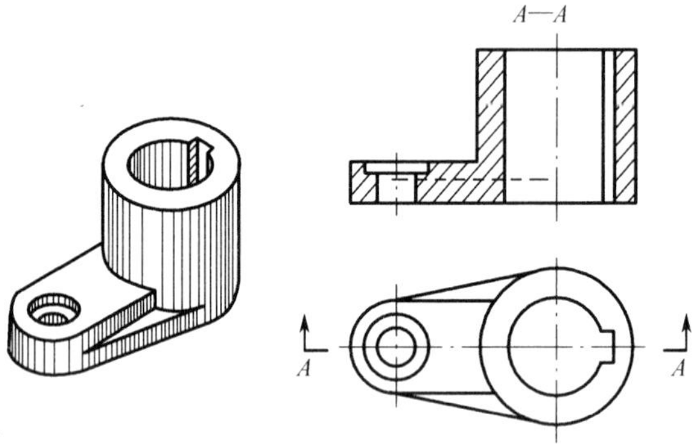

图1-24　剖视图中必要的虚线及标注

（2）几个相交的剖切面。用几个相交的剖切面（交线垂直于某一基本投影面）剖开物体的方法（称为旋转剖），如图 1-25 所示。用来表示物体具有明显回转轴线，分布在几个相交平面上的内形。

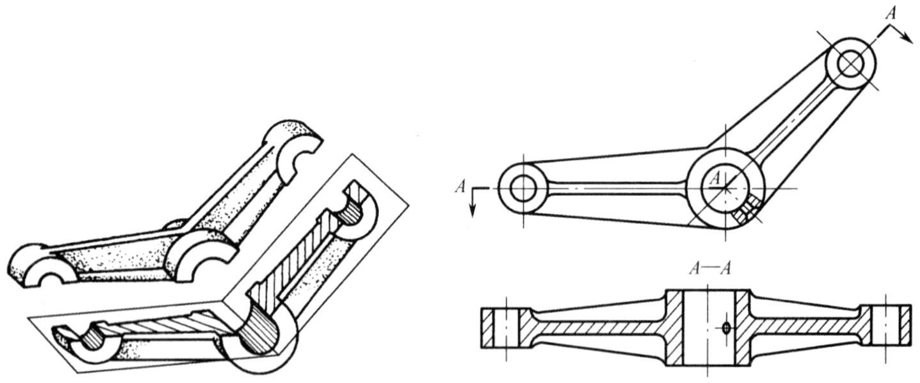

图1-25　旋转剖

采用这种方法画剖视图，是先假想按剖切位置剖开机件，然后将被剖切面剖开的结构及有关部分旋转到与选定的投影面平行，再进行投射。在剖切面后面的其他可见结构，一般仍按原来位置投影，如图 1-26 所示中的小孔。当剖切后产生不完整要素时，应将此部分按不剖绘制，如图 1-26 所示的右边中臂。

用旋转剖时，应使两相交剖切面的交线与物体上的回转轴线重合。旋转剖必须标注，在剖切面的起迄、转折处画上剖切符号，标上相同字母，当转折处的地方很小时，可省略字母。剖切符号端部与其垂直的箭头表示图形绕轴旋转后的投射方向（箭头不能误认为是旋转方向），如图 1-25 所示。

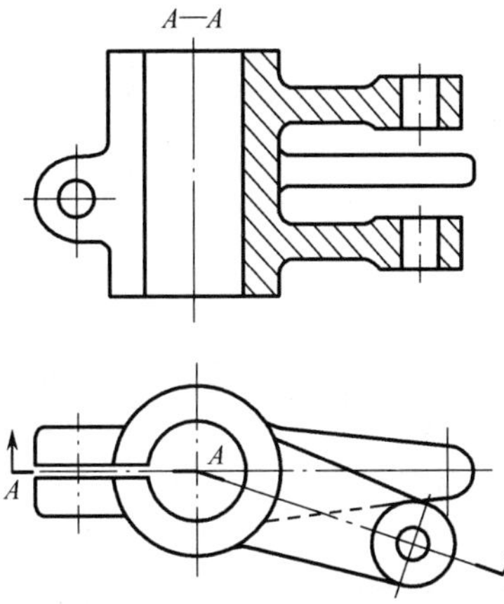

图1-26　剖切后产生不完整要素按不剖绘制

（3）几个平行的剖切平面。用几个平行的剖切平面剖切物体的方法（称为阶梯剖）。如图 1-27 所示。用来表示物体上分布在几个相互平行平面上的内形。

采用阶梯剖画剖视图时，应把几个平行的剖切面作为一个平面来考虑，不应画出剖切面转折处的界线［见图 1-27（c）］，剖切面的转折处也不应与图中轮廓线重合，如图 1-28 所示。在剖视图中不应出现不完整的要素（见图 1-29），仅当两个要素在图形上具有公共的对称中心线或轴线时，可以各画一半，此时应以对称中心线或轴线为界线，如图 1-30 所示。

阶梯剖的标注与旋转剖标注的要求相同。

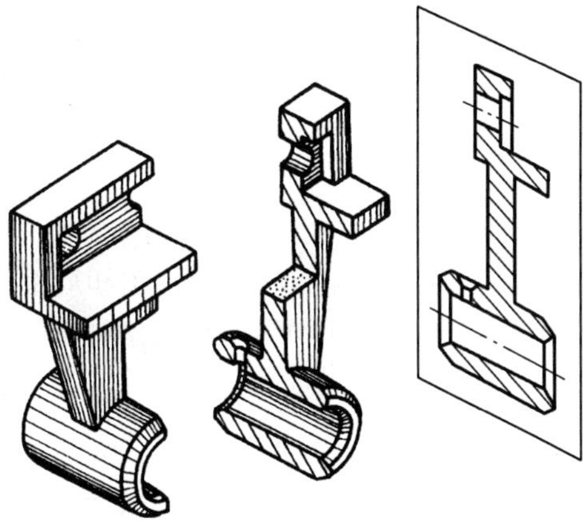

（a）把几个平行的剖切面作为一个平面

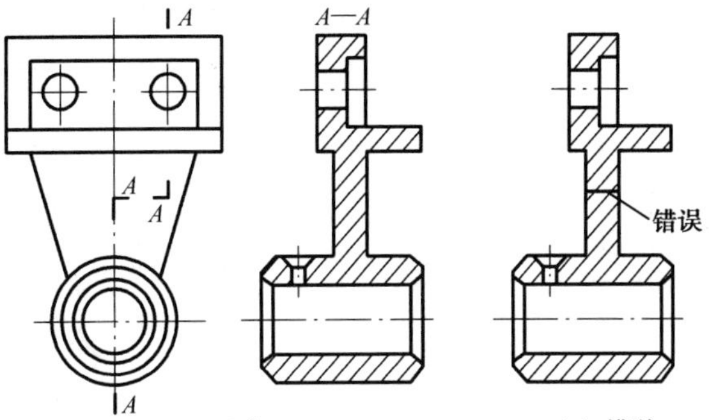

（b）正确　　　　（c）错误

图1-27　阶梯剖

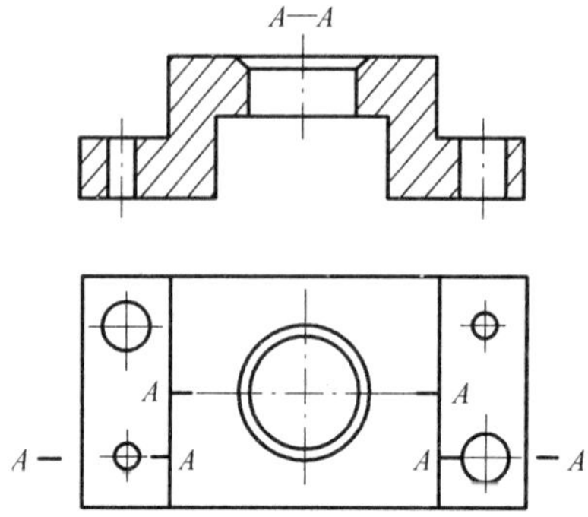

图1-28　剖切平面的转折处与轮廓线重合的错误表达

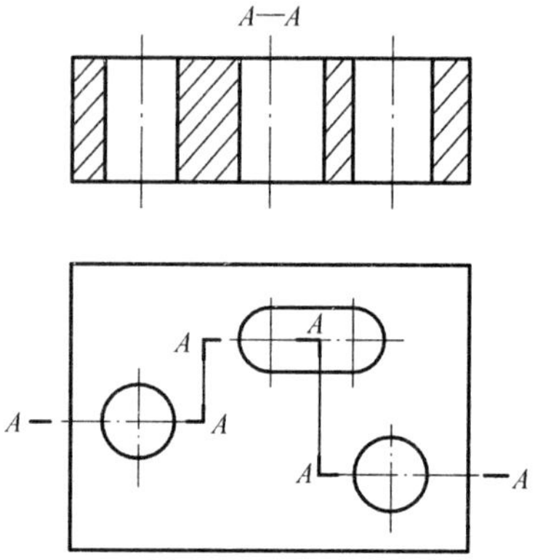

图1-29　剖视图中出现不完整要素的错误画法

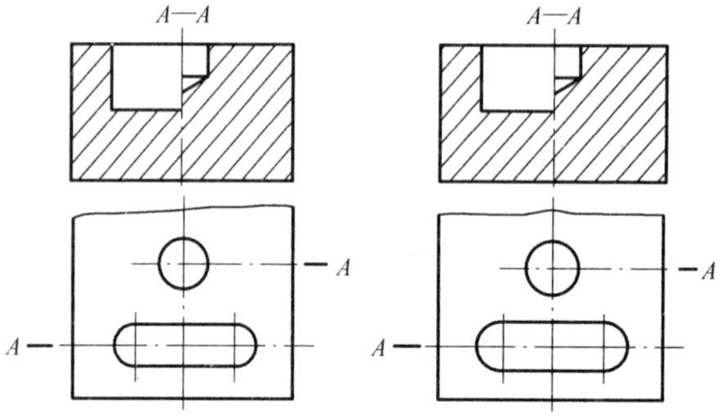

（a）剖面线不错开　　（b）剖面线错开

图1-30　阶梯剖

3. 剖视图的种类

按剖切范围划分，剖视图分为全剖视图、半剖视图和局部剖视图三种。

（1）全剖视图。用剖切面完全地剖开物体所得的剖视图，称为全剖视图，如图 1-31 至图 1-33 所示。

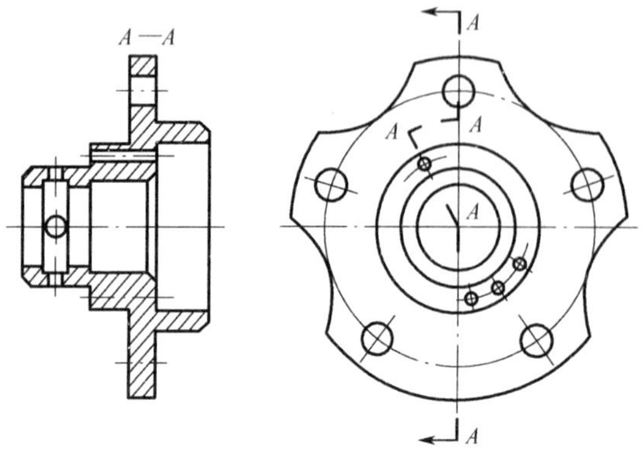

图1-31　复合剖（一）

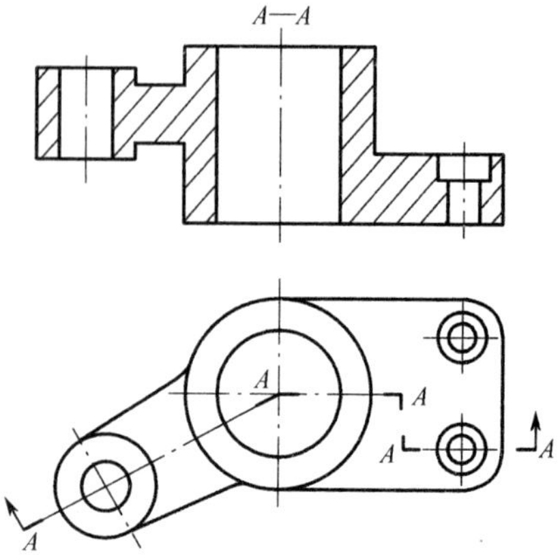

图1-32　复合剖（二）

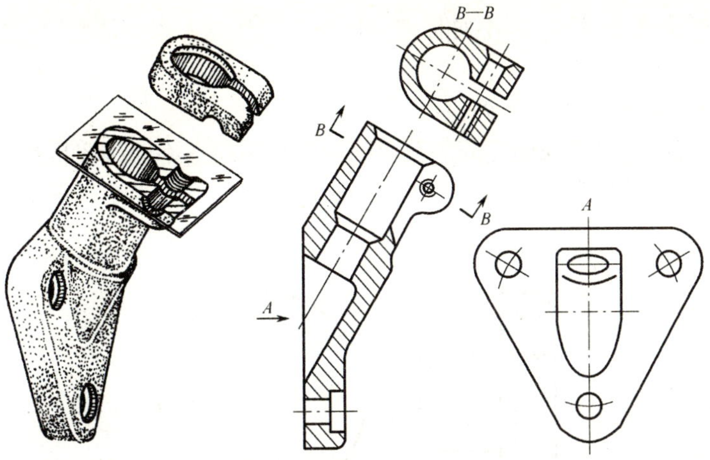

图1-33　斜剖

当物体的外形简单或外形在其他视图中已表示清楚时，常采用全剖视图来表示机件的内部结构。

（2）半剖视图。当物体具有对称平面时，在对称平面所垂直的投影面上投射所得的图形，可以对称平面中心线为界线，一半画成剖视，另一半画成视图，这种组合的图形称为半剖视图，如图 1-34 所示。

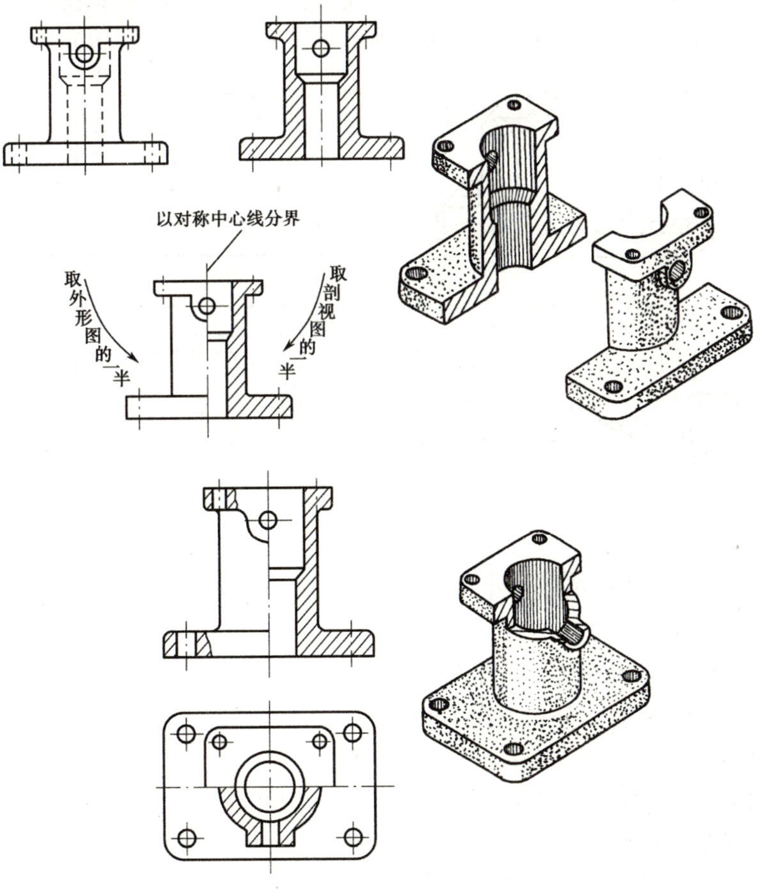

图1-34　半剖视图（一）

若物体的形状接近对称，且不对称部分已在其他视图上表示清楚时，也可以画成半剖视图，如图 1-35 所示。

画半剖视图时需要注意以下两点：

① 半个剖视图与半个视图之间的分界线应是点画线，不能画成粗实线。

② 物体的内部结构在半个剖视图中已经表示清楚后，在半个视图中就不应再画出虚线。

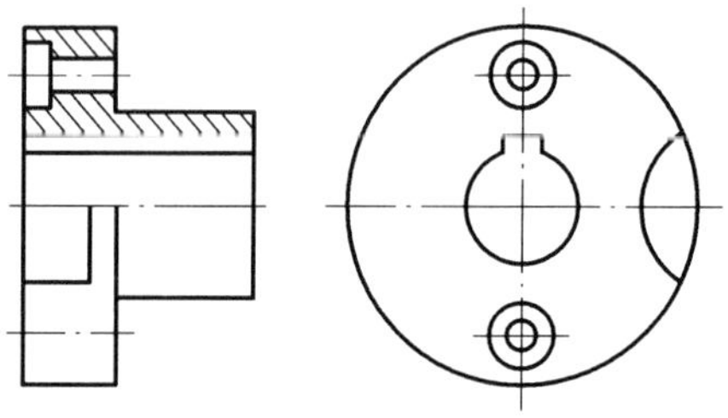

图1-35 半剖视图（二）

（3）局部剖视图。用剖切面局部地剖开机件所得的剖视图称为局部剖视图，如图 1-36 所示。

局部剖视图适用于以下几种情况：

① 物体中仅有部分内形需要表示，不必或不宜采用全剖视时（见图 1-36 俯视图）。

② 不对称机件既要表示内形又要保留外形时（见图 1-36 主视图）。

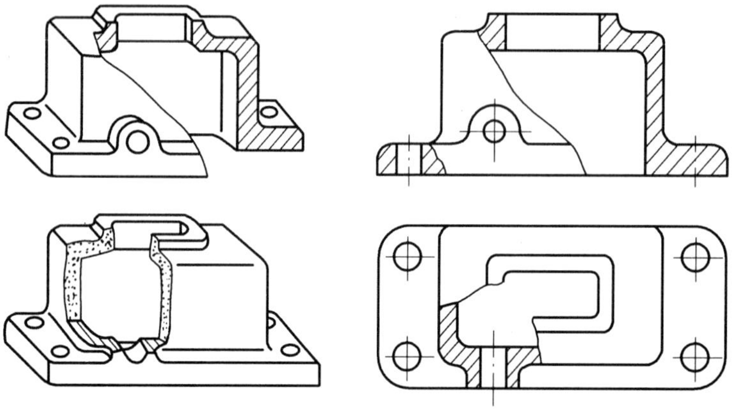

图1-36 局部剖视图

③ 物体虽有对称平面但轮廓线与对称中心线重合，要同时表示出内外结构，又不宜采用半剖视图时（见图 1-37）。

局部剖视图用波浪线分界，波浪线不应与图形上其他图线重合，不能画在轮廓线延长线上，也不可以画到实体以外，如图 1-38 所示。

剖切位置明显的局部剖视图，一律省略标注。

如有需要，在剖视图的剖面区域中可再作一次局部剖，如图 1-39 所示。采用这种表示方式时，两个剖面区域的剖面线应同方向、同间隔，但要相互错开，并用引出线标注其名称，当剖切位置明显时，也可省略标注。

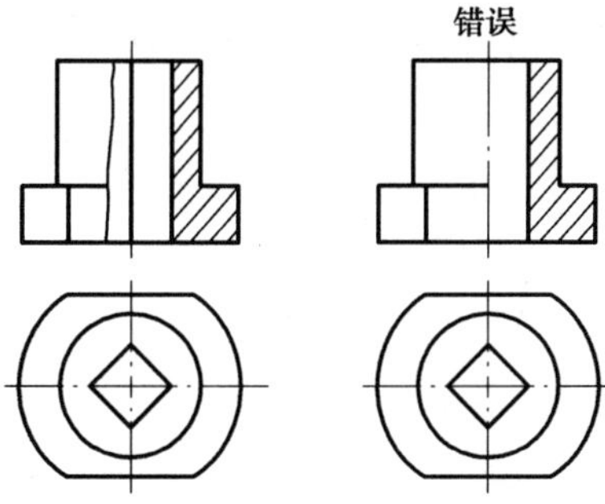

图1-37　不宜采用半剖的结构

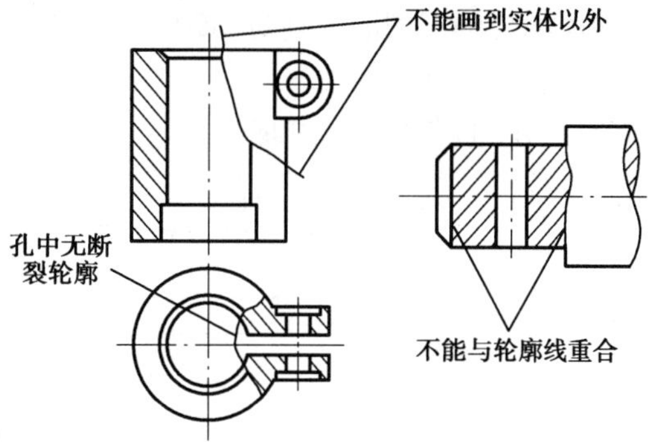

图1-38　局部剖视图中的波浪线错误画法

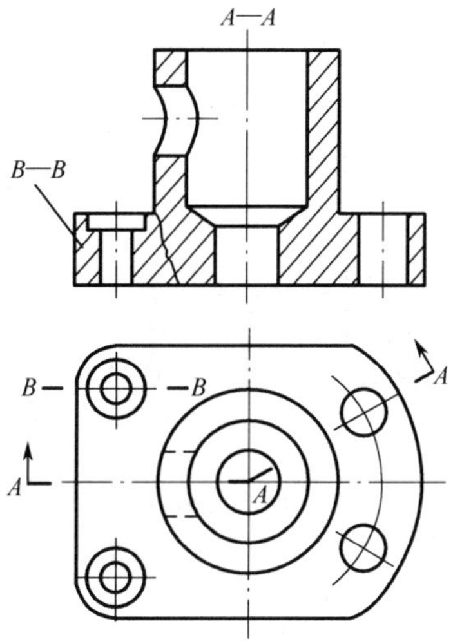

图1-39　剖视图中再作局部剖视

1.6　断面图

假想用剖切面将物体的某处切断，仅画出该剖切面与机件接触部分的图形称为断面图，断面图可简称断面，如图 1-40 所示。

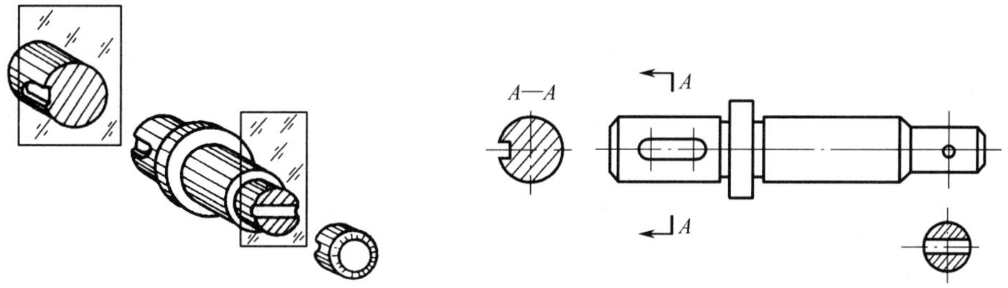

图1-40　断面图的概念

断面图与剖视图的区别是：断面图仅画出物体剖切处断面的投影，而剖视图除画出剖切处断面的投影外，剖切平面后面的其他可见部分的投影也要画出，如图 1-41 所示。断面图分移出断面图和重合断面图。

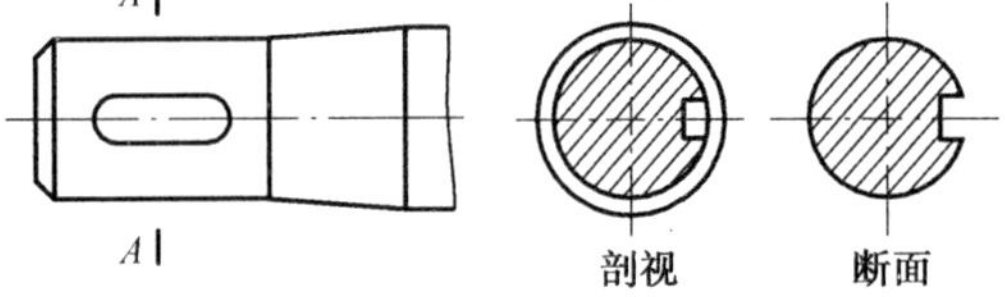

图1-41　剖视图与断面图的比较

1. 移出断面图

移出断面图的图形应画在视图之外，轮廓线用粗实线绘制，如图 1-42 所示。

移出断面图一般配置在剖切符号或剖切线的延长线上，断面图形对称时也可画出视图的中断处，如图 1-42 所示，必要时可将移出断面图配置在其他适当的位置。

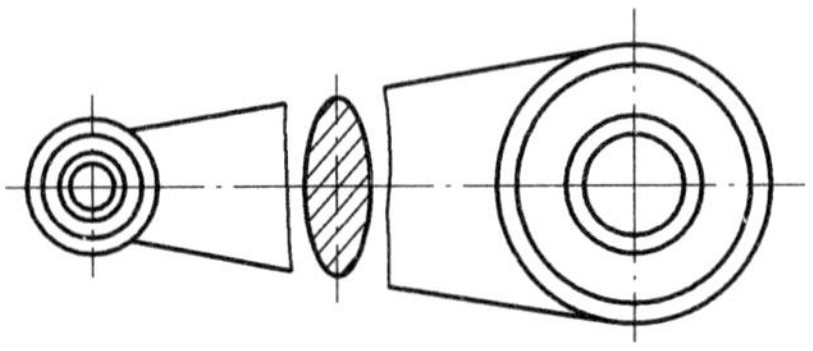

图1-42　移出断面配置在视图中断处

绘制断面图时注意以下两点规定：

（1）剖切平面应与物体的主要轮廓线垂直，两个或多个相交的剖切平面剖切得出的移出断面图，中间一般应短开，如图 1-43 所示。

（2）当剖切面通过由回转面形成的孔或凹坑的轴线时，这些结构按剖视绘制。当剖切面通过非圆孔，会导致出现完全分离的两个断面图时，则这些结构也应按剖视绘制，如图 1-44 所示。

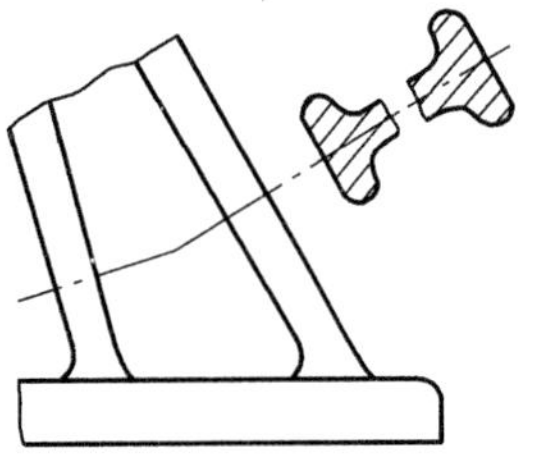

图1-43　两个相交剖切平面剖切的移出断面图画法

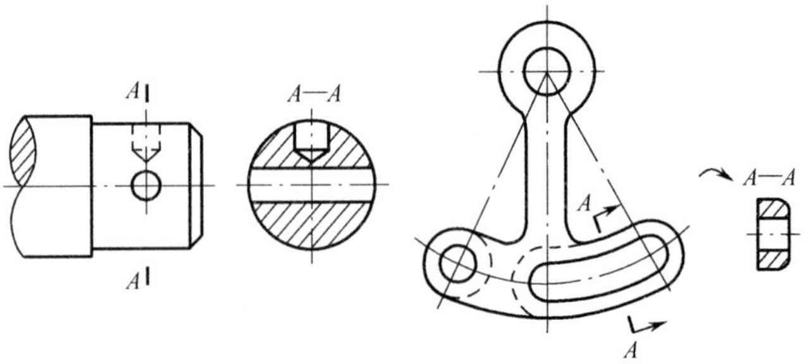

图1-44　按剖切视图绘制的断面图

剖切位置与断面图的标注如表 1-2 所示。

表 1-2　移出断面的标注方法

省略箭头	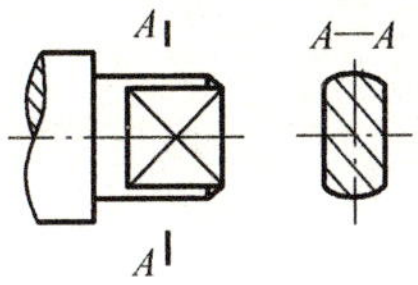	按投影关系配置的移出断面图
	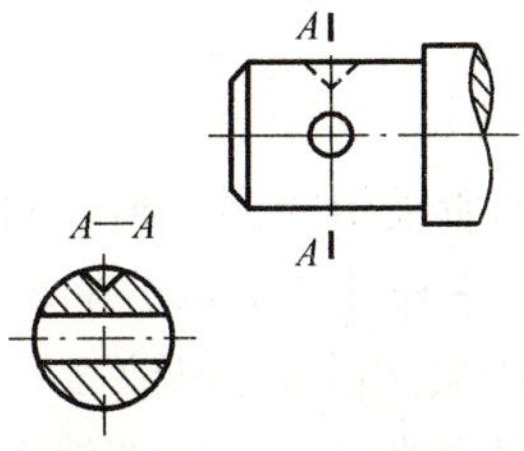	不按投影关系配置的对称移出断面图
省略字母	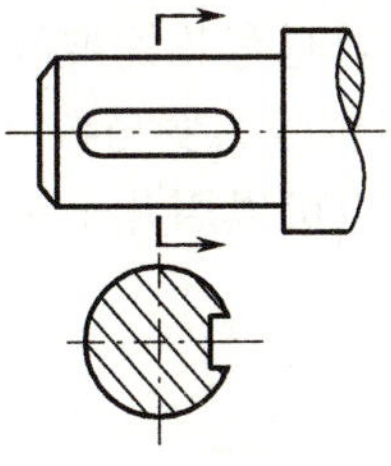	在剖切符号延长线上不对称移出断面图
省略箭头、字母	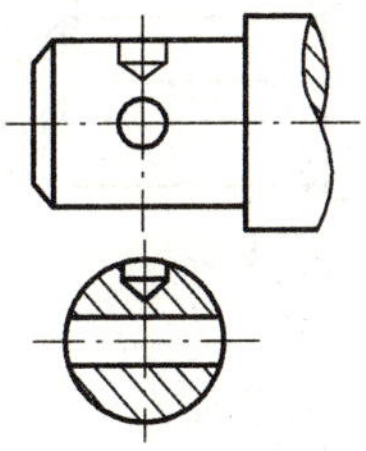	在剖切线延长线上对称移出断面图
标注剖切符号、箭头、字母	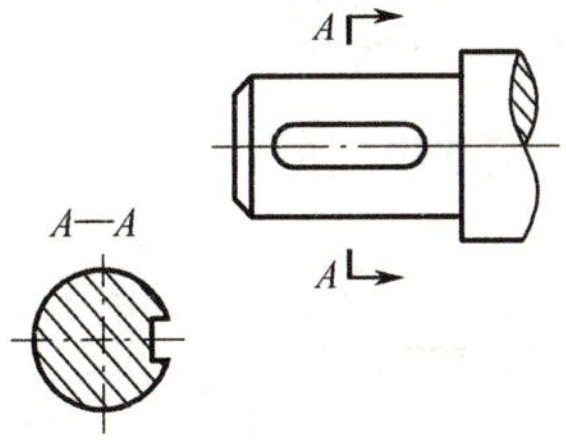	不按投影关系配置的不对称移出断面图

2. 重合断面图

重合断面图的图形应画在视图之内，断面轮廓线用细实线绘出，如图 1-45 所示。当视图中轮廓线与重合断面图的图形重叠时，视图中的轮廓线仍应连续画出，不可间断。

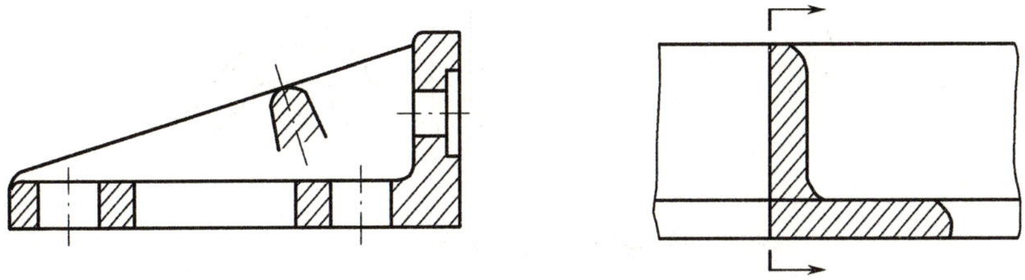

图1-45　重合断面图

对称的重合断面图不必标注，不对称的重合断面图需画出剖切符号和表示投射方向的箭头，省略字母。

1.7　其他表示方法

1. 局部放大图

将物体上的部分结构，用大于原图形所采用的比例画出的图形称为局部放大图。局部放大图可以画成视图、剖视图和断面图，它与被放大部分的表示方法无关，且比例仍是图形与基建的实际线性尺寸之比，与原图所采用的比例无关。

局部放大图应尽量配置在被放大部位的附近，画局部放大图时，需用细实线圆（或长圆）圈出被放大的部位，如图 1-46 所示。同时有几处被放大时，必须用罗马数字依次标明被放大的部位，并在局部放大图上方标出相应的罗马数字和所采用的比例。若只有一处被放大，则只要注明所采用的比例。必要时也可以用几个视图来表示同一个被放大部分的结构，如图 1-47 所示。

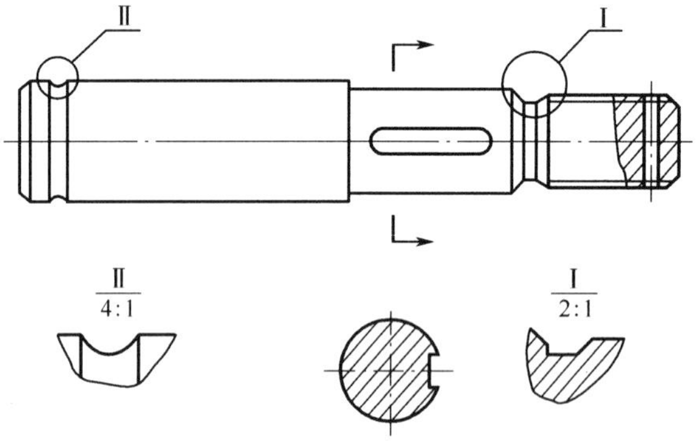

图1-46　局部放大图（一）

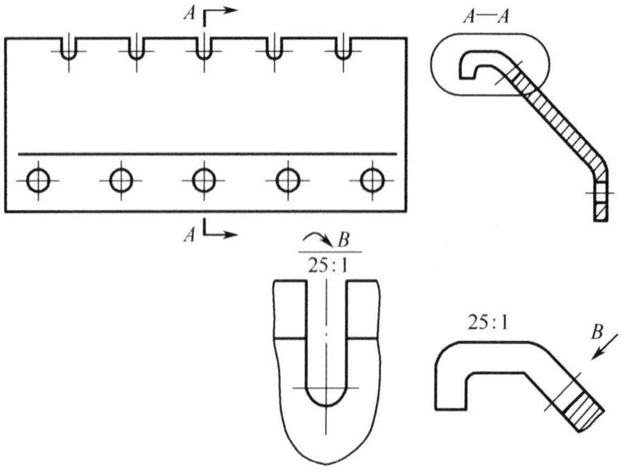

图1-47　局部放大图（二）

2. 规定画法和简化画法

（1）回转体上均匀分布的肋、轮辐、孔等结构被剖切时，肋、轮辐、孔若不处于剖切平面上，可将这些结构旋转到剖切平面上画出，如图 1-48 所示，轮辐的剖切画法与肋板剖切画法相同。

（2）移出断面图的简化画法：在不致引起误解时，允许省略剖面符号，如图 1-49 所示，但剖切位置和断面图的标注仍要按表 1-2 所述。

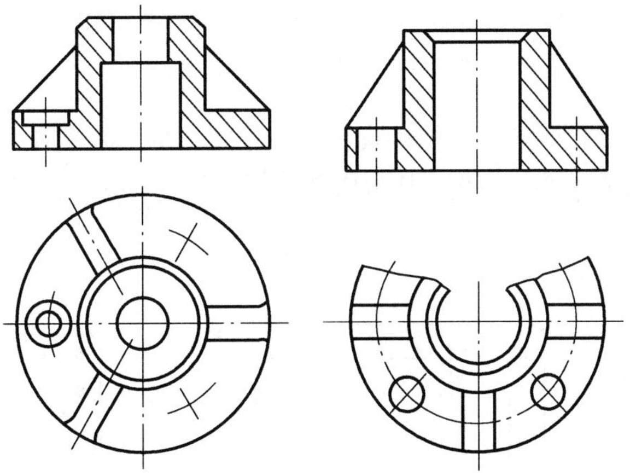

图1-48 回转体上不在剖切平面上的孔、肋的画法

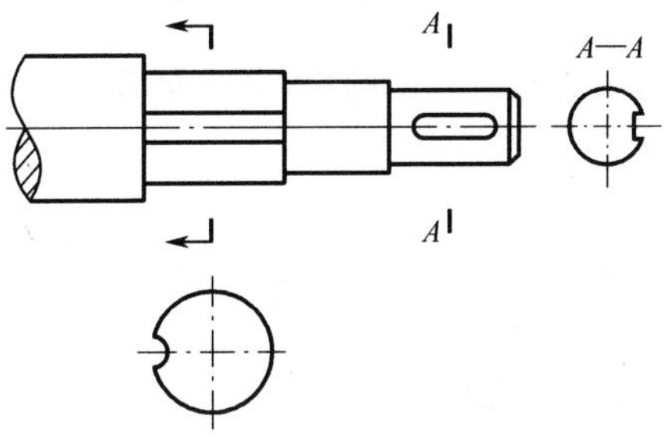

图1-49 移出断面的简化画法

（3）在零件图中，可以用涂色或点阵代替剖面符号，如图 1-50（a）所示。在装配图中，在不致引起误解的情况下，剖面符号可省略，如图 1-50（b）所示。

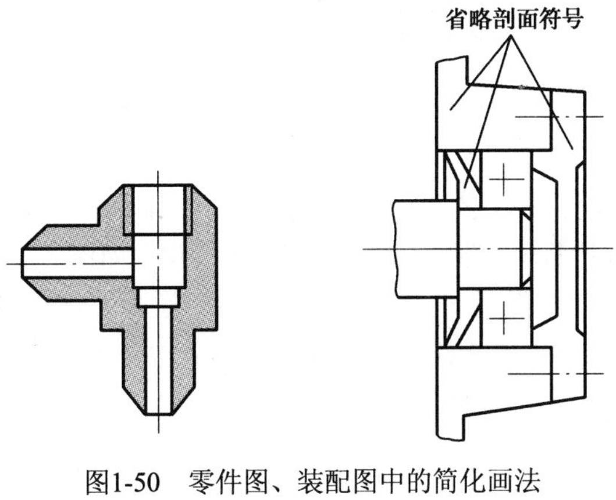

图1-50 零件图、装配图中的简化画法

（4）对称图形的简化画法：在不致引起误解时，对称物体的视图，可只画一半或四分之一，并在对称中心线的两端画出两条与其垂直的平行细实线，如图 1-51 所示。

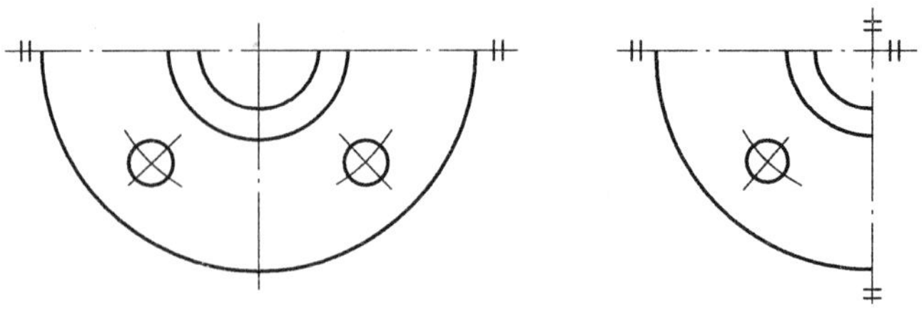

图1-51　对称机件的简化画法

（5）相同要素的简化画法：当机件具有若干相同结构（齿、槽、孔等）并按一定规律分布时，只需画出几个完整的结构，其余用细实线连接或画出中心线位置，在图上注明该结构的总数，如图 1-52 所示。

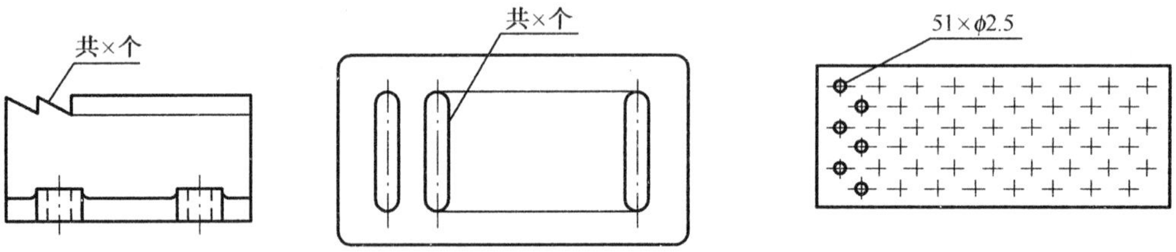

图1-52　相同要素的简化画法

（6）较小结构的简化画法：机件上较小的结构，如在一个图形又表达清楚时，其他图形可简化或省略，如图 1-53 所示。

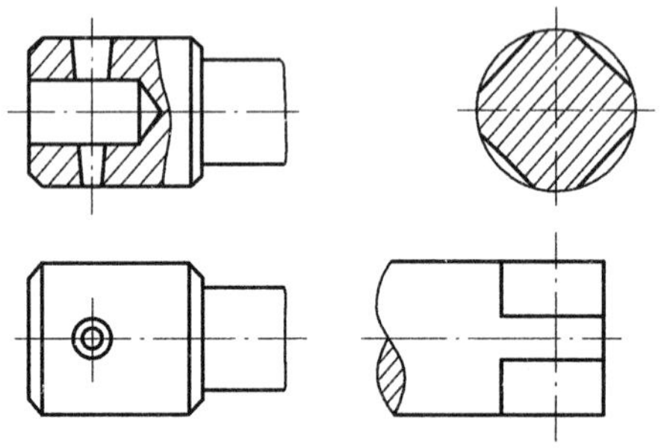

图1-53　较小结构的简化画法

（7）平面的表示法：当图形不能充分表达平面时，可用平面符号（相交的两条细实线）表示，如图 1-54 所示。

（8）折断画法：当较长的物体（轴、杆、型材、连杆等）沿长度方向的形状一致或按一定规律变化时，可断开缩短绘制，但要标注实际尺寸，如图 1-55 所示。

（9）倾斜角度不大的结构：如图 1-56（a）所示与投影面倾斜角度小于或等于 30° 的圆或圆弧，其投影可用圆或圆弧代替。如图 1-56（b）所示的机件上斜度不大的结构，在一个图中已表示清楚，其他图形按小端画出。

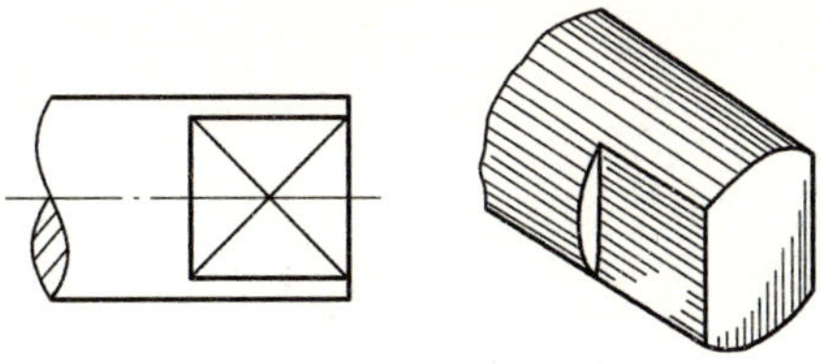

图1-54　平面的表示法

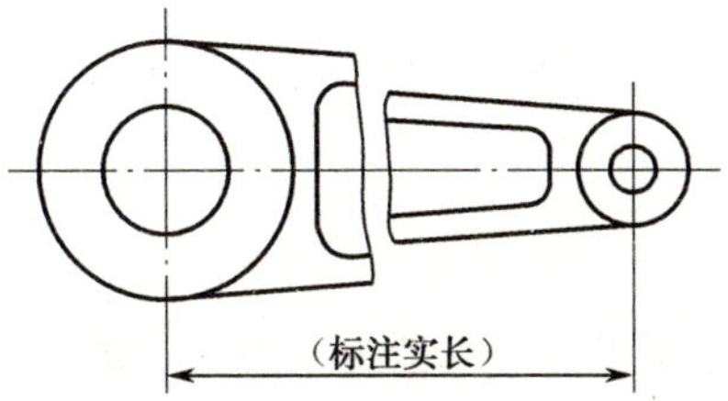

图1-55　折断画法

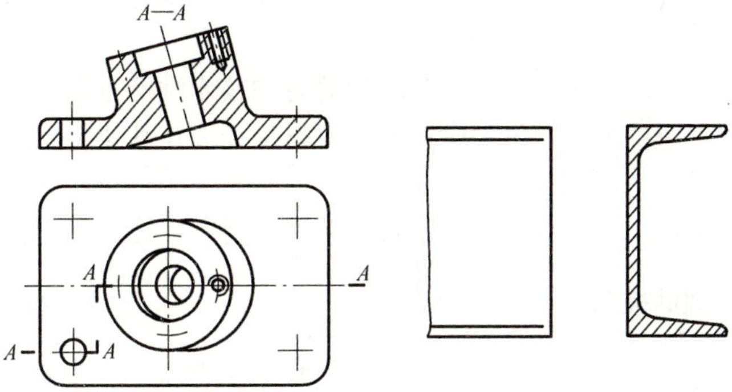

(a) 倾斜匀的简化画法　　(b) 小斜度结构的简化画法

图1-56　斜度不大的结构

(10) 其他简化画法和规定画法，如图 1-57 所示。

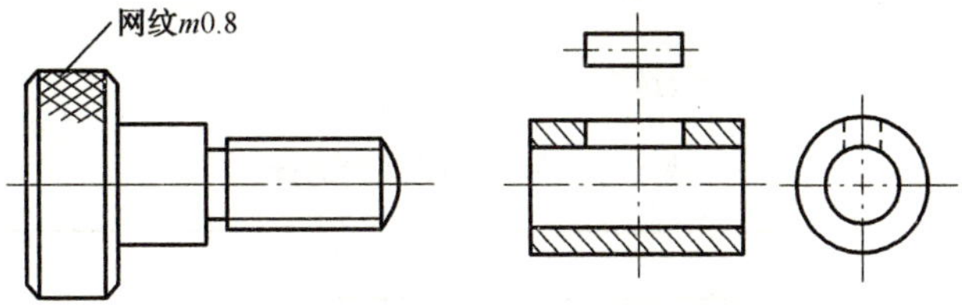

(a) 滚花画法　　(b) 局部视图的简化画法

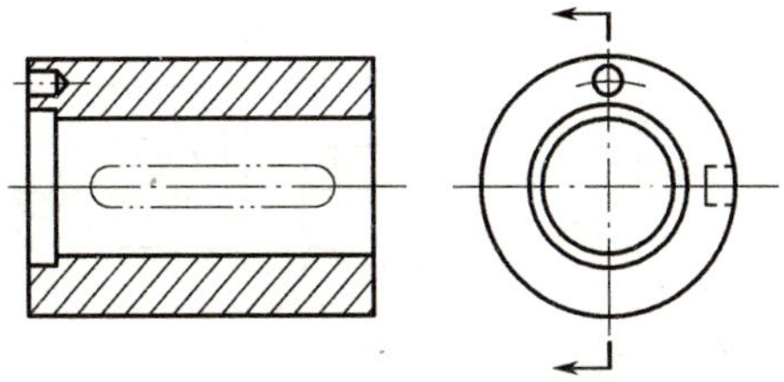

(c) 剖切平面前面的结构画法

图1-57　其他简化和规定画法

1.8 零件图

在实际运用中，遇到最多的就是零件图，因此掌握零件图的有关知识非常重要。

1. 零件图的作用

用于表达零件的结构、大小、技术要求的图样。

2. 零件图的内容

1）一组视图

用必要的视图、剖视图、断面图及其他表示方法，要求正确、清晰、完整地表示零件的各部分的形状与结构。

2）全部尺寸

用正确、完整、清晰、较合理的尺寸，表示出零件各部分形状、大小及相对位置。

3）技术要求

用规定符号和文字，说明零件在制造和检验时的技术性能方面必须达到的质量标准。内容有：尺寸公差、形位公差、表面粗糙度、材料热处理及其他要求。

4）标题栏

用于填写零件名称，绘图、校核、审核人姓名，材料，比例等。

3. 零件视图的表示

要求做到表达方案完整、清晰、合理，便于画图和读图。

主视图的选择原则：

（1）反映零件的内、外部结构形状特征。

（2）基本反映零件的工作或加工位置。

4. 四种典型零件的表示分析

如表 1-3 所示为零件主视图的选择。

表 1-3　零件主视图的选择

零件类别及直视图	主视图选择	说　明
轴套类零件 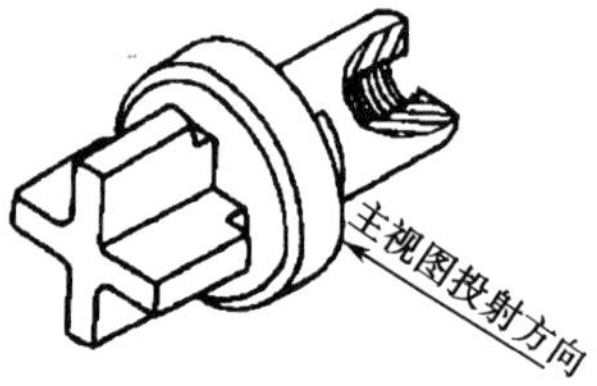	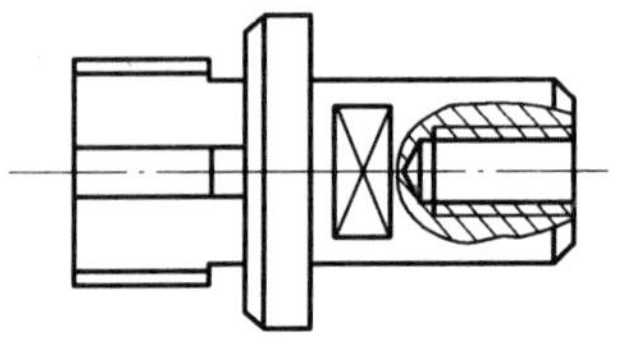	按加工位置摆放，轴心线水平放置作为主视图

续表

零件类别及直视图	主视图选择	说　明
盘盖类零件 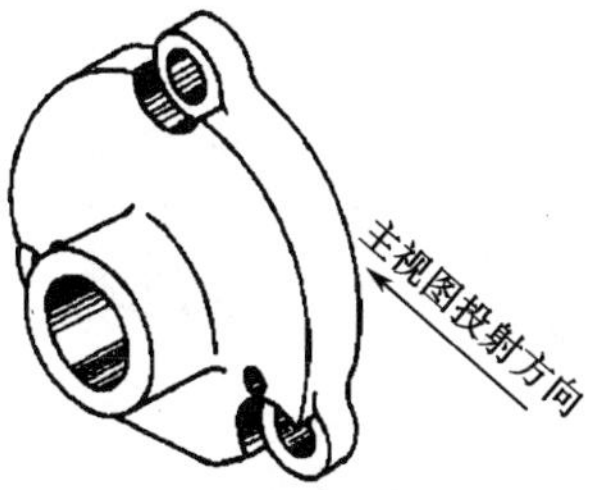	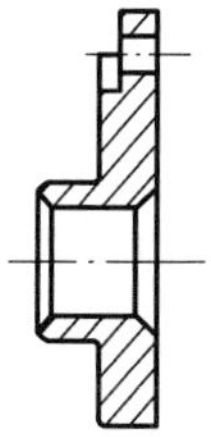	按加工位置摆放，轴心线水平放置作为主视图
叉架类零件 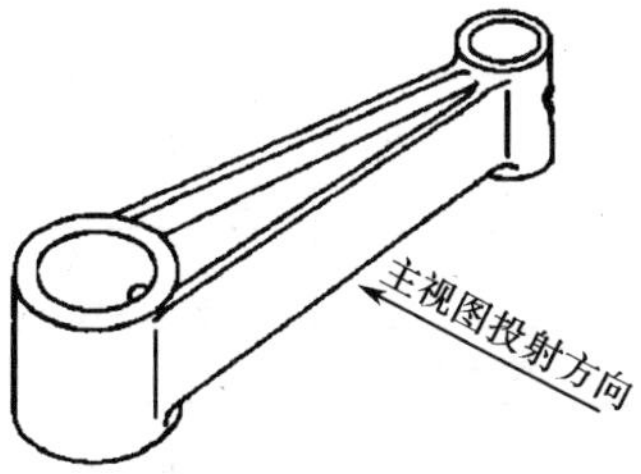	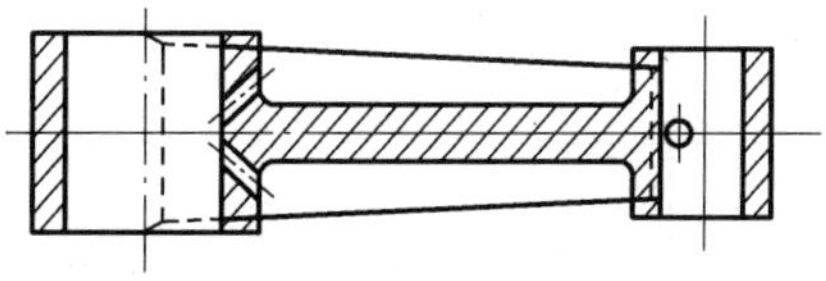	由于加工位置不定，以自然放平为主视图投射方向
箱体类零件 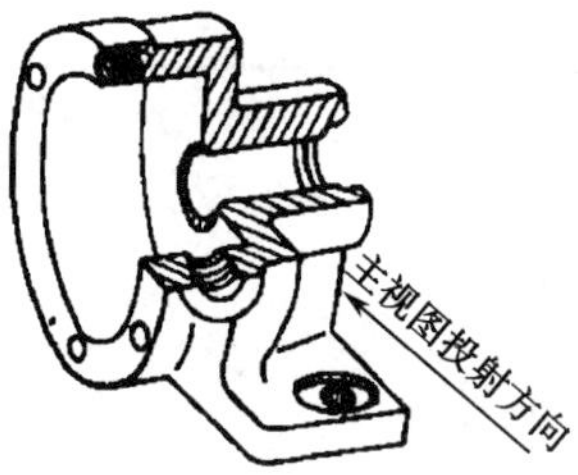	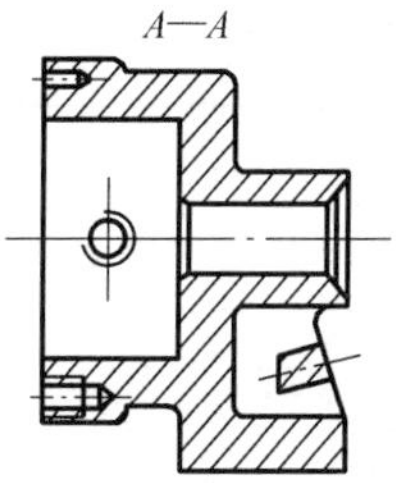	以零件工作位置作为主视图投射方向

5. 典型零件的表示分析

1）轴类零件

这类零件的主要结构由直径大小各异的圆柱、圆锥体共轴线组成，局部结构有倒角、倒圆、键槽、退刀槽、中心孔和螺纹孔等。

常选择主视图（轴类局部剖、套类零件全剖）及断面图、局部放大图等表示，如图 1-58 所示。

2）盘类零件

通常将齿轮、蜗轮、手轮、带轮、端盖、法兰盘等称为盘类零件。

主要结构一般为多个同轴回转体或其他平板形，材料多为铸造件和锻造件。一般选择两个基本视图来反映轴向内部结构与端面形状结构。细小结构如小孔、油槽采用局部放大图表示，如图 1-59 所示。

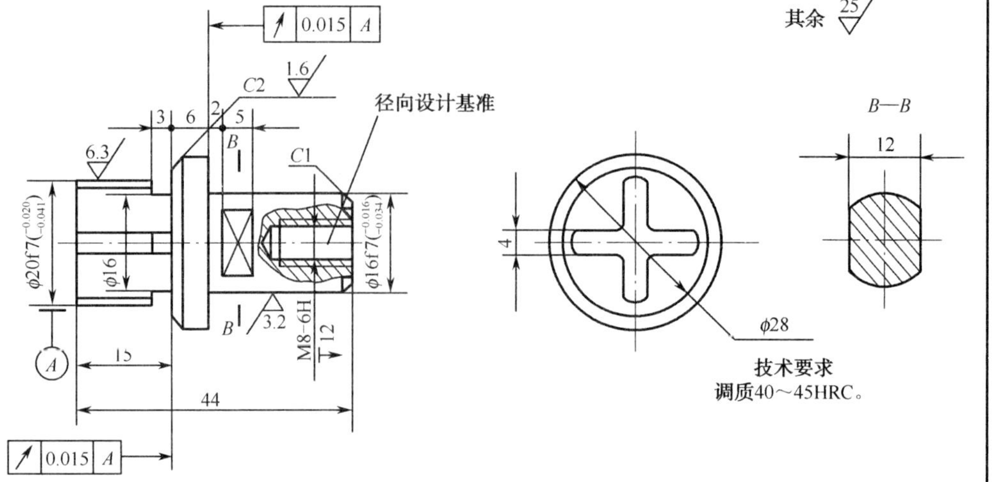

						45			(单位名称)
标记	处数	分区	更改	签名	年、月、日				阀　杆
设计	(签名)	(年、月、日)	标准	(签名)	(年、月、日)	阶段标记	质量	比例	
审核									(图样代号)
工艺			批准			共　张	第　张		

图1-58　轴类零件的视图选择及尺寸标注

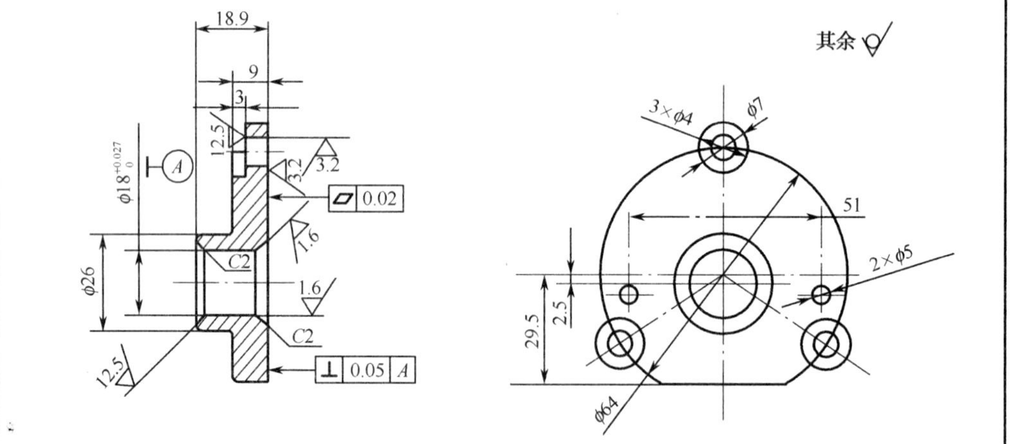

技术要求

1. 铸件不得有裂纹、缩孔等缺陷。
2. 去毛刺锐边。
3. 非加工表面涂漆。

						HT150			(单位名称)
标记	处数	分区	更改	签名	年、月、日				端　盖
设计	(签名)	(年、月、日)	标准	(签名)	(年、月、日)	阶段标记	质量	比例	
审核									(图样代号)
工艺			批准			共　张	第　张		

图1-59　轮盘类零件的视图选择及尺寸标注

3）叉类零件

通常把拨叉、连杆、支座等零件归纳为叉类零件。

这类零件有的细长且弯曲，有的结构倾斜，上有油槽、螺孔、油孔，连接部分为肋板。多为锻、铸造件，在车、铣床上加工。

一般选主视图采用全剖或局部剖视表示内部结构形状外，还应选取另一个基本视图反映外形结构与相邻结构的表面连接形式。选择断面图表示肋板截面形状，选择斜剖视或斜视图表示倾斜结构，选择局部放大图表示小油槽及其螺孔等，如图 1-60 所示。

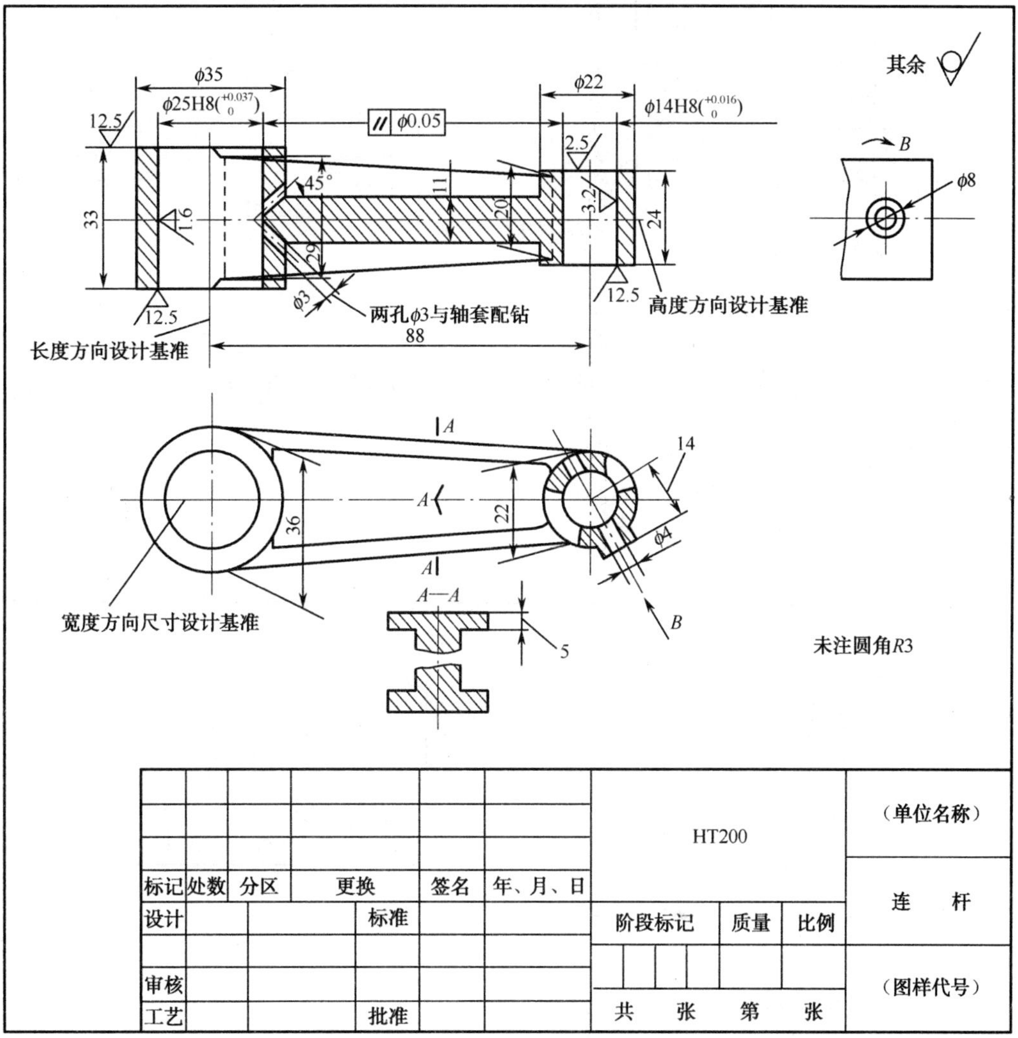

图1-60 叉架类零件的视图选择及尺寸标注

4）箱类零件

通常把机床床身、液压泵的泵体、容纳传动轴的箱壳等归纳为箱体类零件。箱体内零件比较复杂，且加工工序多，上有许多形状复杂、大小各异的凸台和孔、肋板、底板等结构。

主视图应反映具有代表性的整体内部形状，常用剖视。底板形状、安装孔的分布及凸台可采用斜视图、局部视图等表示，如图 1-61 所示。

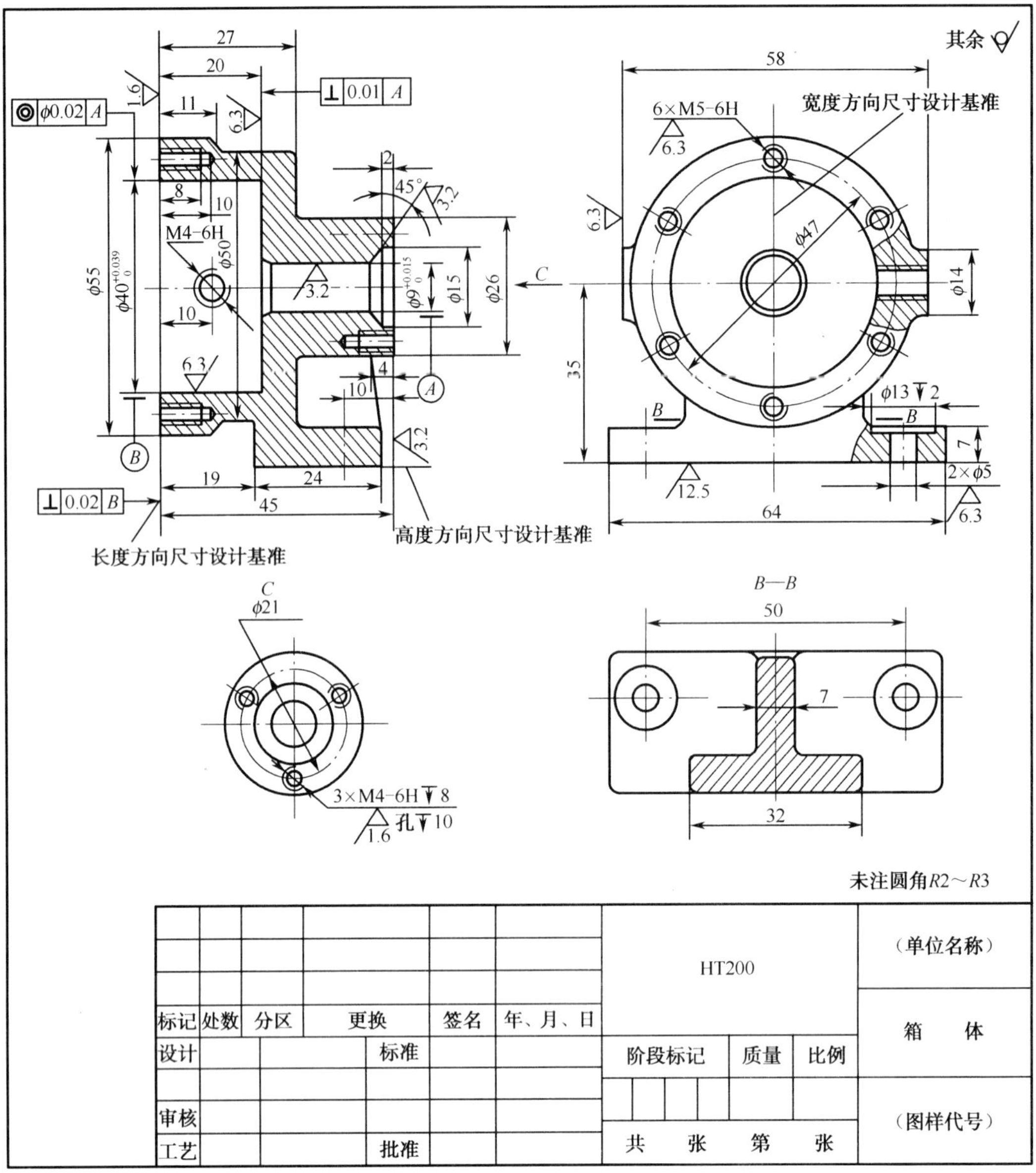

图1-61 箱体类零件的视图选择及尺寸标注

6. 零件的工艺结构

1）铸造工艺结构（见表1-4）

铸造圆角：为了防止出现裂纹和缩孔，应将转角处做成圆角，零件图中铸造圆角应画出，尺寸可在技术要求中统一写出，铸造圆角一经加工便会被切掉，转角处应画成倒角或尖角。

过渡线：铸、锻件两平面相交时，画时仍按原位置画出，但交线两端应留有间隙，表示两平面逐渐过渡。

起模斜度：是为了顺利取出木模，在零件图上可以不表示，但在技术要求上应说明。

铸件壁厚度：铸件壁厚度应均匀。各处的壁厚度应均匀过渡。

表 1-4　铸造工艺结构

序　号	结构名称	工艺结构图例	说　明
1	铸造圆角	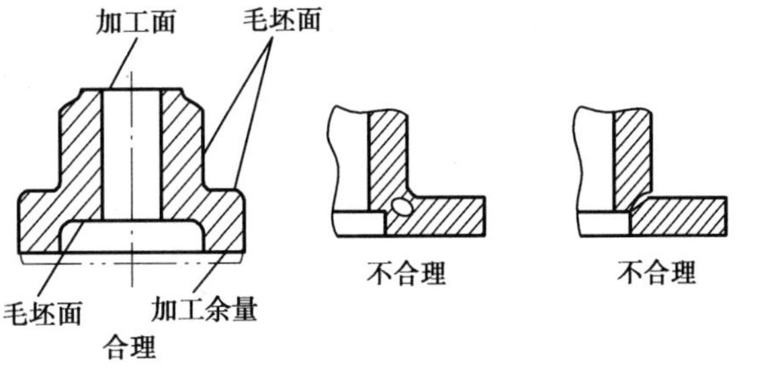	画铸造圆角半径一般取壁厚度的0.2～0.4倍，尺寸在技术要求中统一注明。如“铸造圆角半径为*R*3～*R*5”
2	过渡线	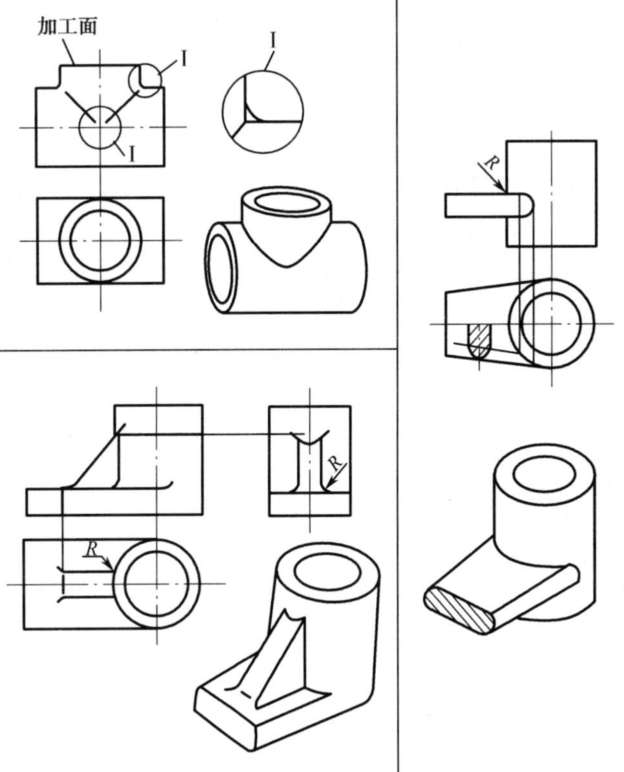	过滤线只画到两体表面轮廓素线理论上的交点处，且在切点附近应断开
3	起模斜度	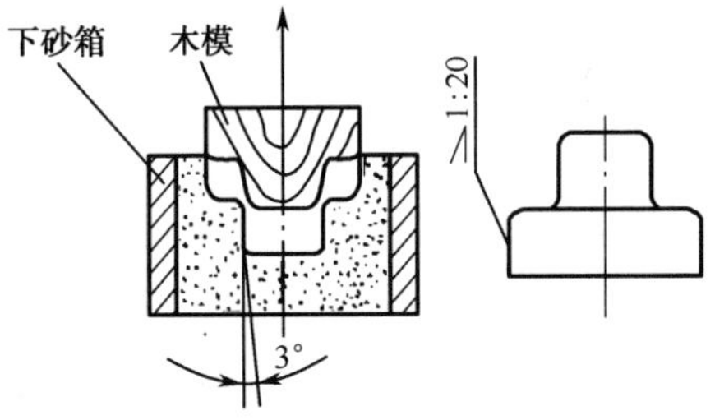	起模斜度一般为 1：20，无特殊要求，可不画。在技术要求中应用文字说明

续表

序　号	结构名称	工艺结构图例	说　明
4	铸件壁厚	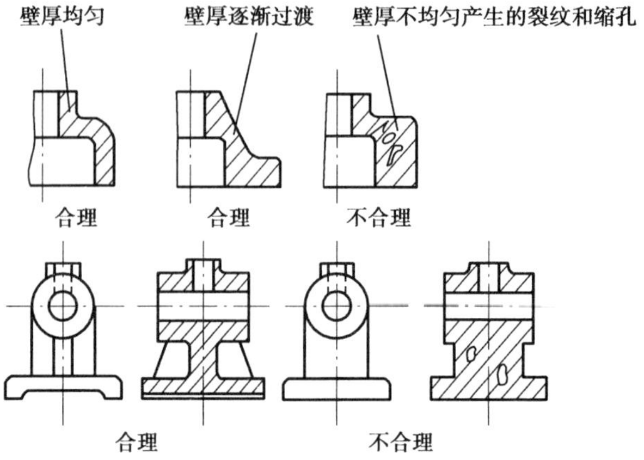	铸件的壁在厚、薄转折处应均匀或画成逐渐过渡

2）机加工工艺结构（见表 1-5）

倒角和倒圆：为了便于装配，零件应除去加工形成的锐边，对圆柱体端部应加工成倒角。如轴端、孔端、轮缘常做成 45° 倒角。

倒角和倒圆在零件图中应画出。当倒角很小时，也可以在图中不画，但应在技术要求中用文字说明，“全部倒角 1×45° ”或“锐边倒角”。退刀槽和砂轮越程槽：零件在切削加工时为了进、退刀方便，常在轴肩和孔的台阶部位做出退刀槽和越程槽。

画零件图时应画出该结构并加以尺寸标注。

凹坑和凸台：为了保证两零件表面接触良好且减少加工面积，应将接触部位做成凹坑和凸台。

钻孔结构：倾斜的表面使钻头在钻孔时发生弯曲和折断，因此，应将钻孔表面做成与轴垂直的凹坑和凸台，钻不通孔时，由于钻头的端部是一个大约 120° 的锥尖角，画图时应画成 120° 锥夹角。

表 1-5　机加工工艺结构

序号	工艺结构名称	机加工工艺结构图例	说　明
1	倒角和倒圆	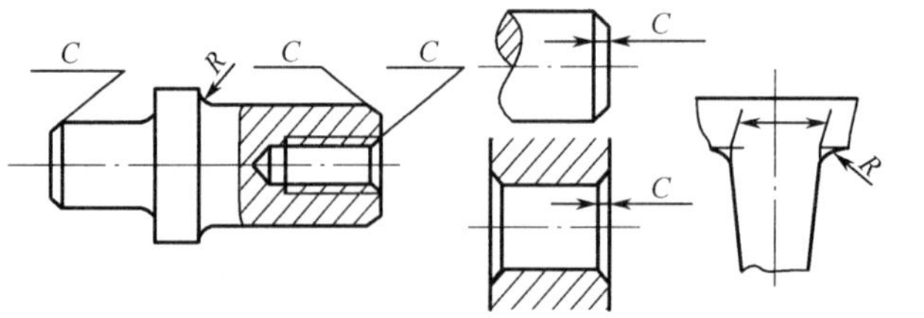	倒角尺寸系列及孔、轴直径与倒角值的大小关系可查阅 GB6403.4—86；圆角查阅 GB6403.4—86
2	凸台和凹坑	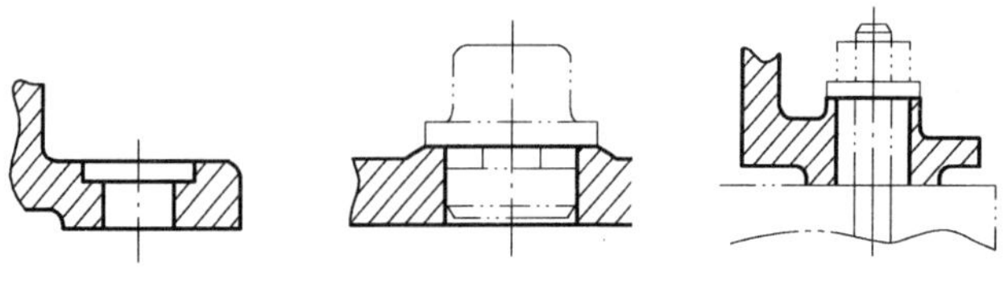	凸台和凹坑在零件图中必须画出，并标注相应的尺寸

续表

序号	工艺结构名称	机加工工艺结构图例	说明
3	砂轮越程槽及退刀槽	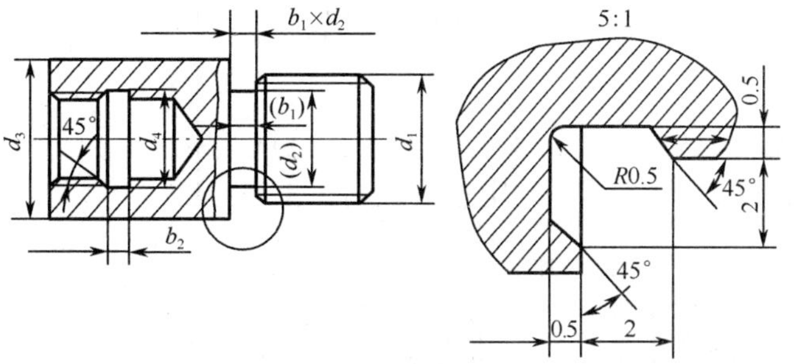	砂轮越程槽查阅GB6403.5—86 螺纹退刀槽和倒角尺寸查阅 GB/T3—1997
4	钻孔结构	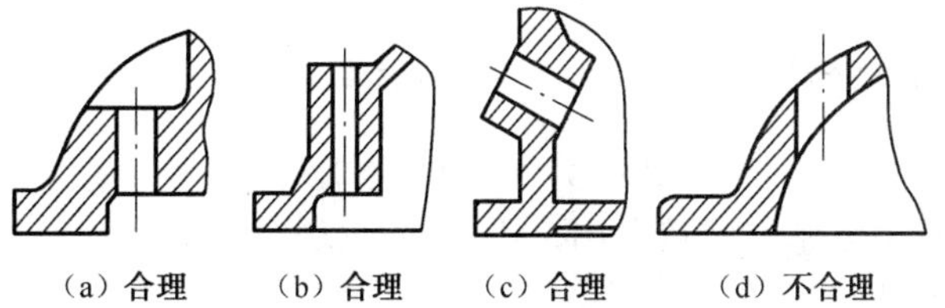	图（a）：在斜面处做出凹坑 图（b）、图（c）：在斜面上做出凸台 图（d）：无凸台、凹坑不合理

7. 零件图上的尺寸标注（见图 1-62）

合理的尺寸标注是：基准选择正确，尺寸符合设计和工艺要求，便于测量。

（1）尺寸基准：分设计基准和工艺基准。

设计基准：根据零件结构、设计要求及用以确定零件在机器中的位置和几何关系所选定的基准。零件有长、宽、高三个方向的尺寸，每个方向只能选择一个基准。回转体只有两个方向的设计基准，即径向和轴向设计基准。常见的基准：

① 零件上主要回转结构的轴心线。

② 零件结构的对称中心面。

③ 零件的重要支承面，装配面及两零件的重要结合面。

④ 零件的主要加工面。

工艺基准：零件在加工和测量时所使用的基准。

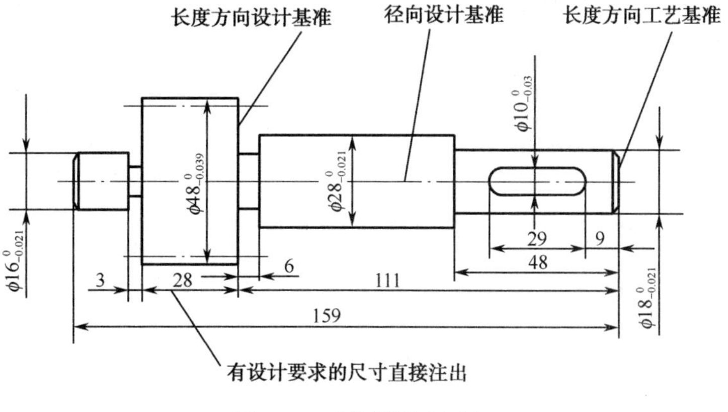

图1-62 零件图尺寸标注

（2）标注尺寸的注意点（见图 1-63）

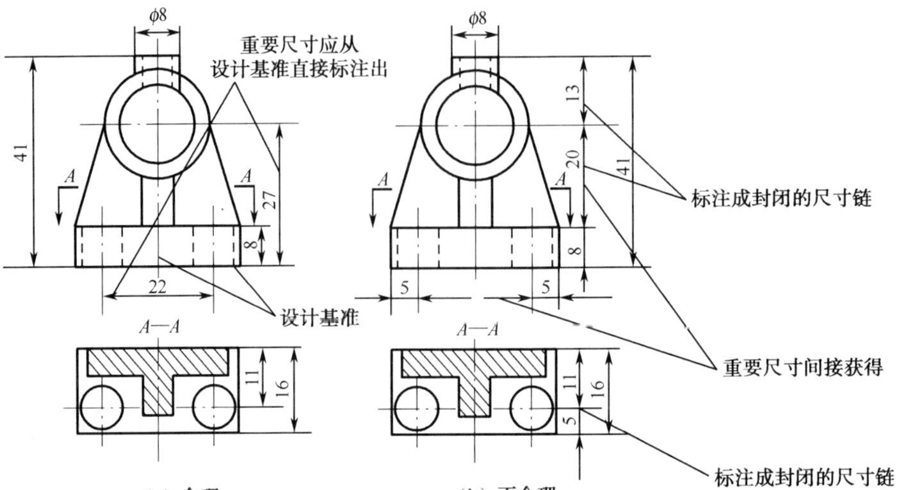

（a）合理　　（b）不合理

图 1-63　尺寸基准标注

① 重要尺寸应从主要基准直接注出，不应通过换算得到。

② 避免标注封闭的尺寸链。

③ 应考虑零件测量和检验方便。

④ 各种尺寸的标注应符合国家标准。

8. 表面粗糙度

1）表面粗糙度的概念

无论是用机械加工还是用其他方法获得的零件表面，都不可能是绝对光滑的。零件表面总会存在着由较小间距的峰谷组成的微量高低不平的痕迹。它是一种微观几何形状误差。微观几何特性可用它的特性量——表面粗糙度来表示。表面粗糙度越小，表面越光滑。

表面粗糙度应与形状误差（宏观几何形状误差）和表面波纹度区别开。目前尚无区分三者的标准。通常波距小于 1mm 的属于表面粗糙度，波距在 1～10mm 的属于表面波纹度，波距大于 10mm 的属于形状误差，如图 1-64 所示。

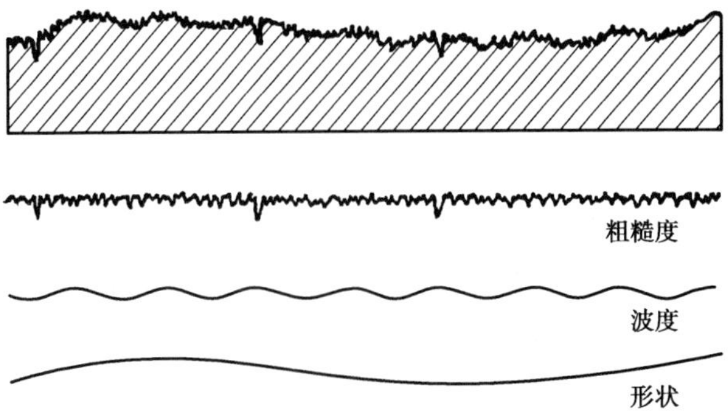

图1-64　零件表面的几何形状误差

2）表面粗糙度对零件使用性能的影响

表面粗糙度的大小对零件的使用性能和使用寿命有很大的影响。

（1）影响零件的耐磨性。表面越粗糙，摩擦系数就越大，两相对运动的表面磨损也越快，表面过于光滑，由于润滑油被挤出和分子间的吸附作用等原因，也会使摩擦阻力增大和加剧磨损。

（2）影响配合性质的稳定性。对于间隙配合，相对运动的表面因粗糙不平而迅速磨损，致使间隙增大；对于过盈配合，由于装配时将微观凸峰挤出，产生塑性变形，使实际有效过盈减少，降低连接强度；对于过渡配合，因多用压力及锤敲装配，表面粗糙度也会使配合变松。

（3）影响疲劳强度。粗糙的零件表面，在交变应力作用下，对应力集中很敏感，使疲劳强度降低。

（4）影响抗腐蚀性。粗糙的表面，易使腐蚀性物质附着于表面的微观凹谷，并渗入到金属内层，造成表面锈蚀。

此外，表面粗糙度对接触刚度、密封性、产品外观及表面反射能力等都有明显的影响。因此，为保证机械零件的使用性能，在对其进行精度设计时，必须提出合理的表面粗糙度要求。

9. 公差与配合

1）互换性的概念

现代化生产的产品，都是由众多专业化企业协作生产完成的。以普通型桑塔纳轿车为例，全车 2500 多个零部件分别由 320 多家专业工厂配套生产。而上海大众汽车有限公司仅生产发动机和车身及完成汽车的组装。在装配线上需将来自各个专业工厂的各种零部件迅速组装成符合标准的普通型桑塔纳轿车，这就要求所有的零部件必须符合各自的技术性能指标。这种由不同专业工厂、不同工装设备条件、不同人员生产的零部件，可不经选择、修配或调整，就能装配成合格的产品，我们称这种零部件具有互换性。

2）加工误差与公差

任何零件都是由若干个点、线、面所组成的几何实体，这种具有几何参数的零件在加工过程中，由于机床精度的限制，刀具磨损和工艺系统热变形产生的误差等因素的影响，使加工后零件的实际几何参数（尺寸、几何形状和相互位置）与其理论几何参数都存在一定程度的差异，这种差异通常称为加工误差。如图 1-65 所示，轴套的理想形状为双点划线，实际形状为粗实线，它们之间的差值就是加工误差。

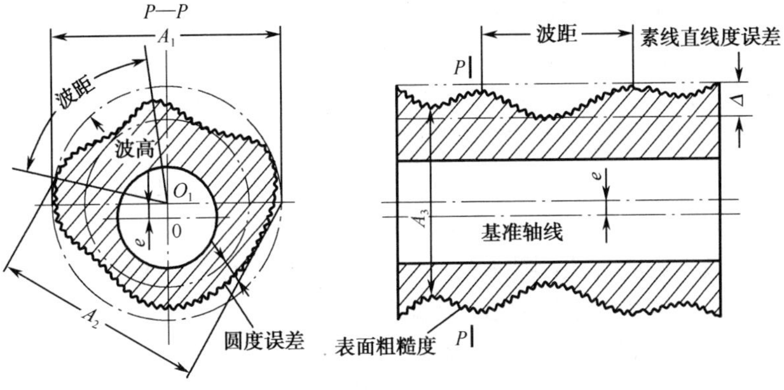

图1-65　加工误差

A，A_1，A_2—实际尺寸；e—偏心距

根据误差的形态，加工误差可分为下列几种类型：

（1）尺寸误差。指加工后零件的实际尺寸与其理想尺寸的差值。如直径误差、长度误差等。

（2）形状误差。指加工后零件的实际表面形状对其理想形状的偏离量。如圆度误差、直线误差等。它是从整个形体来看在形状方面存在的误差，故又称为宏观几何形状误差。

（3）位置误差。指加工后零件的实际位置对其理想位置的偏离量。如同轴度误差、垂直度误差等。

（4）表面粗糙度。指零件加工表面上具有较小间距和峰谷所形成的微量高低不平的痕迹。其特点是具有微小的波形，又称为微观几何形状误差。

（5）表面波纹度。指介于宏观和微观几何形状误差之间的一种表面形状误差。其特点是峰谷和间距要比表面粗糙度大得多，并且在零件表面呈周期性变化。通常认为波距在1～10mm 范围的表面形状误差属于表面波纹度。周期性变化的波距和波高部分的表面形状误差，为表面波纹度。

随着制造技术水平的提高，可以减小加工误差，但不可能消除误差，即误差的产生是不可避免的。为了保证零件的功能和互换性要求，必须对加工误差加以限制，允许它们在一定的范围内变化。这种允许零件加工误差变动的范围，称为公差。

误差与公差是两个相对应的不同概念。误差是在加工过程中产生的，而公差是设计者给定的，是用于限制加工误差的。每一种加工误差，均对应一种公差，因而公差类型有尺寸公差、形状公差、位置公差和表面粗糙度（包括表面波纹度），俗称“四大公差”。只是当一批零件的加工误差控制在产品性能所允许的变动范围内，才能使零件具有互换性。可见，公差是保证零部件互换性的基本条件。

3）有关“尺寸”的术语及定义

（1）孔和轴。孔通常指工件的圆柱形内表面，也包括非圆柱形内表面（由两个平行平面或切面形成的包容面）。轴通常指工件圆柱形外表面，也包括非圆柱形外表面（由两个平行平面或切面形成的被包容面）。

（2）尺寸。它是指以特定单位表示线性尺寸值的数值。尺寸包括直径、半径、深度、宽度、高度及中心距等，它由数字和长度单位组成。但是，在技术图纸和一定范围内，已注明共同单位（如在尺寸标准中，以 mm 为单位）时，可以只写数字不写单位。

（3）基本尺寸。它是由设计者通过计算或根据经验而确定的尺寸。确定时并按标准尺寸圆整取值，以减少定值刀具、量具的规格数量。孔的基本尺寸用大写字母 D 表示，轴的基本尺寸用小写字母 d 表示。

（4）实际尺寸。通过测量获得的孔、轴的尺寸。由于存在测量误差，实际尺寸并非尺寸的真值。同时，由于存在形状误差的影响，零件的同一表面上的不同部位，其实际尺寸也不一定相同。孔的实际尺寸用 D_a 表示，轴用 d_a 表示。

（5）极限尺寸。是指一个孔或轴允许的尺寸的两端，实际尺寸应位于其中，也可达到极限尺寸。孔或轴允许的最大尺寸为最大极限尺寸，即两个极端中较大的一个。孔和轴允许的最小尺寸为最小极限尺寸，即两个极端中较小的一个。孔的最大、最小极限尺寸分别用 D_{max}，D_{min} 表示，轴的分别用 d_{max}，d_{min} 表示。

4）有关“公差与偏差”的术语及定义

（1）偏差。某一尺寸减其基本尺寸所得的代数差，称为偏差。这里的“某一尺寸”是指实际尺寸或极限尺寸等。根据“某一尺寸”的不同，偏差可分为实际偏差和极限偏差。

① 实际偏差。实际尺寸减其基本尺寸所得的代数差，孔和轴的实际偏差分别用符号 E_a 和 e_a 表示。以公式表示为：

$$E_a=D_a-D,\ e_a=d_a-d$$

②极限偏差。指上偏差和下偏差，用于限制实际偏差。最大极限尺寸减其基本尺寸所得的代数差称为上偏差，孔和轴的上偏差分别用符号 E_S 和 e_s 表示；最小极限尺寸减其基本尺寸所得的代数差为下偏差，孔和轴的下偏差分别用符号 E_I 和 e_i 表示。以公式表示为：

孔

$$E_S=D_{max}-D,\ E_I=D_{min}-D;$$

轴

$$E_s=d_{max}-d,\ e_i=d_{min}-d$$

偏差可以是正值、负值或零；除零外，使用偏差时前面必须标上相应的“+”或“−”号。

（2）尺寸公差（简称公差）。最大极限尺寸减最小极限尺寸之差，或上偏差减下偏差。它是允许尺寸的变动量。孔和轴的公差分别用 T_h 和 T_s 表示，其计算公式为：

$$T_h=|D_{max}-D_{min}|=|E_S-E_I|$$

$$T_s=|d_{max}-d_{min}|=|e_s-e_i|$$

公差是一个无正、负符号的绝对值，且不能为零。基本尺寸、极限尺寸、极限偏差及公差之间的相互关系，如图 1-66 所示。

公差与偏差是两个不同的概念。公差表示制造精度的要求，反映加工难易程度；而偏差表示与基本尺寸偏离的程度，它表示公差带的位置，影响配合松紧。从工艺看，一般不反映加工难易程度，只表示加工时机床的调整（如车削时进刀位置）。

（3）公差带图解。公差带图解可清楚地表示尺寸、偏差和公差的相互关系，是一个非常有用的工具。由于公差及偏差的数值比基本尺寸数值小得太多，不便于用同一比例表示，为此可只将公差值放大，画出公差带位置图解，用尺寸公差带的高度和相互位置表示公差大小和配合性质，如图 1-67 所示。

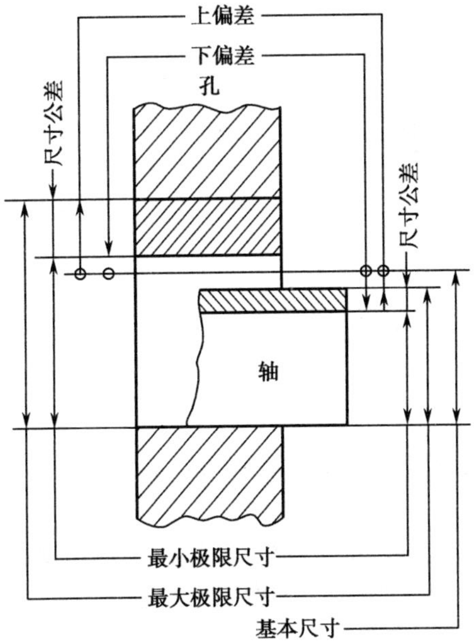

图1-66　极限与配合示意图

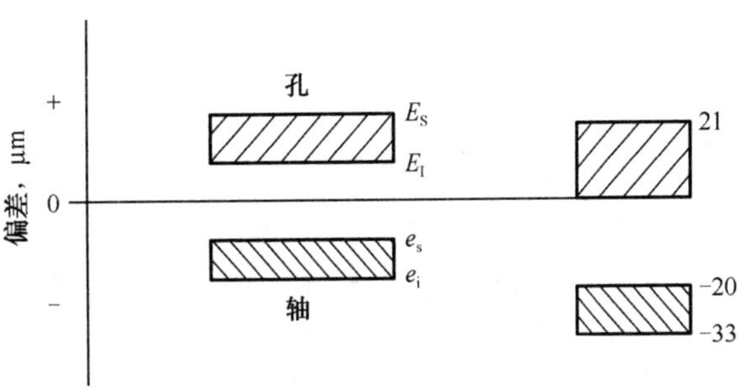

图1-67　公差带图解

① 零线。在图解中，表示基本尺寸的一条直线，以其为基准确定偏差和公差，这条直线称为零线。通常正偏差位于零线的上方，负偏差位于零线的下方。

② 公差带。在图解中，由代表上偏差和下偏差或最大极限尺寸和最小极限尺寸的两条直线所限定的一个区域。

公差带由“公差带大小”和“公差带位置”两个要素决定。前者指公差带在零线垂直方向上的宽度，后者指公差带相对于零线的位置。

5）有关“配合”的术语及定义

（1）配合。基本尺寸相同的、相互结合的孔和轴公差带之间的关系，称为配合。实际上配合是指孔和轴的结合，即用一个零件的表面将另一个零件的表面包围住（存在包容和被包容的关系），这种关系反映孔和轴之间的松紧程度，具体表现为孔和轴结合后，有的牢固连接为一体，有的可沿结合面作相对运动。

（2）间隙或过盈。孔的尺寸减去相配合的轴的尺寸之差为正，称为间隙，用 X 表示；孔的尺寸减去相配合的轴的尺寸之差为负，称为过盈，用 Y 表示。过盈就是负的间隙，间隙也就是负的过盈。间隙大小决定两相配件相对运动的活动过程度，过盈大小则决定两相配件连接的牢固度。

（3）配合的类别。配合按其出现间隙、过盈的不同，可分为以下三大类别：

① 间隙配合。间隙配合是指具有间隙（包括最小间隙等于零）的配合。此时，孔的公差带在轴的公差带之上，如图 1-68 所示，在间隙配合中，孔和轴存在两个极限尺寸，因而间隙也有极限间隙：最大间隙和最小间隙。孔的最大极限尺寸减轴的最小极限尺寸之差，称为最大间隙 X_{max}；孔的最小极限尺寸减轴的最大极限尺寸之差，称为最小间隙 X_{min}，它们的平均值称为平均间隙 X_{av}。计算公式为：

$$X_{max}=D_{max}-d_{min}=E_S-e_i$$

$$X_{min}=D_{min}-d_{max}=E_I-e_s$$

$$X_{av}=\frac{X_{max}+X_{min}}{2}$$

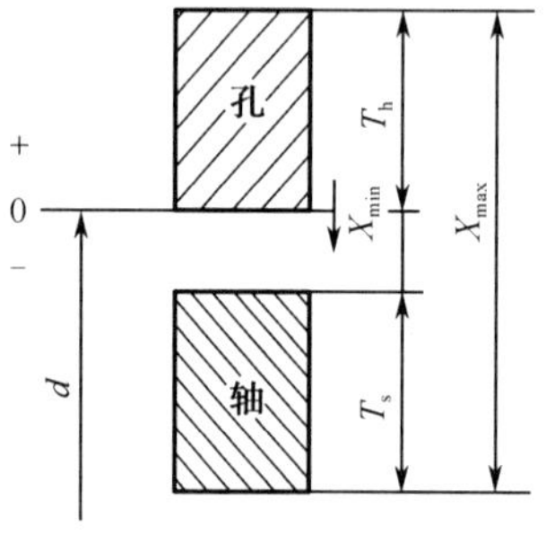

图1-68　间隙配合

② 过盈配合。只指具有过盈（包括最小过盈等于零）的配合。此时，孔的公差带在轴的公差带之下，如图 1-69 所示。

同理，过盈配合也有极限过盈：最大过盈和最小过盈。孔的最小极限尺寸减轴的最大极限尺寸之差，称为最大过盈 Y_{max}；孔的最大极限尺寸减轴的最小极限尺寸之差，称为最小过盈 Y_{min}，它们的平均值称为平均过盈 Y_{av}。

$$Y_{max}=D_{min}-D_{max}=E_I-e_s$$

$$Y_{min}=D_{max}-D_{min}=E_S-e_i$$

$$Y_{av}=\frac{Y_{max}+Y_{min}}{2}$$

③ 过渡配合。是指可能具有间隙或过盈的配合。此时，孔的公差带和轴的公差带相互交叠，如图 1-70 所示。间隙或过盈极限是最大间隙和最大过盈。它们的平均值是间隙，还是过盈，取决于平均值的符号，为正时是平均间隙 X_{av}，为负时是平均过盈 Y_{av}。计算公式如下：

$$X_{max}=D_{max}-d_{min}=E_S-e_i$$

$$Y_{max}=D_{min}-d_{max}=E_I-e_s$$

$$X_{av}（或\ Y_{av}）=\frac{X_{max}+Y_{max}}{2}$$

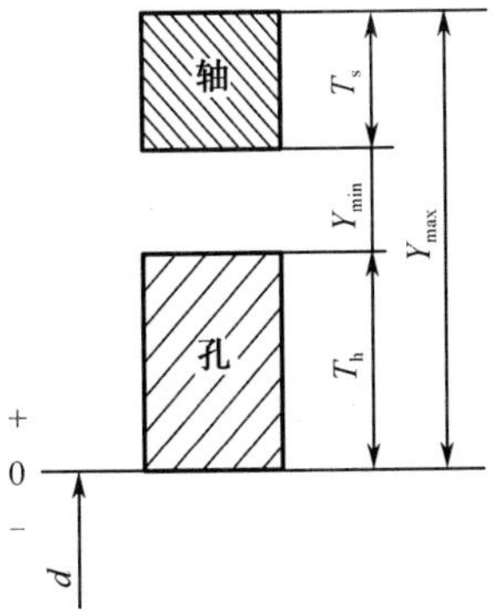

图1-69　过盈配合

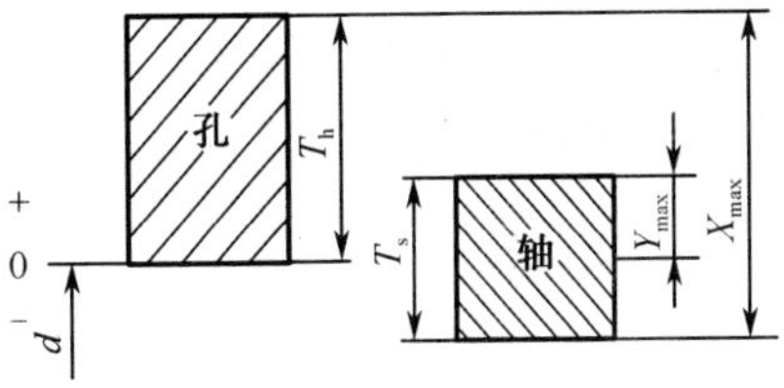

图1-70　过渡配合

6）基准制配合

在生产中，需要各种不同性质的配合，既使配合公差（T_f）一定，也可以通过改变孔和轴公差带的位置，使配合获得无限多种不同的孔、轴公差带的组合形式。为了简化孔、轴公差带的组合形式，统一孔（或轴）公差带的评判基准，进而达到减少定值刀、量具的规格数量，获得最大的技术经济效益。GB/T1800.2—1988 规定有如下两种基准制配合。

（1）基孔制配合。

是指基本偏差为一定的孔的公差带，与不同基本偏差的轴的公差带形成各种配合的一种制度。基孔制配合的孔为基准孔，用“*H*”表示，孔公差带在零线上，且下偏差 $E_I=0$，上偏差 $E_S=+T_h$，如图 1-71 所示。

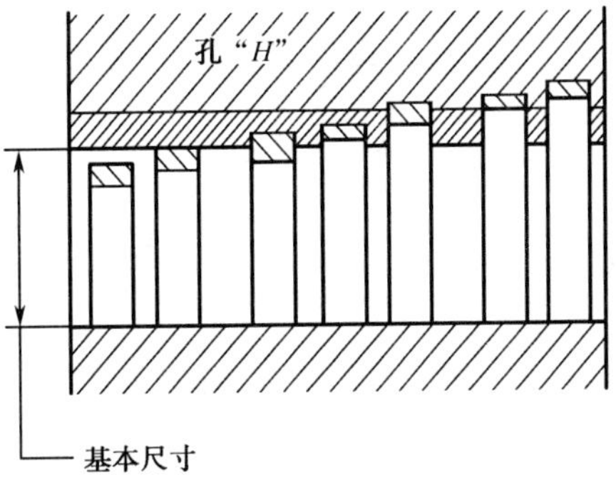

图1-71　基孔制配合

显然，基准孔 H 与轴 a～h 形成间隙配合，记为 H/a～h；与轴 j～n 形成过渡配合，记为 H/j～n；与轴 p～z_c 形成过盈配合，记为 H/p～z_c。

（2）基轴制配合。

基轴制配合是指基本偏差为一定的轴的公差带，与不同基本偏差的孔的公差带形成各种配合的一种制度，如图 1-72 所示。基轴制配合的轴为基准轴，用“h”表示，轴公差带在令线之下，且上偏差 $e_s=0$，下偏差 $e_i=-T_s$。

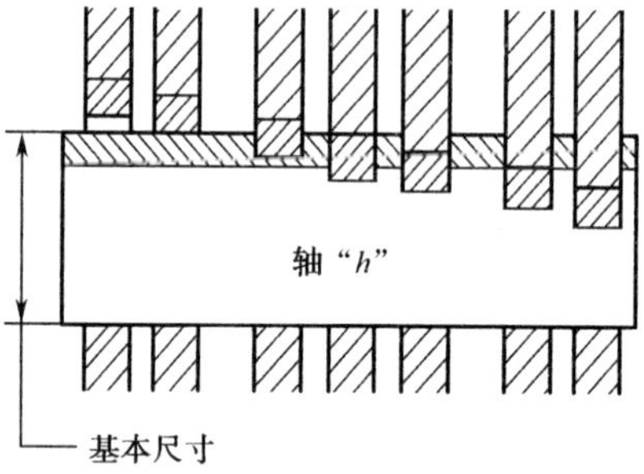

图1-72　基轴制配合

同理，基准轴 h，与孔的基本偏差 A～H 形成间隙配合，记为 A～H/h；与孔的基本偏差 J～N 形成过渡配合，记为 J～N/h；与孔的基本偏差 P～Z_C 形成过盈配合，记为 P～Z_C/h。

10. 形状和位置公差

（1）形状公差。

形状公差指被测零件实际要素的几何形状相对于理想要素的几何形状所允许的变动全量。

（2）位置公差。

位置公差指被测零件实际要素的位置相对基准要素的位置所允许的变动量。

（3）要素。

要素是指零件上的特征部分如点、线和面（包括轴线或中心平面）。

（4）公差带。

公差带指限制实际要素变动的区域。形状公差概念，如图 1-73 所示。

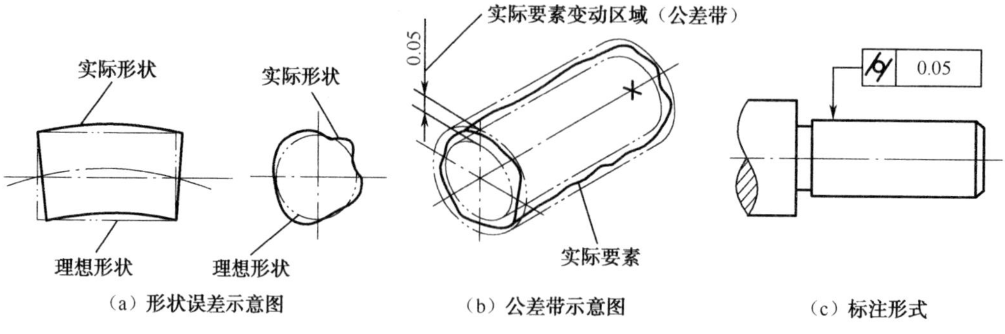

图1-73　形状公差概念

位置公差概念，如图 1-74 所示。

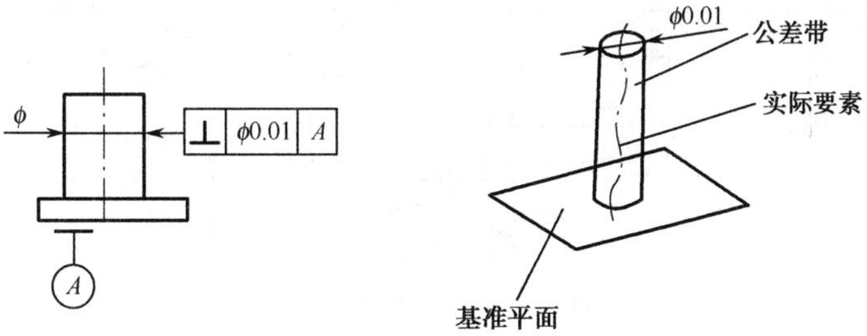

（a）标注形式　　（b）公差带示意图

图1-74　位置公差概念

1.9　装配图

1. 装配图的作用

若干个零件按一定技术要求装配成机器或部件，用以表示机器或部件(统称装配体)等产品及其组成部分的连接、装配关系的图样称为装配图。

设计、仿造或改装时，一般先画出装配图，再根据装配图画出零件图。制造时，应先根据零件图生产零件，再由装配图指导装配成部件或机器。因此，装配图是表示设计思想、指导生产及进行技术交流的重要技术文件。

2. 装配图的内容

如图 1-75、图 1-76 所示为管钳的轴测图和装配图。装配图必须包含以下四个方面的内容。

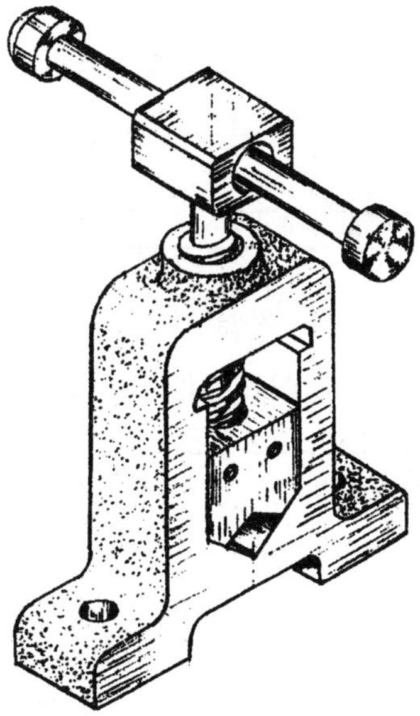

图1-75　管钳轴测图

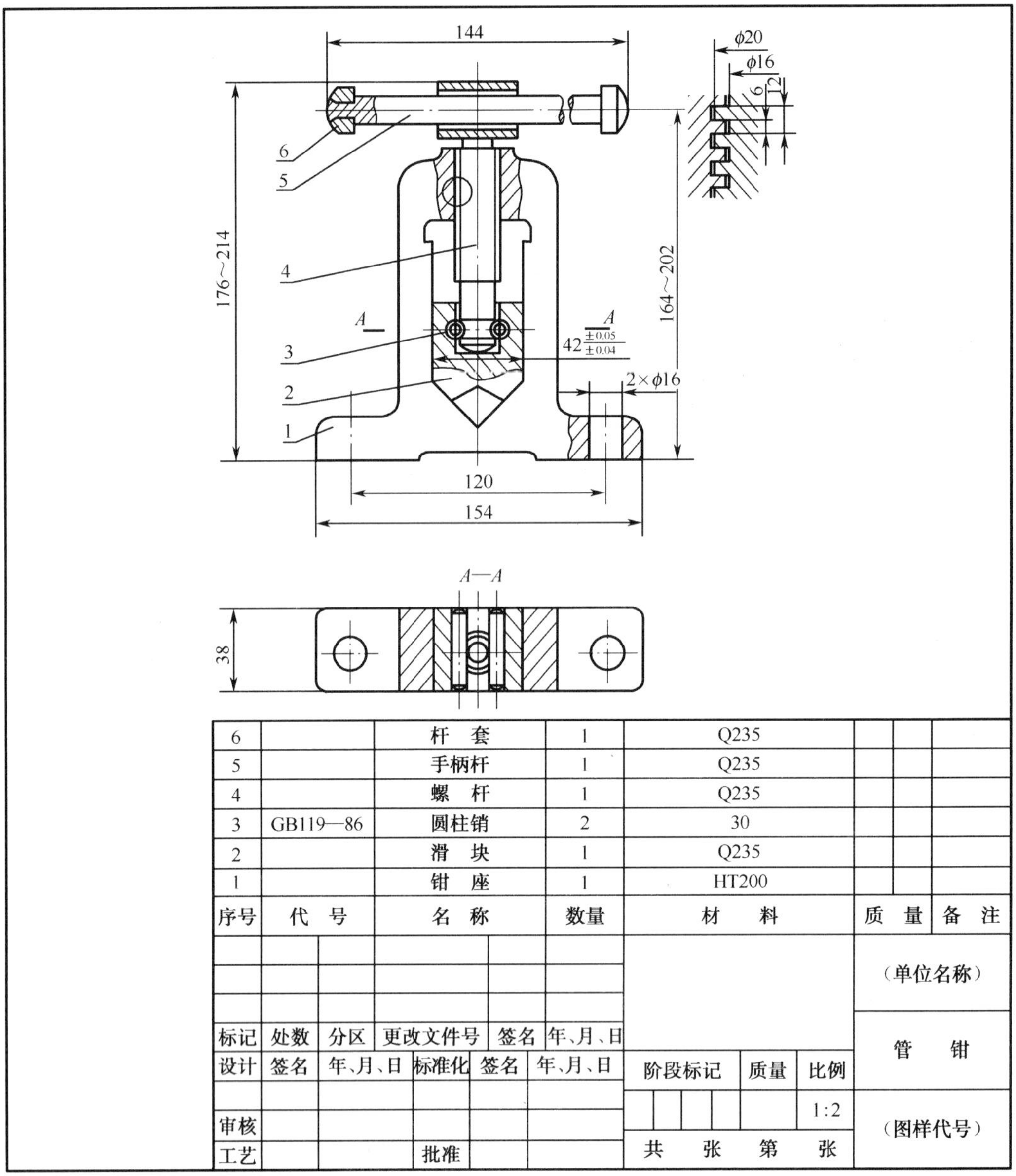

6		杆　套	1	Q235		
5		手柄杆	1	Q235		
4		螺　杆	1	Q235		
3	GB119—86	圆柱销	2	30		
2		滑　块	1	Q235		
1		钳　座	1	HT200		
序号	代　号	名　称	数量	材　　料	质　量	备　注

标记	处数	分区	更改文件号	签名	年、月、日		（单位名称）
设计	签名	年、月、日	标准化	签名	年、月、日	阶段标记　质量　比例	管　钳
						1:2	
审核							（图样代号）
工艺			批准			共　张　第　张	

图1-76　管钳装配图

（1）一组表示方案。用视图、剖视图和其他表达方法表明装配体的工作原理、各零件之间的装配、连接关系以及零件的主要结构形状。

（2）必要的尺寸。用以表明装配体的性能、规格、配合、外形、安装等有关的重要尺寸。

（3）技术要求。用符号或文字说明装配体在装配、检验和使用时应达到的要求。

（4）零件序号、标题栏、明细栏。常见的装配图零件种类较多，视图也较复杂。为了说明零件，对零件依次编写的号码称为零件序号。用以注写装配体的名称（或名称代号）、图号、比例以及有关责任者的签名、日期等内容的栏目称为标题栏。按规定格式与方法将各零件的序号、代号、名称、数量、材料等依次、整齐地编排的表格称为明细栏。

3. 装配体视图的选择原则

一般选取装配体的工作位置作为主视图的位置，以最能反映装配关系、工作原理和结构形状的方向作为主视图的投射方向，主视图中未表示清楚的部分可通过其他视图表达。

4. 装配图的规定画法

装配图的规定画法，见表 1-6。

表 1-6　装配图的规定画法

分　类	图　例	说　明
1．相邻两零件结合面的画法及剖面线画法	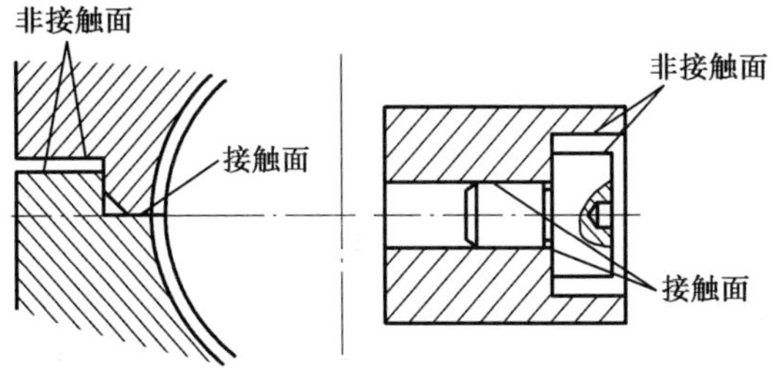	1．两零件的接触面和配合面规定只画一条线，两零件的非接触面应留有间隙； 2．相邻两零件的剖面线可用方向相反、改变间隔大小、错开等方法加以区别，但在同一张图上同一零件的剖面线方向、间隔、倾斜角度应一致
2．实心件和标准件的规定画法	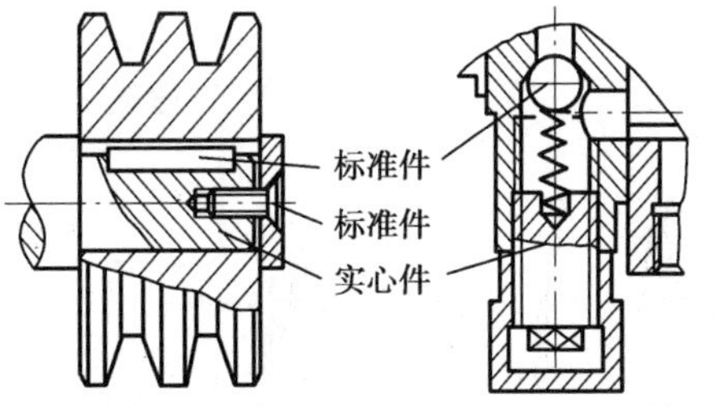 （a）按不剖绘制　（b）用局部剖视图表示	装配图中的实心件和标准件如按纵向剖切，且剖切面通过对称平面时，均按不剖绘制［见图（a）］，但反映实心杆件上的凹坑、键槽、销孔要用局部剖视图表示［见图（b）］
3．零件被弹簧挡住部分轮廓线的画法	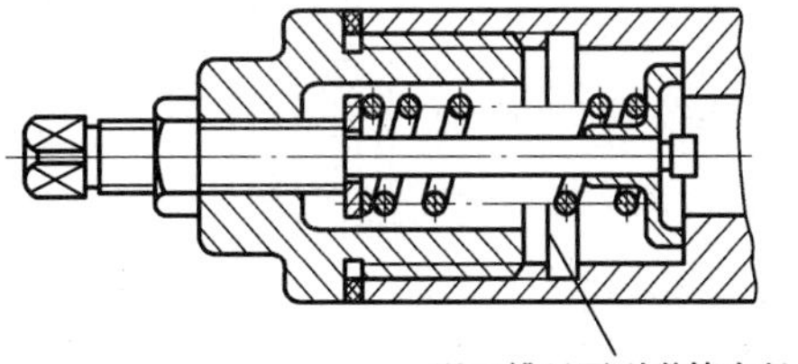	零件被弹簧挡住的部分轮廓线不画。可见部分应从弹簧丝剖切面中心线往外画出

5. 装配图的特殊画法

（1）拆卸画法。为了表示装配体内部结构或被挡部分的结构，可假想沿着两零件的结合面进行剖切或假想将某些零件拆卸后绘制，这种画法称为拆卸画法。

（2）假想画法。某些零件与该装配体有相邻关系，如夹具中的工件、机床上的刀具等，可以用双点画线画出该零件的轮廓；当需要表示运动零件的极限位置时，也应采用假想画法，用双点画线画出零件的某个或某些极限位置的轮廓，并注明运动范围的尺寸。如图 1-77 所示，是铣刀头装配图中的铣刀盘以及运动件极限位置的假想画法。

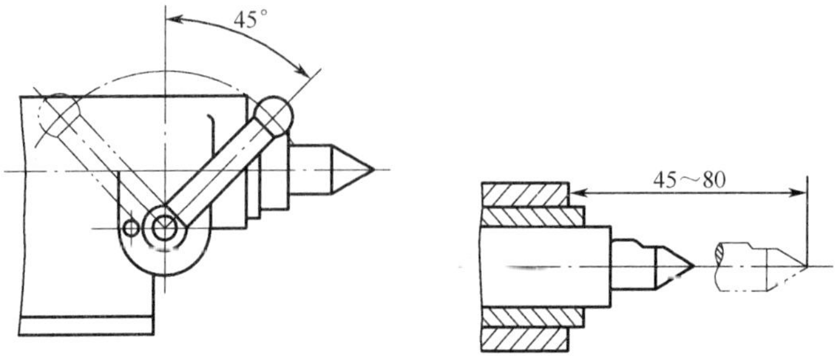

图1-77　假想画法

（3）展开画法。当轮系的各轴线不在同一平面内时，可假想沿传动路线上各轴线顺序剖切，然后展开在一个平面上，画出剖视图，如图 1-78 所示。

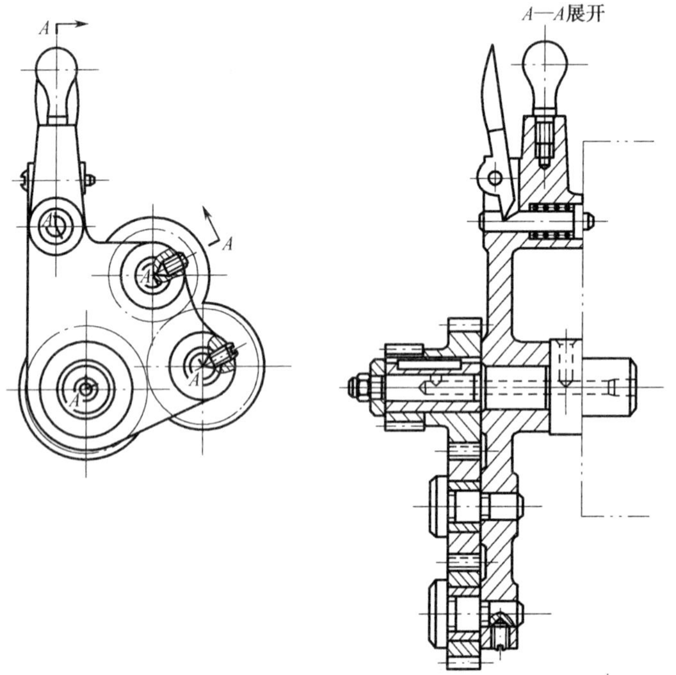

图1-78　轮系展开图

（4）夸大画法。凡装配图中直径、斜度、锥度或厚度小于 2 mm 的结构，如垫片、细小弹簧、金属丝，可以不按实际尺寸画，允许在原来的尺寸上稍加夸大画出。其中较薄零件剖面线可以用涂黑来代替，如图 1-79 所示。

（5）简化画法。

① 装配图上若干个相同的零件组，如螺栓、螺钉等允许详细地画出一处，其余只要画出中心线位置即可。

② 装配图上零件的部分工艺结构如倒角、倒圆、退刀槽、螺栓、螺母上倒角曲线也允许省略不画，如图 1-80 所示。

③ 滚动轴承和小直径弹簧允许按图 1-80 方法简化绘制。

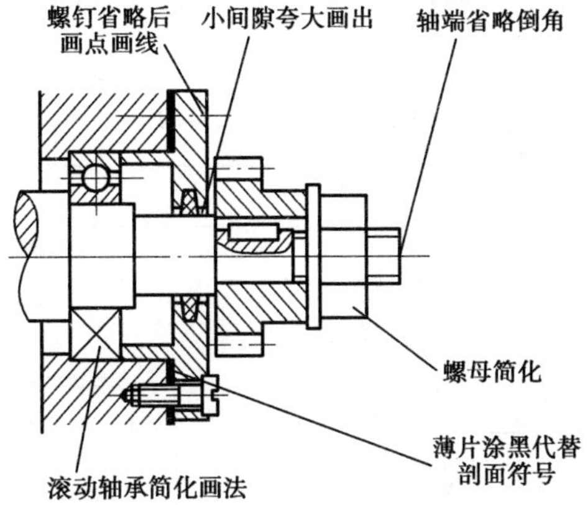

图1-79　装配图上的简化画法（一）

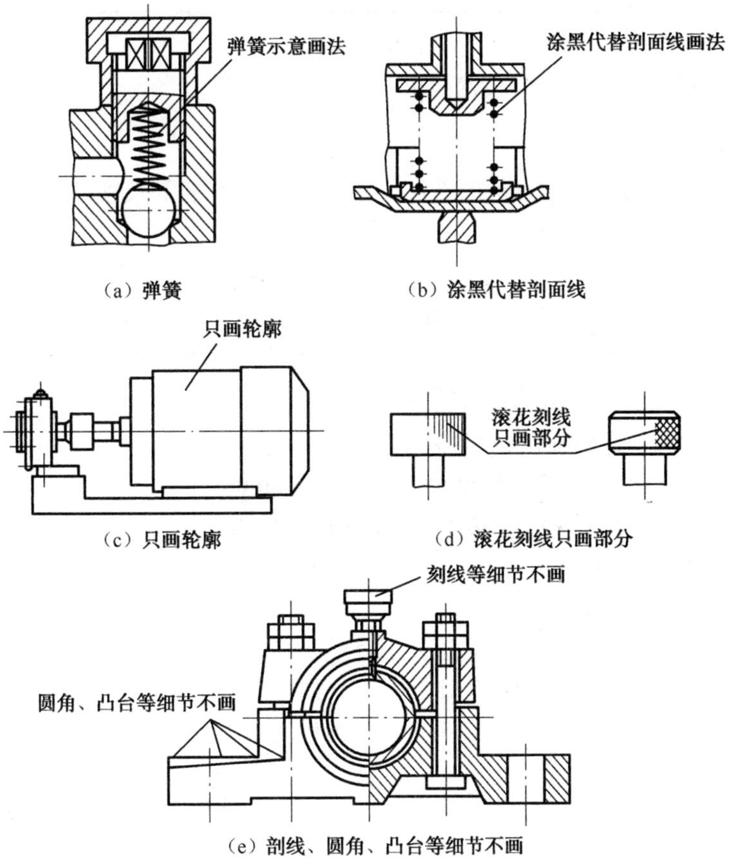

图1-80　装配图上的简化画法（二）

第一章　图样

④ 不至于引起误会时，允许不画标准件，省略部分剖面线、滚花刻线等，以及简化相贯线画法。

（6）装配体的工艺结构。

为了保证各零件在装配过程中的质量，使机器或部件达到规定的力学性能，在设计绘图时，应考虑合理的装配工艺结构，并应达到装拆方便的目的。

表 1-7 所示的是常见装配工艺结构的正误比较。

表 1-7　装配工艺结构

结构名称	图　例		说　明
	合　理	不合理	
孔轴配合工艺结构	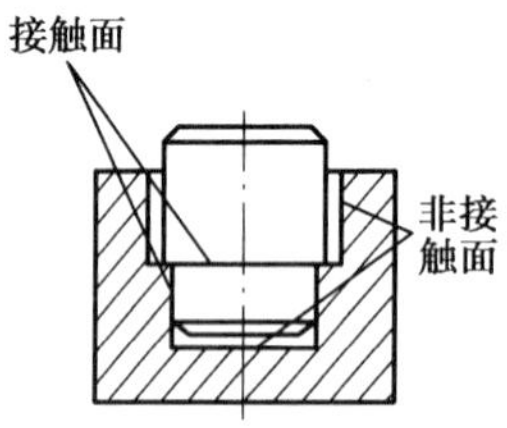	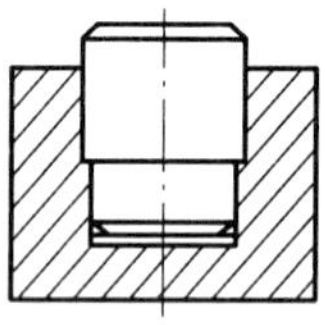	两零件的接触表面，同方向只允许一对接触面

6. 装配图上尺寸标注和技术要求

（1）尺寸标注。

装配图上应标注与装配体有关的性能、装配、外形、安装等尺寸，不必注出全部尺寸，如图 1-81 所示。

① 性能（规格）尺寸。用以表明装配体的工作性能或规格尺寸称为性能（规格）尺寸。如图 1-76 所示管钳的中心高尺寸为 164～202mm。

② 装配尺寸。装配体上零件间相互配合时有公差要求的尺寸及保证零件相对位置的尺寸。如齿轮油泵装配图中两啮合齿轮的中心距。

③ 安装尺寸。安装尺寸是指机器或部件安装在某个固定位置时所需要的尺寸。如图 1-76 所示管钳螺钉孔直径 2×ϕ16mm、中心距 120mm。

④ 总体尺寸。总体尺寸是指装配体外形轮廓和所占空间大小的尺寸即总长、总宽、总高尺寸。如图 1-76 所示中的 154、38、176～214mm。

（2）技术要求的注写。

装配图上的技术要求主要是针对该装配体的工作性能装配及检验要求、调试要求及使用与维护要求所提出的，不同的装配体具有不同的技术要求。

装配图的技术要求一般采用文字注写在明细栏的上方或图纸下方的空白处。

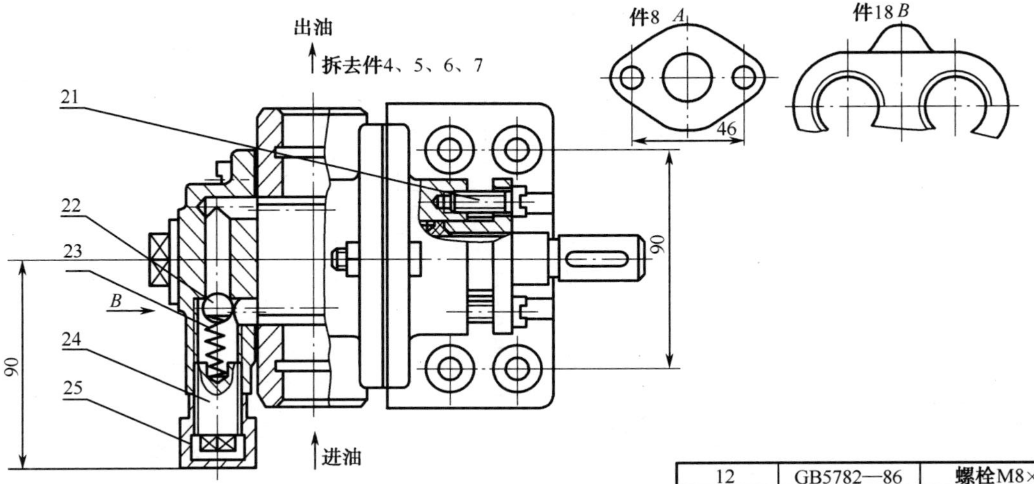

序号	代号	名称	数量	材料	备注
25		锁紧螺母	1	Q235A	
24		调节螺钉	1	Q235A	
23		弹　簧	1	65Mn	
22		钢球ϕ12	1	45	
24		螺钉M63×30	2	Q235A	
20		衬　套	3	ZCuSnPbZn5	
19		从动齿轮轴	1	45	m=2　z=21
18		泵　盖	1	HT200	
17		主动齿轮轴	1	45	m=2　z=21
16	GB67—85	螺　钉	6	Q235A	
15		小垫片	1	石棉橡胶片	
14		泵　体	1	HT200	
13		大垫片	1	石棉橡胶片	
12	GB5782—86	螺栓M8×25	6	Q235A	
11	GB6170—86	螺母M8	6	Q235A	
10		衬　套	1	ZCuSn5PbZn5	
9		填　料	1	羊毛毡	
8		压　盖	1	Q235A	
7	GB68—85	螺钉M5×12	1	Q235A	
6		挡　圈	1	15F	
5	GB1096—79	平键M5×28	1	45	
4		带　轮	1	HT150	
3		螺　塞	3	Q235A	
2		泵　座	1	HT200	
1	GB117—86	圆锥销ϕ4×25	4	45	

标记	处数	分区	更改文件号	签名	年、月、日			（单位名称）
设计	（签名）	（年、月、日）	标准化	（签名）	（年、月、日）	阶段标记	重量	比例	齿轮油泵
审核								（图样代号）
工艺			批准			共　张　第　张		

图1-81　齿轮油泵装配图

7. 装配图中的零部件序号与明细栏

装配图中的所有零件都必须编写序号，并与明细栏中填写的同一零件的序号一致，以便读图及进行图形资料的管理。

1）序号的编排规定

（1）指引线的画法。从所注零件的可见轮廓内用细实线画出指引线，指引线相互不交错，当通过有剖面线的区域时，指引线不应与剖面线平行且允许曲折一次。在指引线的端部用细实线画出水平标注线或圆圈，常见形式如图 1-82 所示。

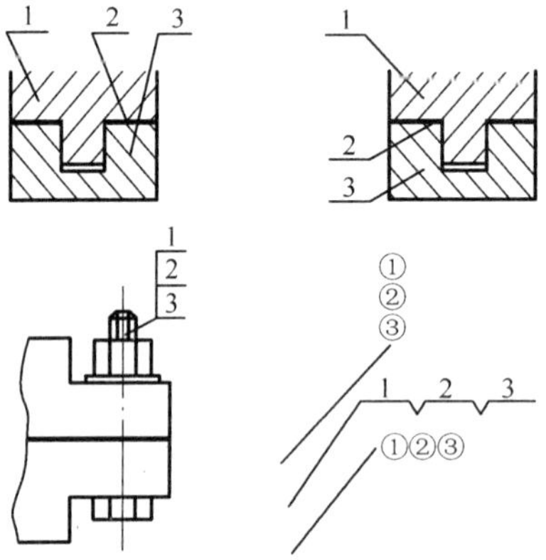

图1-82　零件序号编排与指引线画法

（2）序号编写的顺序。装配图中的序号应沿水平或垂直方向顺时针或逆时针整齐地依次排列。

（3）紧固件、标准部件的编排。同一组紧固件可采用公共指引线，如图 1-83 所示为标准部件。

（4）相同零部件的标注方法。装配图上凡相同零件只用一个序号且一般只注写一次。

2）明细栏的画法及配置

明细栏一般应配置在装配图中标题栏的上方，按由下而上的顺序填写，格式如图 1-83 所示。明细栏的格数应根据需要而定，当其上方的位置不够时，可紧靠在标题栏的左边自下而上延续到完为止。

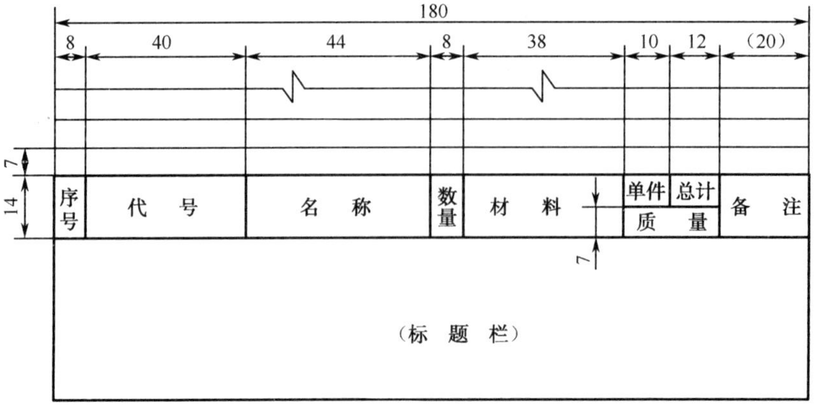

图1-83　装配图上的明细栏

第二章

车身制图和钣金件展开图

2.1 车身制图

1. 车身制图基础知识

1）车身外表面的特征

汽车车身外表面，特别是轿车的表面覆盖件，都是很复杂的、不规则的空间曲面，因此，必须采用特殊的绘图方法。这些薄板制成的构件不仅要满足车身结构和工艺的要求，而且还要满足美术设计要求。近代汽车车身，要求具有“动”的外形，即使它处于静止的状态，也给人以“动”的感觉；要讲究雕塑美，汽车表面光滑，反光效果强烈。设计人员要研究车身的光学规律，要赋予汽车车身合理的各种形状，才能产生理想的光反射效果。设计人员需要将车身设计成具有不同的曲率表面，使它对光具有不同的聚焦能力，从而承受不同的光照量，这也是设计人员能更好组织车身表面明暗层次的关键。汽车制造商制作复杂的车身构件曲面，需要特殊的工艺并且增加了成本，但为了市场竞争的需要，设计人员还是在这些方面投入更多的精力。由于科学技术的发展，特别是计算机辅助设计（CAD）和计算机辅助制造（CAM）的应用为汽车制造提供了极大的方便。

为了获得理想的车身外形，设计人员凭借美术雕塑人员的精心设计，采用彩色立体图或缩小比例的油泥模型，经过反复审查、比较，选定一种最佳方案，称为选型。为了让“选型”的车身各结构更具有立体效果，常常制作木质“主模型”；在基本定型之后，从“主模型”上获得足够数量的车身曲面的素线，并制成样板曲线，这样就可以把选定的车身表面的各个复杂曲面形状和空间相互位置完全确定下来。

2）车身的三维坐标

为了将汽车构件的各种曲面在汽车图样上表示出来，画成可以用来生产的图样。汽车车身设计中采用三维坐标系，X 为汽车的长度方向，Y 为宽度方向，Z 为高度方向，如图 2-1 所示。

为了确定各个曲面在空间的位置和保持它们相互的正确关系，在模型上按三个坐标轴的方向，用每隔 200mm 的间隔距离画出方格线，并以车身纵向对称面的中心轨迹线为车身的横向基准，即所谓零线，取车身车架的上平面为高度方向的零线，取通过前轮中心的中心线为车身纵向零线。如图 2-2 所示，为车身主板图。车身主板图是表示车身主要轮廓和结构的图样。车身主板图是车身设计中的最主要文件，它应能反映出：车身的主要轮廓线、车身各零件的装配关系、车身零件结构的截面、运动轨迹等。此外，为了制造冲压模具的需要，主图板的轮廓线均以零件的内表面为依据。

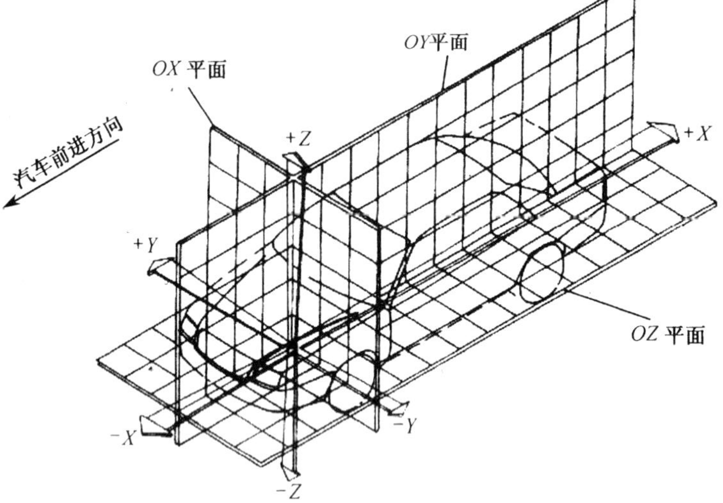

图2-1　汽车三维坐标系

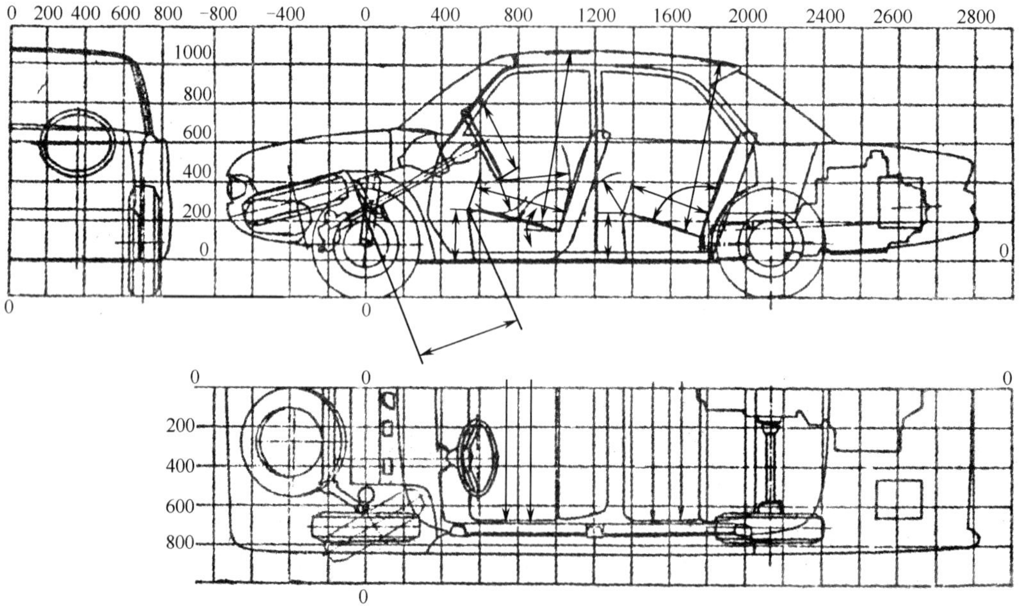

图2-2　车身主板图

2. 车身零件图

绘制车身零件图时，汽车车身上各个零件的边界条件可以从主图板上获得，通过对零件的具体结构设计所确定的截面形状，用来充实主图板的内容。对于复杂的零件，如图 2-3 所示的车身构件的复杂曲面图样，则必须在图样上绘出相应的坐标网格线。零件的尺寸

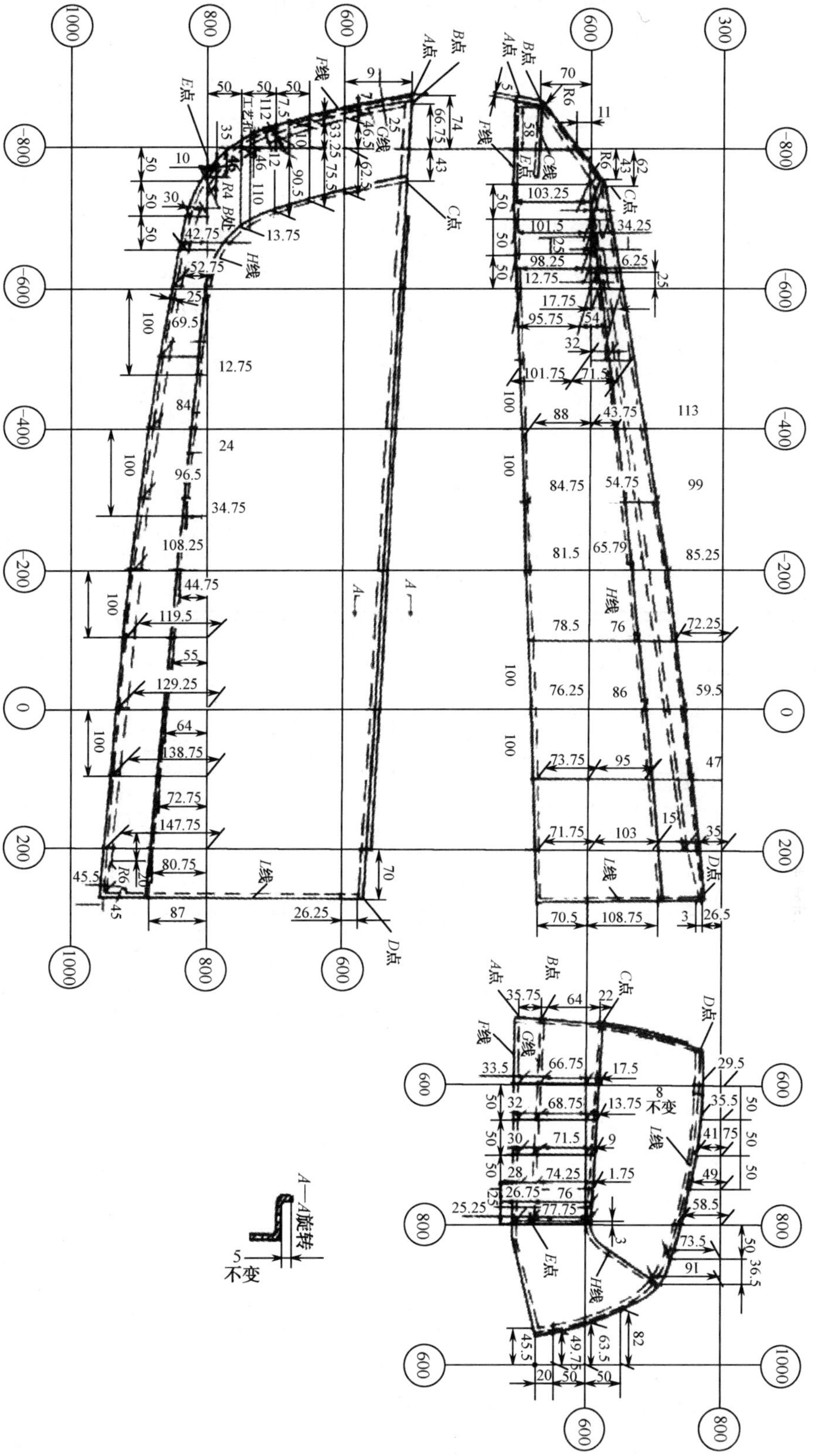

图2-3　汽车构件复杂曲面图样

基准可按标注方便的原则选取任一坐标线或另作辅助基准线。图中与机械制图一样，以主视图为准，俯视图配置在它的下方，左视图配置在它的正右方；仍需符合主、俯视图相应投影长度相等，且对正；主、左视图相应投影高度相等，且平齐；俯、左视图相应投影宽度相等的投影原则。三视图之间应符合“长对正、高平齐、宽相等”的“三等”关系。为了真实表示车身构件在整个车身的位置，配以坐标网格线，并标注相应的尺寸，用来反映构件的圆弧或者斜线的形状。

在零件图上无法表达的复杂曲面，可在图样上标注“未注明的表面尺寸按主模型量取”。关于车身零件图的标注，国家标准还没有较细的标准，目前较多的标注方法采用三维坐标和辅助基准的标注方法，有关内容可参看汽车车身图样画法及尺寸标注 GB/T 4458.1—2002《机械制图　图样画法　视图》的规定。

1）图样画法

（1）向汽车前进的方向观察，位于左侧的零件、总成称为左零件、左总成，反之称为右零件、右总成。

（2）两个呈对称的零件或总成，一般绘左零件或左总成，在图样主标题栏内标出左零件或左总成的图号及名称，在主标题栏的延伸栏中标出右零件或右总成的图号及名称，并注明“与左零件对称”字样，如图 2-4 所示为标题栏的表示方法。

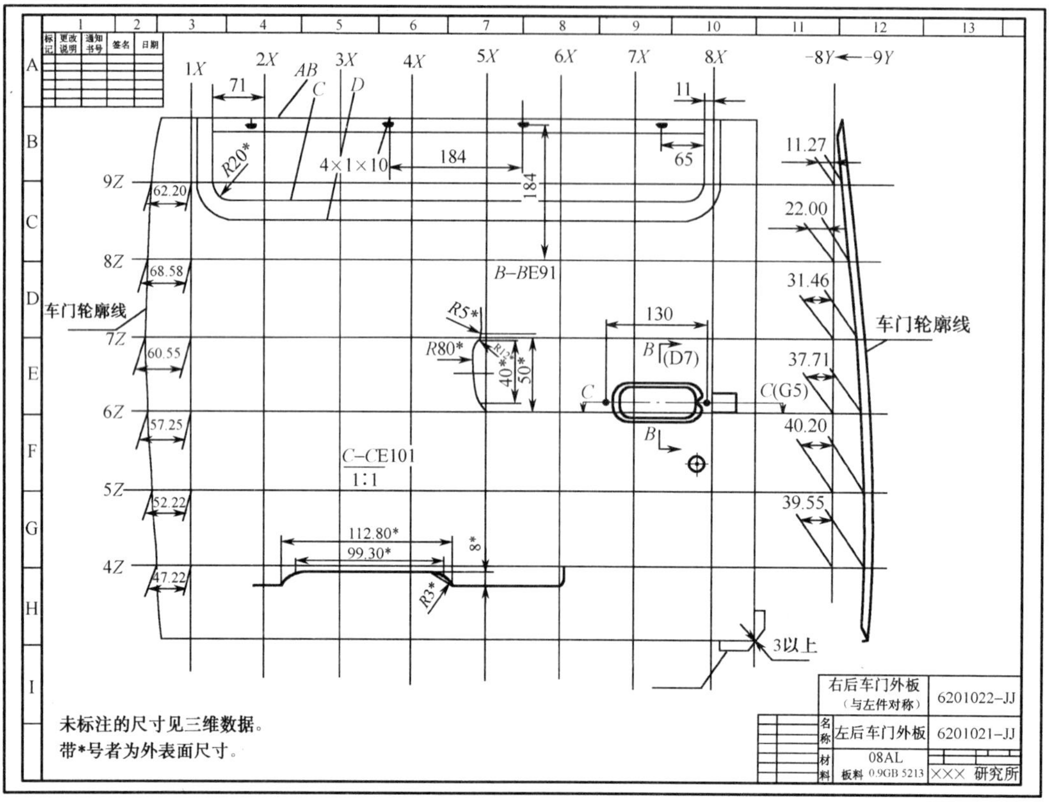

图2-4　车身构件图样

（3）有三维数据或主模型或数据验证模型的零件，在绘图时，表面尺寸可以不标注，但在图样上必须注明“未注明的尺寸按主模型量取”或“未注明的尺寸按数据验证模型量取”或“未注明的尺寸按三维数据量取”，如图 2-4 所示左下角的说明。

2）尺寸标注方法

（1）标注零件的坐标尺寸一般由最近的坐标线注出，如图 2-5 所示，但也可以由尺寸基准线注出。尺寸基准线与坐标线用注有尺寸值的尺寸联系，如图 2-5 所标注的基准线处与 Z 坐标的尺寸值为 12.75mm。

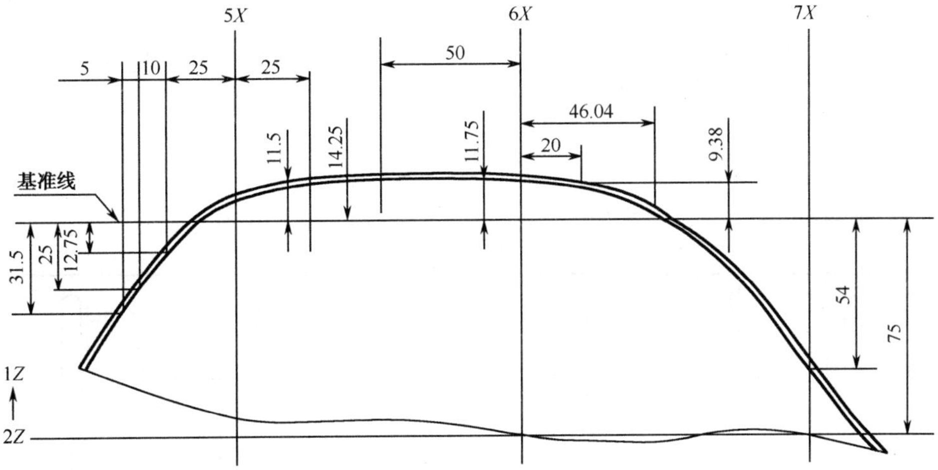

图2-5　构件尺寸标注

（2）标注曲线上个点的标注采用以下几种数值：100、50、25、20、10、5，如图 2-4 所示坐标线 5*X* 处所标注的尺寸。

（3）零件图或总成图上的尺寸应标注在同一表面内，对必须标注在不同表面的应加以说明，如图 2-4 所示的左下角说明。

（4）为使图面清晰、完整，需要标注具有一定特性的面、线、点。面用英文缩写 SURF 加阿拉伯数字表示，线用大写斜体英文字母（可用两位英文字母）表示，点用小写斜体英文字母表示，线上任一点用小写斜体英文字母表示，所用字母与表示线的大写字母相对应。

（5）在变换坐标平面方向剖析某一视图时所得到的端面，应标注出转换坐标平面，该平面称做“工作线”。

3）简化标注法

汽车车身图样中一些图线和尺寸标注过多、过密而无法清楚标注时，可以采用简化标注。在不引起误解的情况下，可在不反映实形的投影图上标注真实尺寸，只需要在该尺寸下注明“实际”或“沿表面”等字样，也可对该类尺寸加注标记，而在技术条件中统一加以说明，如图 2-6 所示。

综合以上的制图方法，这样车身的每一个构件和零件上的任何几何元素，都在这个坐标系中有完全确定的位置。如果采用一种三向坐标测量仪，依靠电子探头来实现测绘，就可以实现人—机对话，并在各种技术文件上都具有这个坐标系，这样的图样就是车身制图。以上这些绘图方法和基本规定，就是车身制图的基本思路和方法。

电子计算机可以很好地将古典的有限元法得到应用。众所周知，方砖可以砌出圆井，直锯可以锯出弯板，曲线和曲面可以细分为小段和小块。分割越细，逼真度越高，这是分割近似原理。基于这种思想，可将任意形状结构划分为有限多个小单元（即离散化），亦即点、线、面等基本单元，这些单元只要在有限个节点上相连。单元的划分可以根据具体情况来决定，如在应力集中的区域可配置较密的节点，次要区域配置较疏节点。利用外力所引起的节点位移，可获得单元的应变，从而求得应力，并通过计算机求解。

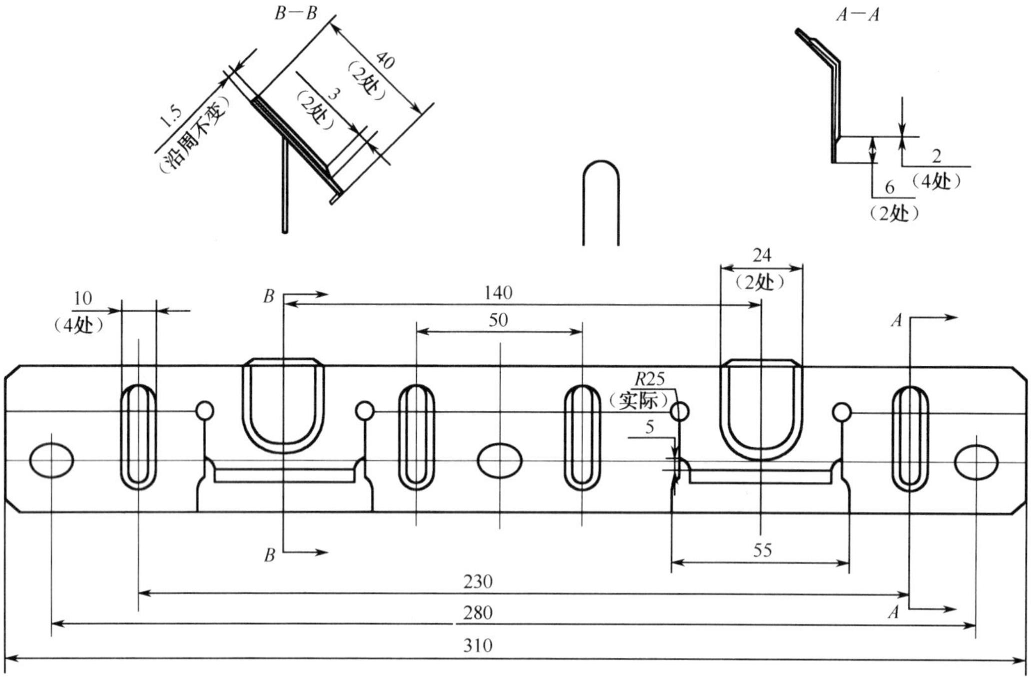

图2-6　简化标注

2.2　几何元素的几何性质

前面提到汽车车身的每一个构件的表面都是由几何元素组成的，因此首先应研究几何元素的性质。从几何观点出发，平面是线运动产生的，而线是由点在空间运动产生的，所以点、线、面就称为基本几何元素。

1. 几何元素空间位置的确定

1）直角坐标系与点的空间位置的确定

取三个互相垂直的平面，空间 A 点距三个坐标的距离决定了 A 点的空间位置，如图 2-7 所示。这种坐标系称为直角坐标系，因此空间任意点的位置的确定必须有该点的三个坐标，缺一不可。

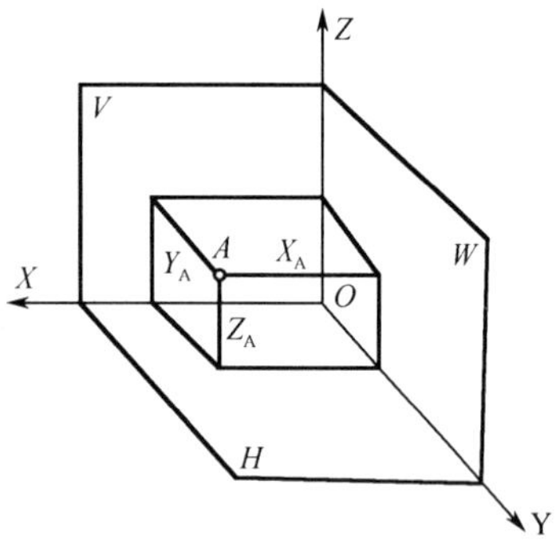

图2-7　直角坐标系

2）直线的空间位置的确定

在几何研究中，空间已知两点相连即成一条直线，即两已知点或一已知点和一已知方向可以确定空间一条直线。

3）平面的空间位置的确定

确定空间平面的几何条件是：不在同一直线上的三个已知点。

2. 曲线与曲面的形成

1）曲线的形成

和直线一样，曲线可以看做是一点运动的轨迹。曲线可以分为规则曲线和不规则曲线。通常研究的规则曲线，其中可以分为平面曲线和空间曲线。凡曲线上所有的各点都在同一平面内称为平面曲线，如图 2-8（a）、（b）所示；若曲线上的各点不在同一平面内，则称为空间曲线，如图 2-8（c）所示。

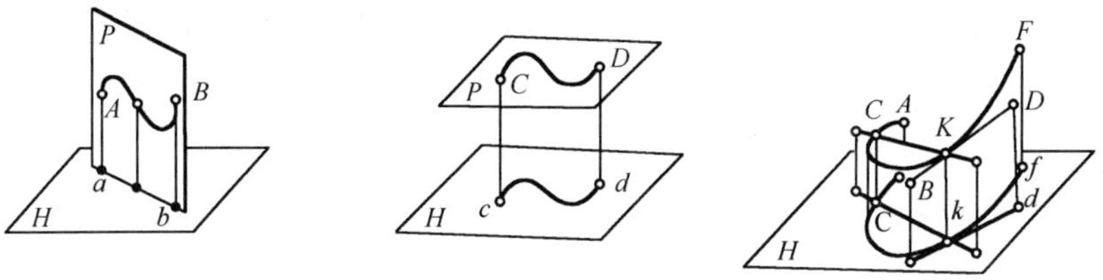

（a）平面曲线（一）　（b）平面曲线（二）　（c）空间曲线

图2-8　曲线

2）曲面的形成

曲面可以看做是一条线运动的轨迹。当线按一定规律运动时，所形成的轨迹称为规则曲面；当线做不规则运动时，所形成的轨迹称为不规则曲面。

在规则曲面中，形成曲面的线称为母线，控制母线运动的线或面称为导线或导面。母线在曲面上任何一个位置都称为曲面的素线。按母线形状不同，曲面又分为两大类：

（1）直线面。母线为直线的曲面，例如圆柱面、圆锥面等。

（2）曲线面。母线是曲线的曲面，例如球面、环面等。

同一曲面可以由不同方法形成。直线面中的正圆柱面可以是由一条直线绕其轴线旋转而成，也可以是一个圆周沿轴向平移而成，还可以是由圆柱面上一条任意曲线绕旋转轴旋转而成。

例如，圆锥面的形成，如图 2-9 所示，一条直线 *SA* 绕其轴 OO_1 旋转就形成圆锥面。

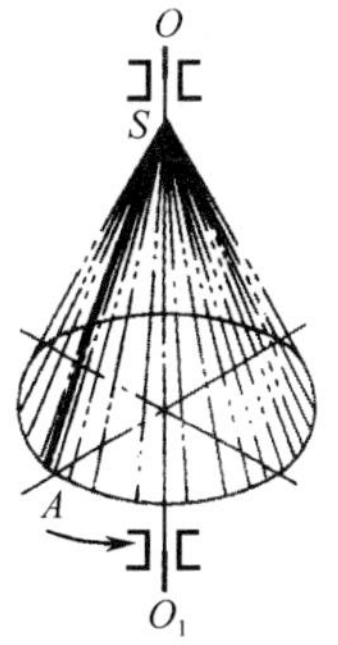

图2-9　圆锥面形成

画曲面投影图时，其基本要求是必须画出决定该曲面的一些几何要素的投影，从而才能确定曲面上的任何点、线的形状和位置。此外为了增加真实感，使图形更加清晰和明显，还必须画出曲面的外形轮廓线以及曲面上某些显示其特征的点、线。曲面的外形轮廓线的投影和一般棱线的投影有性质上的区别，如图 2-10 所示，为圆锥的三面投影和三视图。

其特点是：

① 外形线具有方向性，在这个方向上，它是曲面的边界。如图 2-10（b）所示，锥面在主视图上的曲面边界线为 $s'b'$。

② 外形线在相应的方向上是可见部分和不可见部分的分界线。如图 2-10（b）所示，锥面在主视图上分界线为 $s'b'$ 正投影方向上可见部分和不可见部分的分界线。

③ 外形线的投影特点是只在一个视图上有线，而在其他视图上只能找到对应的位置，但画不出线来，所以不同的视图上的外形线并不是同一线的不同投影。如图 2-10（b）所示，主视图上的边界线为 $s'b'$，在俯视图上只能找到对应的位置，但画不出线 sb 这条线。

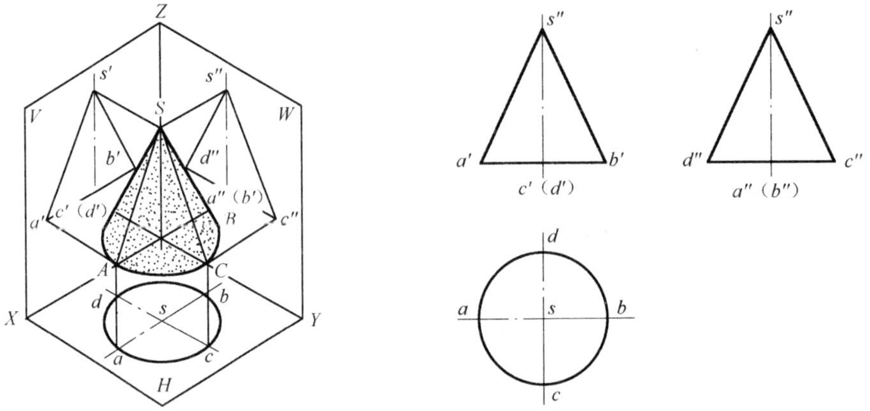

（a）　　　　（b）

图2-10　圆锥的三面投影和三视图

3. 直线面

直线面按其是否能展开可以分为两类：

1）可展直线面（也称单曲面）

这种面能准确地展成平面图形，如柱面、锥面等。

2）不可展直线面（也称扭面）

这种曲面不能展成平面图形，如柱状面、锥状面、双曲抛物面、单叶双曲回转面。

下面介绍简单的直线面：

（1）柱面。若直母线 AA_1，沿曲导线 AB 移动，且始终平行于直导线 MN 时，所形成的曲面是柱面。柱面可以是闭合的，也可以是不闭合的，如图 2-11 所示。

通常以垂直于素线的平面截切柱面所得的截交线的形状来区分各种不同的柱面。截交线为圆，称为圆柱面；截交线为椭圆，称椭圆柱面；若以正截面为底面，称为正柱面，否则称为斜柱面。

（2）锥面。直母线 AS 沿曲导线 AD 移动，同时始终通过导点 S 所形成的曲面称为锥面，如图 2-12 所示。和柱面一样，锥面也分圆锥面、椭圆锥面等，也有正锥面、斜锥面等。

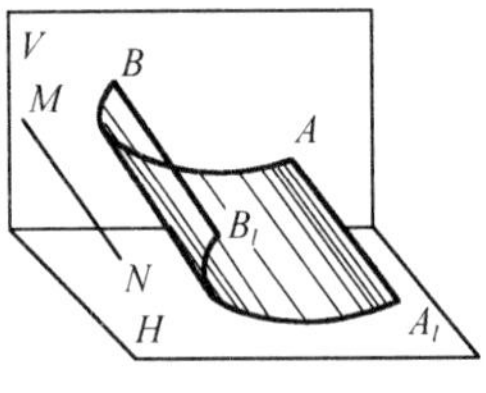

图2-11　柱面

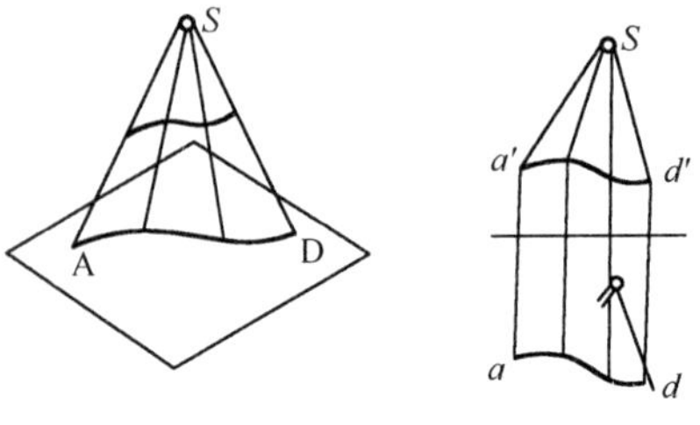

图2-12　锥面

4. 曲线面

曲线面是曲面中除直线面以外，一切其他曲面的总称。它们都是经曲线按母线运动规律而成的，按母线的运动规律分回转面和非回转面。母线也可分可变母线和不可变的母线两种。前者形成的曲面称为变线曲面，其母线在运动过程中还要按一定规律改变其形状；后者形成的曲面称为非变线曲面，其母线在运动时始终保持原形不变。

1）回转面

回转面是由母线绕轴旋转而成的。回转面有一个共同的特点，由于母线上每一点旋转运动的轨迹是垂直于回转轴的一个圆，所以回转面的正截面的截交线为圆。利用回转面的这种几何特性，可方便地解决回转面上取点、线的问题。

2）变线曲面

变线曲面是指母线在形成曲面的过程中不断地改变着原有的形状，如圆滚曲面，它是由母线圆，其圆心沿着曲导线运动而成的。在不同位置上，母线圆所在的平面始终与导线垂直，圆的直径则逐渐改变着。

如图 2-13 所示，汽车车顶盖前部就是变线曲面。曲母线 *AC*，沿着两条曲导线 *AB* 和 *CD* 运动过程中逐渐改变了原曲线 *AC* 的形状而渐近于曲线 *BD* 的形状。当然，汽车前顶盖的曲面也可以这样形成，以 *AB* 为母线，*AC* 和 *BD* 为导线，母线沿着导线运动过程中逐渐失去原来 *AB* 的性质而渐近于新的，即 *CD* 的性质。

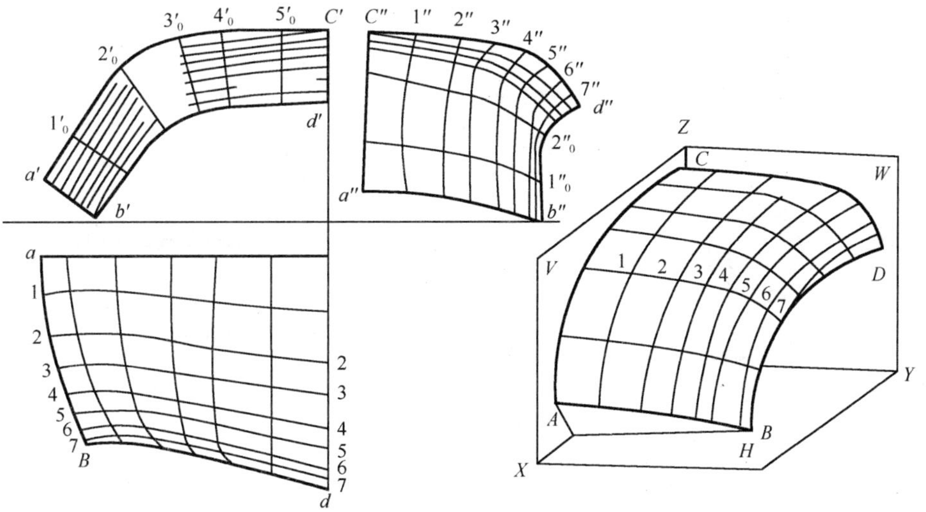

图2-13　汽车车顶盖

汽车车身前顶盖这样的复合曲面，只画出其母线和导线的投影是不能确定这个曲面的，因为通过这些母线和导线可以有无穷多个曲面，所以绘制车身曲面时的基本方法是用一组素线和一系列中间截面组成的网状图形来表示复合曲面，这也是汽车车身图样的重要表示方法。

2.3 钣金展开图

1. 展开图与展开图画法

在汽车车身表面构件制造中，将构件的立体表面按实际形状和尺寸依次展开在一个平面上，这个过程称为展开。展开在一个平面上所有得到的平面图形称为构件表面展开图。

汽车车身外部表面构件的展开放样技术在汽车制造和修理行业的应用是比较普遍的。凡是用金属材料薄板通过冲压、弯曲、压延等成型工艺方法制造的零件，都必然要用到展开放样技术。在汽车维修过程中，当遇到某些车身覆盖件采购困难，需要单件手工制作时，也需要应用钣金展开图技术。

钣金作业中，一般情况下首先根据构件的视图（即机械投影视图），将构件表面全部或一部分的形状，通过几何作图的方法，展开成平面图形，得到构件的展开图，然后再按照展开图下料、卷制、冲压、焊接（或铆接）从而制成构件。展开图样一般是加工构件最终表面的实形图。如图 2-14（a）所示，为圆柱形管材的主、俯视图，如图 2-14（b）所示，为该管件的展开图；如图 2-14（c）所示，为管件展开过程的立体图。在实际绘制展开图时，构件的板厚和工艺要求对展开图的形状和尺寸都有一定的影响，在展开过程中应适当考虑。

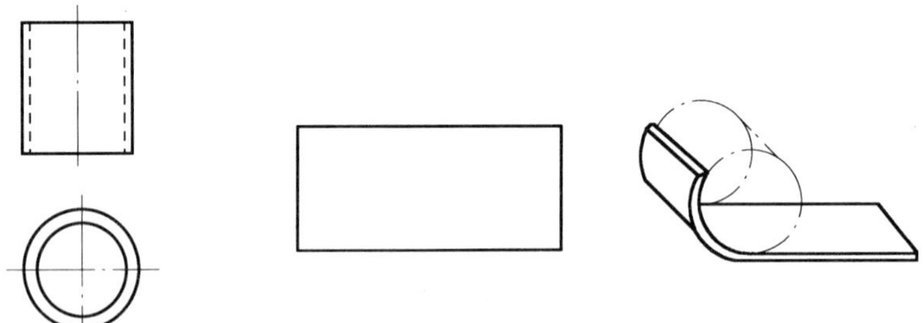

（a）圆柱形管材的主、俯视图　（b）管件展开图　（c）管件展开过程的立体图

图2-14　圆柱展开图

立体形状的零件，其表面能全部平整地摊平在一个平面上而不发生撕裂或者叠折，这种表面称为可展表面，可展表面包括柱面、锥面等。假如其表面不能自然平整地展开在一个平面上，这就称为不可展表面，常见的有球面、抛物面等。如图 2-15 所示，这几种曲面都是不可展表面。图 2-15（a）为直纹维状面，图 2-15（b）为直纹柱状面，图 2-15（c）为球面，图 2-15（d）为抛物面。

2. 可展表面

1）柱面

设一条直线在空间沿某一固定的曲线平行移动，其所形成的曲面称为柱面，如图 2-16（a）、图 2-16（b）所示。运动着的直线称为母线，母线沿着的固定曲线称为导线，母线在柱面上的各个位置，称为素线。如用一平面与柱面垂直相交，那么该平面（正断面）与柱面的交线，称为正截交线。

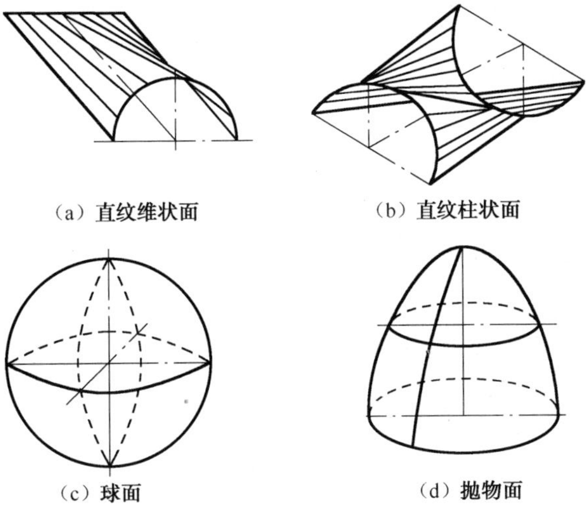

（a）直纹维状面　（b）直纹柱状面

（c）球面　（d）抛物面

图2-15　不可展开表面

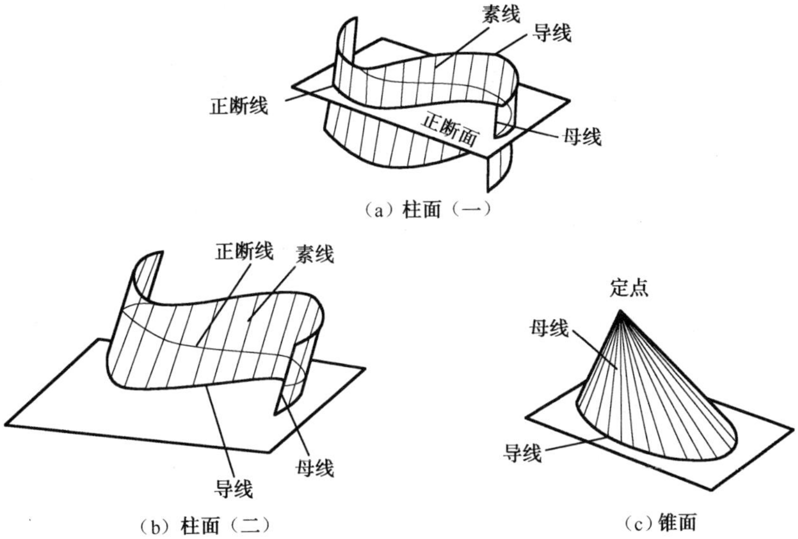

（a）柱面（一）

（b）柱面（二）　（c）锥面

图2-16　可展开表面

根据柱面的形状特点，在柱面上的所有素线互相平行，取相邻两条很接近的素线所形成的面，可以看做平面，柱面可以看成是由许多小的平面所组成的，因此具有可展开性。只要知道正断线和各素线的实际长度（即实长），以及正断线与素线的相对位置，就可以作出该柱面的展开图。

2）锥面

设一条直线（母线），在空间沿着某一固定的曲线（导线）且始终经过某一定点移动，其所形成的面称为锥面，如图 2-16（c）所示。导线可以是平面曲线，也可以是空间曲线。

由以上分析，可以总结出可展表面的性质是：凡以直线为母线，相邻两条直素线能构成一个平面时（即两素线平行或相交）的曲面，都是可展开表面。

2.4 平行线展开法的基本原理

平行线展开法的原理，是将零件表面看做由无数条相互平行的素线组成，取两相邻素线及其两端线所围成的微小面积作为平面，只要将每一小平面的真实大小，依次顺序地画在平面上，就得到了零件表面的展开图。所以零件表面的素线或棱线是互相平行的几何形体，如各种棱柱体、圆柱体和圆柱曲面等。作图时只要利用这些棱线或素线在摊平前或摊平后都是互相平行这一特性，找出这些平行棱线或素线间的距离，以及它们各自的长短就不难得出展开图。

按这一原理绘制展开图的方法，称为平行线展开法。

1. 平行线的展开方法与步骤

平行线展开法是作展开图的基本方法，应用非常广泛，其作图步骤如下：

1）画主视图和断面图

画出制件的主视图和断面图，主视图表示制件的高度，断面图表示制件周长的长度。

2）将断面图分等份

将断面图分成若干等份（如多边形以棱线为交点），等分点愈多展开图愈精确，当制件断面或表面上遇折线时，须在折点处加画一条辅助平行线，如图 2-17 所示的 1 点。

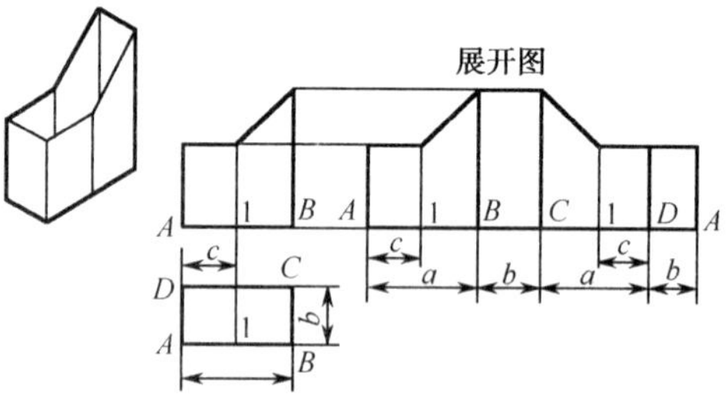

图2-17　平行线展开法

3）画水平线

在平面上画一条水平线等于断面图周长伸直长度，周长各点取在水平线上。

4）引垂线

由水平线上各点向上引垂线，取各线长对应等于主视图各素线高度。

5）连接各点

用直线或光滑曲线连接各点，就得出了制件的展开图。

2. 棱柱面构件的展开

斜口四棱柱面的展开如图 2-18 所示，为斜口直立四棱柱面构件的三视图及展开图。

如图 2-18 所示，可以看出，它的 4 条互相平行的棱线Ⅰ*A*、Ⅱ*B*、Ⅲ*C*、Ⅳ*D* 都是铅垂线，其正面投影 1′*a*′、2′*b*′、3′*c*′、4′*d*′反映实长。底口四边形是水平面，其各边的水平投影（1）（2）、（2）（3）、（3）（4）和（4）（1）反映实长。以各棱线与底口面垂直，它也必定垂直于底口四边形的各边，展开后底口四边形的各边仍保持与各棱线垂直，即在展开图中各平行棱线之间的距离等于四边形相应各边的实长，而底口四边形展开后成一条直线。展开图的作图步骤如下：

① 在底口正面投影（或左视图投影）延长线上的适当位置截取长度ⅠⅡ＝（1）（2）、ⅡⅢ＝（2）（3）、Ⅲ Ⅳ＝（3）（4）、ⅣⅠ＝（4）（1）。

② 过Ⅰ、Ⅱ、Ⅲ、Ⅳ各点做延长线垂线取其长度分别为ⅠA＝（1′）（a'）、ⅡB＝（2′）（b'）、ⅢC＝（3′）（c'）、ⅣD＝（4′）（d'），分别得到A、B、C、D等点。

③ 依次连接A、B、C、D、A点，即得到斜口直立四棱柱面的展开图。

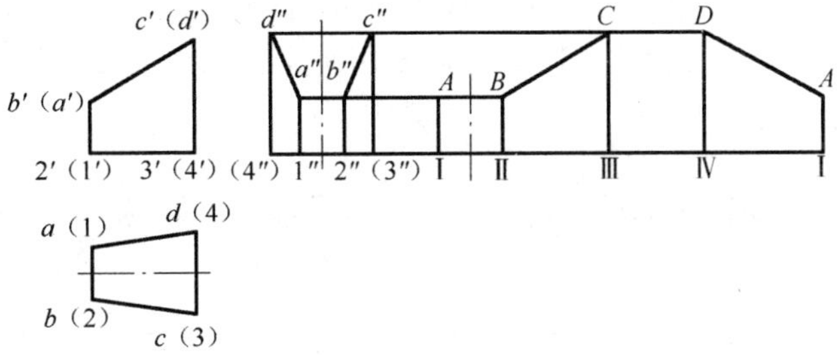

图2-18　斜口四棱柱面的展开

3. 圆柱面的展开图

若用圆的内接正多边形代替圆柱面的正截面，则圆柱面变为棱柱面，然后用正截面法展开该棱柱面，所得到的展开图可以近似地作为圆柱面的展开图。因此，可用正截面法绘制圆柱面构件的展开图。

1）斜口直立圆柱面的展开

如图 2-19 所示，斜口直立圆柱面的主、俯视图及展开图作法。

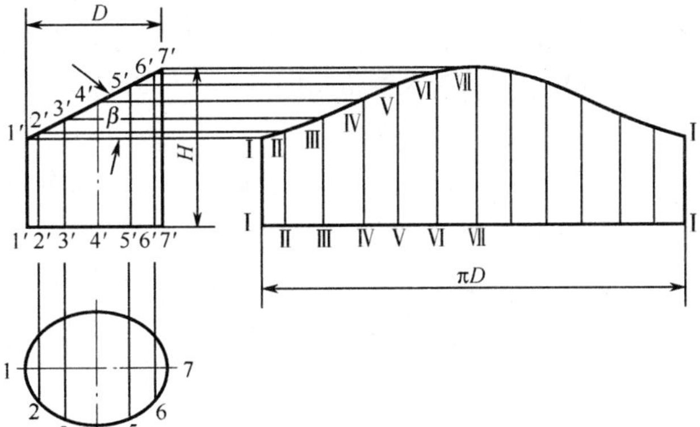

图2-19　斜口直立圆柱面

分析主、俯视图可知，该圆柱面的轴线垂直水平面，上口斜截而成。已知尺寸为直径D，高度H和截面倾角β，求作展开图的方法如下。（这里介绍两种方法）

（1）平行线展开法：

① 在水平投影上将圆柱面下口十二等分，得等分点 1、2、3、4……（由于是对称图形，所以等分半个圆周即可）。分别过等分点 1、2、3……作竖直线，在正投影图得到圆柱面素线的投影 1′1′、2′2′、3′3′……

② 将正面投影的圆柱面下口投影延长，将圆周等分截取 12 段，得Ⅰ、Ⅱ、Ⅲ……各点。过Ⅰ、Ⅱ、Ⅲ……各点，作展开图素线，即投影延长线的垂直线。

③ 取圆柱面素线与展开图素线对应相等，即过圆柱面上口主视图的 1、2、3……各点作水平线，与展开图的素线对应相交，得展开曲线上Ⅰ、Ⅱ、Ⅲ……各点，用光滑曲线依次连接Ⅰ、Ⅱ、Ⅲ……各点，即画出斜口直立圆柱面的展开图。

（2）辅助圆展开法：

辅助圆展开法，对于斜口直立圆柱面的展开图，此方法简便。如图 2-20 所示，为斜截圆柱面主、俯视图及展开图画法。由前叙述已知，在斜截圆柱面的展开图上最后完成的曲线部分实际上是一条正弦曲线。因此可以利用画正弦曲线的方法直接作出构件的展开图，这种方法就是辅助圆展开法。其作图步骤如下：

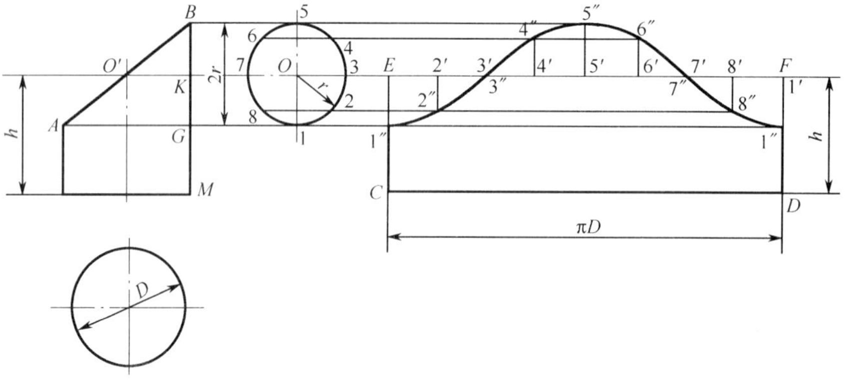

图2-20　辅助圆展开法

① 在主视图中由 A、O'两点引 BM 的垂线，交 BM 于 G 和 K 两点，于是 BK 和 KG 长度相等，即为辅助圆的半径。

② 在 $O'K$ 的延长线上任取一点 O 为圆心，以 r 为半径画圆（$r=BK=KG$）。该圆即是辅助圆，再将辅助圆分为若干等份。本例将辅助圆分为八等份，得等分点 1、2、……8，并在 $O'K$ 的延长线上截取 EF，使 $EF=\pi D$。

③ 将 EF 八等份且过等分点作 EF 的垂线，与由辅助圆上八等分点所引出一组水平线对应相交于 1″、2″、3″……各点。

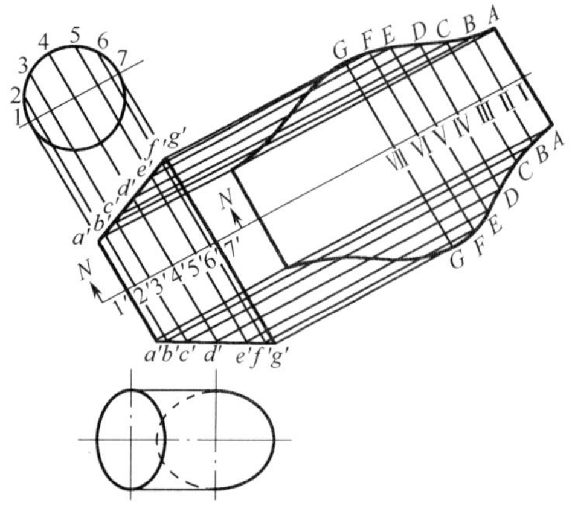

图2-21　双面斜口圆柱面

④ 用光滑曲线顺次连接 1″、2″……各点，就得到了展开图中的展开曲线，再从 E、F 点向下经垂线，并截取 EC、FD 等于高 h，连接 C、D，完成斜截圆的柱面展开图。

2）双面斜口圆柱面的展开图

如图 2-21 所示，双面斜口斜放圆柱面的主、俯视图及反映其正截面实形的 N-N 剖面视图。

分析该视图可知，圆柱面轴线是正交线，下口的水平投影为椭圆，不便于等分。采用改换投影面法，用垂直于圆柱面轴线的投影轴投影，就将双面斜口圆柱面看成 2 个斜口直立圆柱面平口相接在一起组成的圆柱面。展开方法与斜口直立圆柱面相同。其作图步骤如下：

（1）在 *N*-*N* 剖视图上将圆周十二等分得等分点 1、2、3……，再过各等分点作圆柱面的素线，在主视图上画出各素线的投影 1′*a*′、2′*b*′、3′*c*′……

（2）将正截面圆周展成直线，在 *N*-*N* 的延长线上截取Ⅰ、Ⅱ、Ⅲ……过点所作的 *N*-*N* 的垂线。

（3）过上斜口和下斜口各素线的端点 *a*′、*b*′、*c*′……作 *N*-*N* 线的平行线，与过Ⅰ、Ⅱ、Ⅲ……各点所作的 *N*-*N* 的垂线分别对应相交于 *A*、*B*、*C*……各点。

（4）用光滑曲线依次连接所得各点，即得双面斜口圆柱面的展开图。

3）异径斜交三通管的展开图

如图 2-22 所示，异径斜交三通管的相交线为空间曲线，不能直接画出，须用素线法的积聚投影，用分点作图求得。相交线的侧面投影，与主管断面的部分圆弧重影。为了求出相交线，以素线划分支管表面为若干小梯形面，并作出各素线的两面投影。各素线侧面的转向投影，交主管断面的圆周上，再按“高、平、齐”的投影关系，即可作出相交线的正面投影。

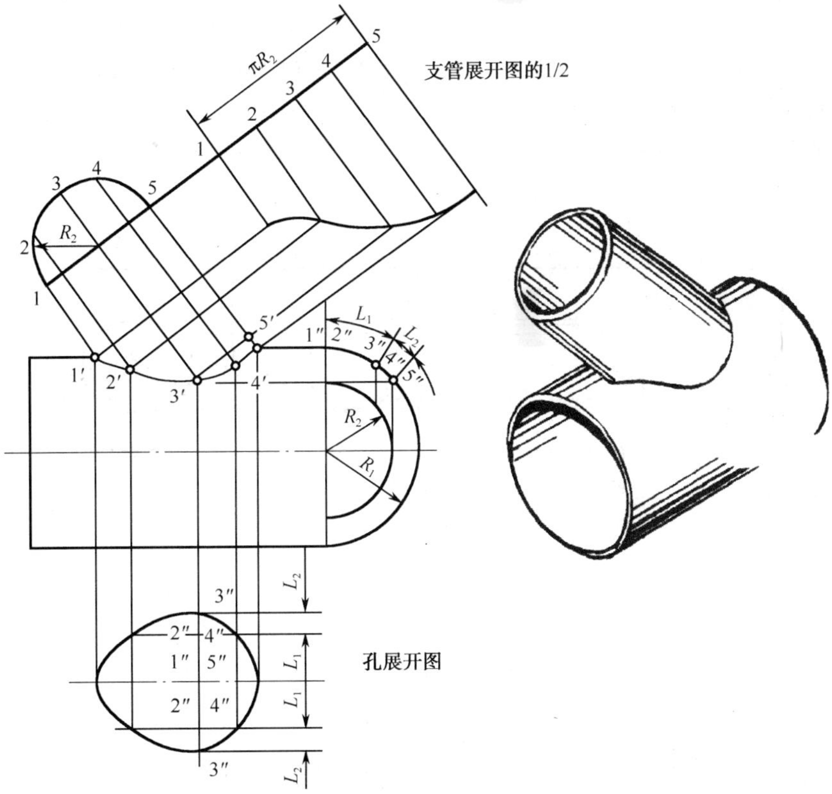

图2-22　异径斜交三通管的展开

如在主视图主管右端轴线上画两管同心断面，可取代左视图。作图步骤如下：

（1）画出主视图。用已知尺寸画出主视图、支管断面和两管同心断面。

（2）求结合线。用素线划分支管表面，并求结合线。4 等分支管断面半圆周，等分点为 1、2、3、4、5。由各等分点向下引垂线，得与主管断面圆周交点为 1″（5″）、2″（4″）、3″。由各点作水平线，与主视图支管断面半圆周等分点所引素线对应相交，连成 1′～5′曲线，得两管结合线。

（3）作支管展开图。因支管表面素线相互平行，可用平行线法展开。在主视图 1～5 延长线上，截取 1～5 等于支管断面半圆周长，并作 4 等分。由等分点对 1～5 引垂线，与由结合线各点对应 1～5 所引平行线对应交点连成光滑曲线，即得支管展开图的 1/2。

（4）作主管孔部展开图。因主管素线相互平行，故可用平行线法展开。主管孔长等于主视图 1′～5′，孔宽等于两倍的主管断面 1″3″弧长（相交线的积聚投影）。

具体做法：由主视图结合线各点引下垂线，在 3′点的垂线上任取点 1″（5″）为中心，上下对称截取主管断面 1″2″（4″）、2″3″弧长，得 2″3″2″3″点，通过各点引水平线，把由结合线各点所引下垂线的对应点连成光滑曲线，得主管展开孔实形。

4）孔的展开图

若管件上开有一定形状的孔，则在展开时也应作孔的展开图。展开时必须确定孔在展开图中的位置，并在孔的范围内作一定的辅助线，辅助线与孔的交点，即为孔边界上的点。

如图 2-23 所示，为圆柱管上开有一圆孔，其展开做法如下：

在俯视图孔位置的投影上取 1、2、3……点，过各点向主视图作投影线得 1′、2′、3′……各点。

在主视图中以孔中心的延长线作为展开线，取定 *O* 点的位置作为孔展开的中心，并分别向两边量取俯视图上孔的展开长度，得 1、2、3 点。

过各点作垂线，在各垂线上量取主视图上各投影点的高度，得 *O*′、1′、2′、3′……各点，用光滑曲线连接各点即得孔的展开图。

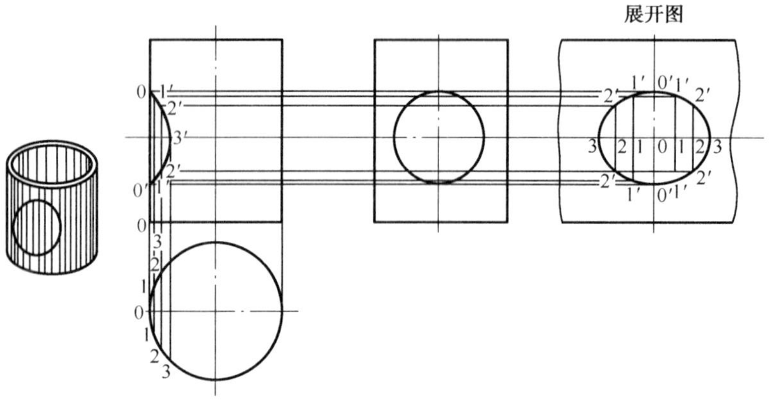

图2-23　孔的展开

2.5　一般位置线段实长的求法

从前面叙述的平行线展开法可知，只有当形体表面的直素线都彼此平行，而且在投影图上这些素线都表现出它的实际长度时，平行线展开法才适用。但在很多情况下，在投影图上不反映构件表面某些直素线的实长（处于一般位置线段），必须先求出某些直素线的实长，才能画出构件的展开图。求一般位置线段实长的常用方法有直角三形法、直角梯形法、旋转法和换面法等。

直角三角形法，就是作一个直角三角形，使这个直角三角形的一个直角边为空间直线段在某个视图中的投影长，另一个直角边为该直线段在另一个视图中投影竖向距离（高度差），则斜边即为空间直线段的实长。

如图 2-24（a）所示为直观图，图 2-24（b）所示为实长图。已知空间直线段 BC 是一般位置线段，其两面投影为 bc 和 $b'c'$均不反映实长。过 C 点作直线平行于 bc；于 Bb 的垂线交于 B_0，即 $B_0C /\!/ bc$，得一直角三角形 BB_0C，在直角三角形中可求出斜边 BC。因 $B_0C=bc$，可以从水平投影中量得；又因 BB_0 等于 B 点和 C 点的高度差 h，可以从正投影中作图求得。

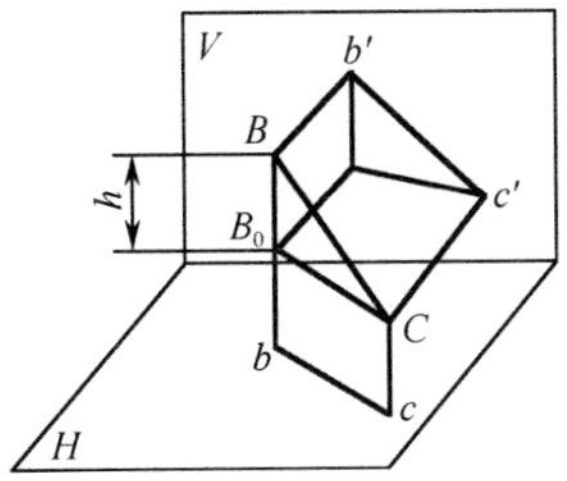

（a）直观图

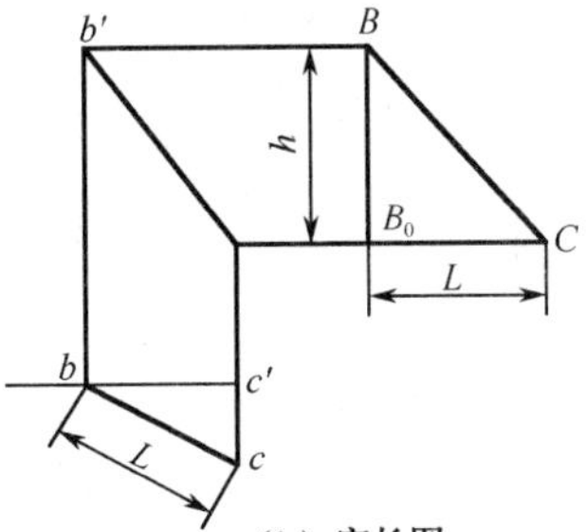

（b）实长图

图2-24　直角三角形法

因此，求线段 BC 实长的作图步骤如下：

（1）作一直角三角形，使 $L=bc$，为一直角边。

（2）$b'c'$的竖向距离 h 为另一直角边。

（3）斜边就是线段 BC 的实长。

2.6　放射线展开法

所有锥体的表面，如圆锥体、棱锥体都是由汇交与顶点的直素线构成的。锥体表面的棱线或素线在展开前汇交于椎顶，展开后仍相交于一点，成放射线状，所以这种展开方法称放射线展开法。

1. 放射线展开法的原理

放射线展开法的原理是：可以把锥体表面上任意相邻的两条棱线（或素线）及其所夹的底边线，看成是一个近似的平面三角形。当各小三角形的底边足够短的时候，则各小三角形面积的和等于原来形体表面积。若把所有的小三角形依次辅开成一平面，原来的形体表面也就被展开了。作展开图的关键是确定这些棱线（或素线）的长度和相邻棱线（或素线）间的夹角。后者则利用相邻的两条棱线或素线所夹的底边线实长来确定，通过三角形底边线两点间距离达到确定其夹角的目的。

放射线展开法适用于零件表面的素线相交于一点的形体，如圆锥、椭圆锥、棱锥等表面的展开。

2. 放射线展开方法与步骤

① 画出构件主视图及底面图，通过延长边线（棱线）等步骤，完成整个锥体的放样图；对于带有顶点的截体无须这一过程。

② 通过等分底面图周长的方法，作出各等分点所对应的过锥顶的素线（包括棱锥的侧棱和侧面上过顶点的直线），这一步在于分割锥体或截体表面成若干小部分。

③ 应用求实长线的方法（常用旋转法），把所有不反映实长的素线、棱线以及与作展开图有关的直线，全部求出实长。以实长线为准，做出整个锥体侧表面的展开图，同时作出所有放射线。

④ 在整个锥体侧面展开图的基础上，以实长线为准，再画出截体的展开图。

3. 放射线法展开图举例

1）棱锥面的展开

正四棱锥面的展开，如图 2-25（a）所示为四棱锥面的立体图，图 2-25（b）所示为主视图、俯视图及其展开图的绘制过程。由图可知，在两个视图上，正面投影和水平投影各棱线的延长线，它们分别汇交于 *o′*和 *O* 两点，且 *o′*和 *O* 连线是铅垂线，这说明该四棱锥面的 4 条棱线 *A*Ⅰ、*B*Ⅱ、*C*Ⅲ和 *D*Ⅳ相交于锥顶 *O* 点。此四棱锥面的上、下口互相平行，并平行于水平面。可将锥面看成由大的四棱锥面 *O*-Ⅰ Ⅱ Ⅲ Ⅳ截去上部小的四棱锥面 *O-ABCD* 而形成。为了绘制其展开图，需要求出各棱线和上下口各边实长。因为该四棱锥面的形状是前、后和左右对称，4 条棱线的长度相等，所以只求出其中一条棱线的实长即可。而上、下口都平行于 *H* 面，其各边的水平投影均反映实长。上、下口各顶点 *A*、*B*、*C*、*D* 和Ⅰ、Ⅱ、Ⅲ、Ⅳ分别在 4 条 *O*Ⅰ、*O*Ⅱ、*O*Ⅲ、*O*Ⅳ上，其具体作图步骤如下：

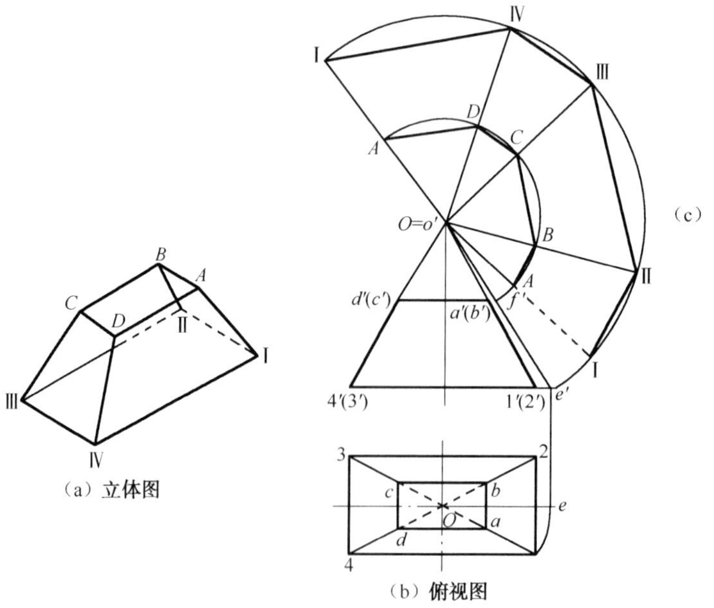

图2-25　正四棱锥面的展开

（1）用旋转法求棱线 $O1$ 的实长，以及 A 点在实长线上的位置。以 O 为圆心，$O1$ 为半径画弧，将 $O1$ 旋转至水平线 Oe，过 e 点向上作铅垂线与正投影 $4'1'$ 延线交于 e'，连接 $o'e'$，则 $a'e'$ 是 OⅠ的实长。延长 $d'a'$ 交 $o'e'$ 于 fl 是 OA 的实长。

（2）为了便于作图，以锥顶点作为展开图中顶点 O，并过 o' 点在适当位置作直线 o'Ⅰ$'$ 作为展开图的起始线。

（3）以 o' 点为圆心，Oe' 为半径画圆弧，与起始线 OⅠ相交于点；再以Ⅰ点为圆心，水平投影 1 2 的长为半径画圆弧，与先作的圆弧线交于Ⅱ点，用直线连接 O 和Ⅱ两点，得到 OⅠ棱面的展开实形图；再以 OⅡ为起始线，以同样的方法利用水平投影 2 3 的长为半径画圆弧，与先作的圆弧线相交于Ⅲ点，用直线连接 O 和Ⅲ两点，得到 OⅡ Ⅲ棱面的实形展开图。同理作出 O Ⅲ Ⅳ和 O Ⅳ Ⅰ两棱面的实形展开图。

（4）作上口各边在展开图，以 o' 点为圆心，$o'f'$ 为半径画圆弧，与 OⅠ、OⅡ、OⅢ……相交得 A、B、C……各点，依次用直线连接相邻的两点，便得四棱锥面的展开图。

2）斜截三棱锥面的展开

如图 2-26（a）所示，为三棱锥面的主、俯视图，如图 2-26（b）所示为展开图。从主、俯视图可知，三棱锥面的 3 条棱线的长度互不相等，下口为水平面，其水平投影反映下口各边的实长，上口为正垂面。为了绘制其展开图，应按此锥面的形状结构，先分别求出 3 条棱线的实长，以及上口各顶点在棱线实长线上的位置，其展开图的作图步骤如下：

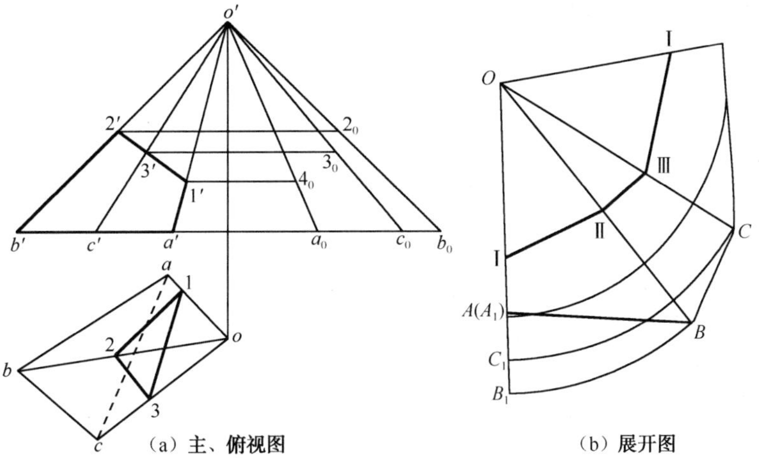

（a）主、俯视图　　（b）展开图

图2-26　斜截三棱锥面的展开

（1）用直角三角形法分别求出棱线 OA、OB 和 OC 的实长 $o'a_0$、$o'b_0$、$o'c_0$，并分别过 $1'$、$2'$ 和 $3'$ 作水平线，与各实长线相交得到各顶点的实长线上的位置 4_0、2_0、3_0。

（2）在适当位置作直线 O（A_1），作为展开图起始线，并在直线 OA_1 上截取线段 OA_1、OB_1 和 OC_1，让它们分别等于 $o'a_0$、$o'b_0$ 和 $o'c_0$，并以 O 点为圆心，分别过（A_1）、B_1 和 C_1 各点画圆弧。

（3）以（A_1）点为圆心，水平投影 ab 的长为半径画弧，与过 B_1 点的圆弧相交的 B 点，再以 B 点为圆心，水平投影 bc 长为半径画弧，与过 C_1 点的圆弧相交得 C 点；同理求出 A 点。最后，用直线连接各点即得到三棱锥 O-ABC 的展开图。

在 OA、OB、OC 和 OA 各棱线上分别截取线段 OⅠ、OⅡ、OⅢ和 OⅠ，使它们分别与 $o'1$、$o'2$、$o'3$ 和 $o'1$ 相等，并用直线依次连接Ⅰ、Ⅱ、Ⅲ和Ⅰ各点，斜截三棱锥面的展开图。

3）圆锥面的展开

（1）正圆锥面展开。

圆锥面的展开，通常用棱锥面展开近似代替，即过锥顶在圆锥面上作一系列素线，将圆锥面划分为若干等分，将素线看做是棱锥面的棱线，用这些棱线形成的棱锥面代替圆锥面进行展开。

如图 2-27（a）所示，为正圆锥面的主、俯视图及其展开图。先将圆锥水平投影任意等分，本图是 12 等分，得等分为 1、2、3……并作出这些点的正面投影 1′、2′、3′……用直线将这些面代替圆锥面绘制其展开图，其作图步骤如下：

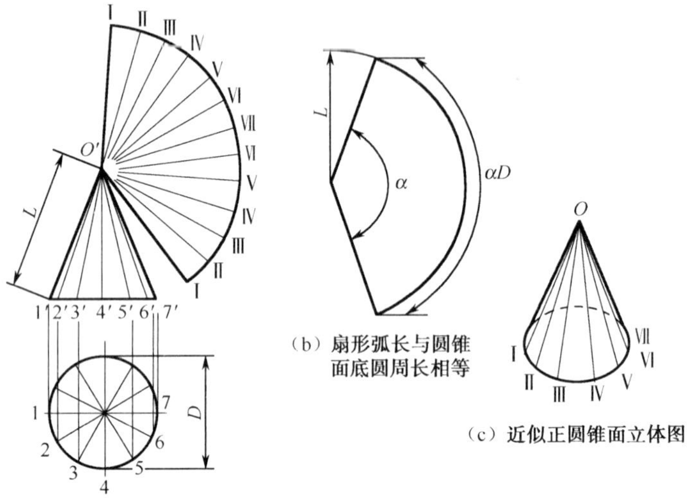

（a）主、俯视图及其展开图

（b）扇形弧长与圆锥面底圆周长相等

（c）近似正圆锥面立体图

图2-27　圆锥面的展开

① 等分圆周。将圆锥面水平投影圆 12 等分，得等分点 1、2、3……求出等分点的正面投影 1′、2′、3′……分别连接 *O*′1′、*O*′2′、*O*′3′……为圆锥面的素线。

② 以圆锥面顶的正投影 *O*′为圆心，以反映实长的素线的投影 *O*′7′长度为半径画圆弧，在圆弧上适当位置选取一点作为起点，依次用水平投影上一个等分弦长 12 的长度在圆弧上截取 12 面，得Ⅰ、Ⅱ、Ⅲ……点，最后用直线将 *O*′点分别和Ⅰ、Ⅱ、Ⅲ……点连接起来所得到的扇形，便是圆锥面的展开图。

上述作图过程中用圆周一个等分弦长代替弧长，得到的展开图有一定误差。适当增加等分数，可以使其误差保持在工程允许的精度范围内。也可利用圆锥面投影和展开图间的关系计算出扇形的中心角α，然后作图，这样可以消除误差。如图 2-27（b）所示，扇形的弧长与圆锥面底圆的周长相等，因此扇形的中心角$\alpha=\pi d/L$。若用角度表示，则：$\alpha=180D/L$（°）。如图 2-27（c）所示，为近似正圆锥面立体图。

（2）截头圆锥管与大圆管斜交的展开图。

① 如图 2-28（a）所示，为实物立体图。如图 2-28（b）所示，为展开图，用已知尺寸画出它的主视图和左视图的主要轮廓线。

② 在主视图 *AB* 线上画 1/2 断面并分 4 等分，等分点为 1、2、3、4、5。由等分点引 *AB* 直角线得与 *AB* 交点，过交点向 *O* 连素线并向下延长。

③ 由 *AB* 各点向右引水平线交左视图轴线各点，由轴线交点左右对称截取主视图断

面等分点至 AB 距离，得出各点连成椭圆曲线完成左视图。过椭圆各点向锥顶引素线并向下延长交圆管断面于 3′、4′、2′、1′(5′)点。由圆管断面交点向左引水平线，与主视图圆锥管各素线对应交点连成 1′—5′曲线，完成主视图。

④ 圆锥管展开图法是由结合线各点引对轴线直角线交 B—5″及其延长线各点。在以 O 为圆心 OB 作半径画圆弧上截取 $A'A'$等于 AB 断面圆周长，并照录等分点。再由等分点向 O 连放射线，且向外延长，与以 O 为中心到 B—5″及其延长线各点作半径所画同心圆弧对应交点连成光滑曲线，得圆锥管展开图。

⑤ 圆管孔部展开图法是在由主视图 1″点引下垂线上截取 3′—3′等于左视图 3′-3′弧伸直长，并照录 4′、2′、1′(5′)点。由各点向右引水平线，与由主视图结合线各点引下垂线对应交点连成光滑曲线，得圆管切口处孔的展开图。

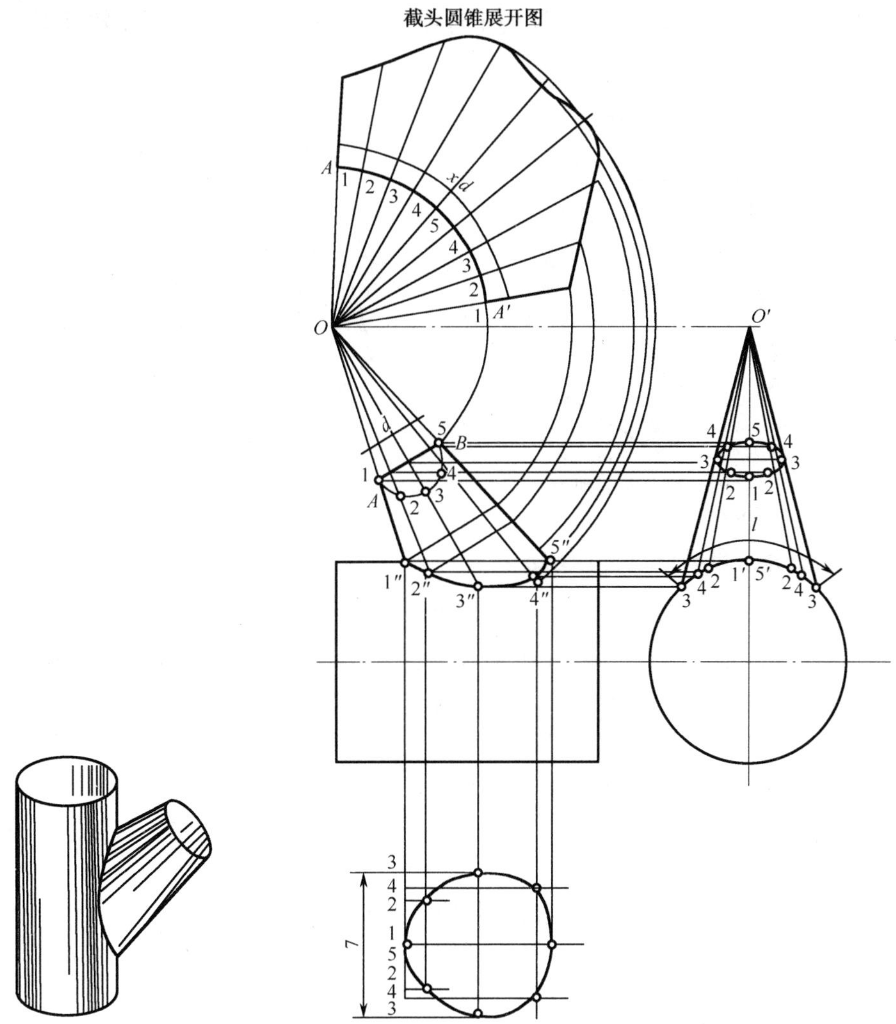

（a）实物立体图　　（b）展开图

图2-28　截头圆锥管与大圆管斜交的展开图

2.7 三角形展开法

若构件表面既无平行边线又无集中于一点的斜边时，如管道的各种过渡接头及表面形状复杂的构件，均可用三角形展开法作出展开图。三角形展开法实际上是将构件表面依复杂形状分成一组或多组三角形在平面上展开。

例如，有一类钣金构件的形体表面是由平面、柱面和锥面的全体或部分等曲面组合而成。图 2-29 所示是“天圆地方”构件，可以把它看成有 4 个圆锥部分表面和 4 个三角形平面组合而成的。

图 2-30 所示是方管构件，上下口均为矩形，但扭转 90° 的管件，它的表面可看成 8 个小平面组成，若这类构件采用前述的平行线法或放射线法作展开图比较麻烦，而采用三角形展开法则简便易行。

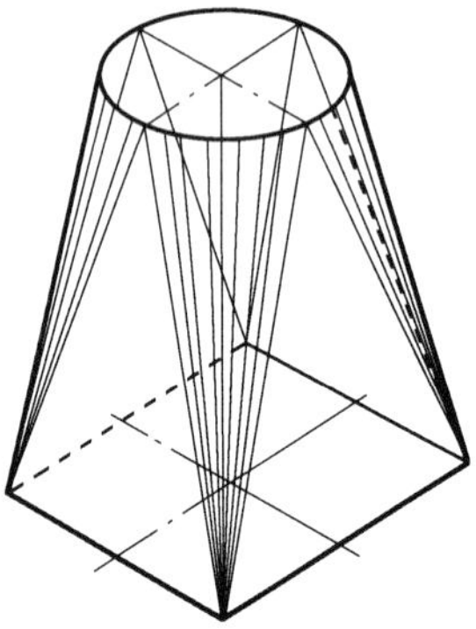

图2-29　天圆地方

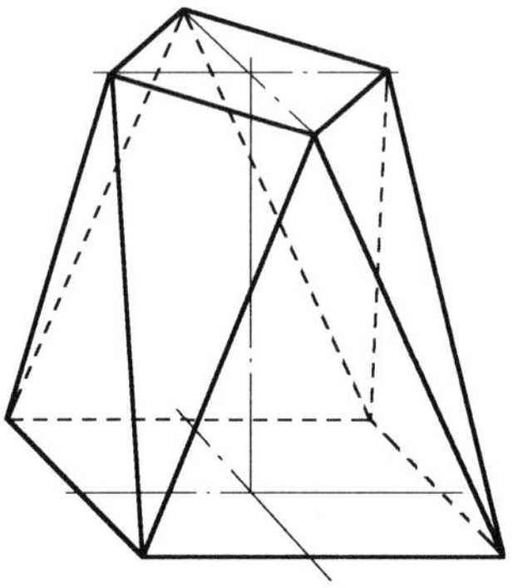

图2-30　方管构件

1. 三角形展开法展开原理及步骤

原理：三角形展开法是另一种方法，不同于放射线法。三角形展开法是将零件的表面分成一组或很多组三角形，然后求出各组三角形每边的实长，并把它的实形依次画在平面上，即可得到展开图。必须指出，用放射线作展开图时，也是将锥体表面分成若干个三角形，但这些三角形均是围绕锥顶展开的。而用三角形法展开时，是根据零件的形状特征来划分三角形的。用三角形法展开时，必须求出各素线的实长，这是准确地做好展开图的关键。

步骤如下：

（1）画出构件的主视图、俯视图及其他必要的辅助图；

（2）求出各棱线或辅助线的实长，若构件端面不反映实形还需求出实形；

（3）按求出的实长线和断面实形作出展开图。

2. 三角形法展开图举例

1）汽车车头盖的展开

汽车车头发动机盖是一块左右对称，上下两端形状不同的曲面，如图 2-31 所示，这样的曲面只能用三角形法展开。把曲面分成若干个小三角形，求出各小三角形的实长，就能作出展开图，作图步骤如下：

（1）将主视图中的大端的曲线分成若干段（图中为 6 份），各份可以相等也可以不相等，为了作图的方便一般作等分，由于曲面左右对称，所以只要画一半即可。

（2）把小端的半圆曲线也分成相应的份数，得 1′、2′、3′……7′各点。把各对应点连成直线，再对角相连，即得到许多小三角形。

（3）按投影关系在俯视图中作出各连线的投影，这样把曲线分成许多小三角形，根据主、俯两投影用直角三角形法求出各线的实长。

（4）以 7—7 线作为基准线（图形左右对称），向两边用实长线作出各三角形的实形，得展开图。

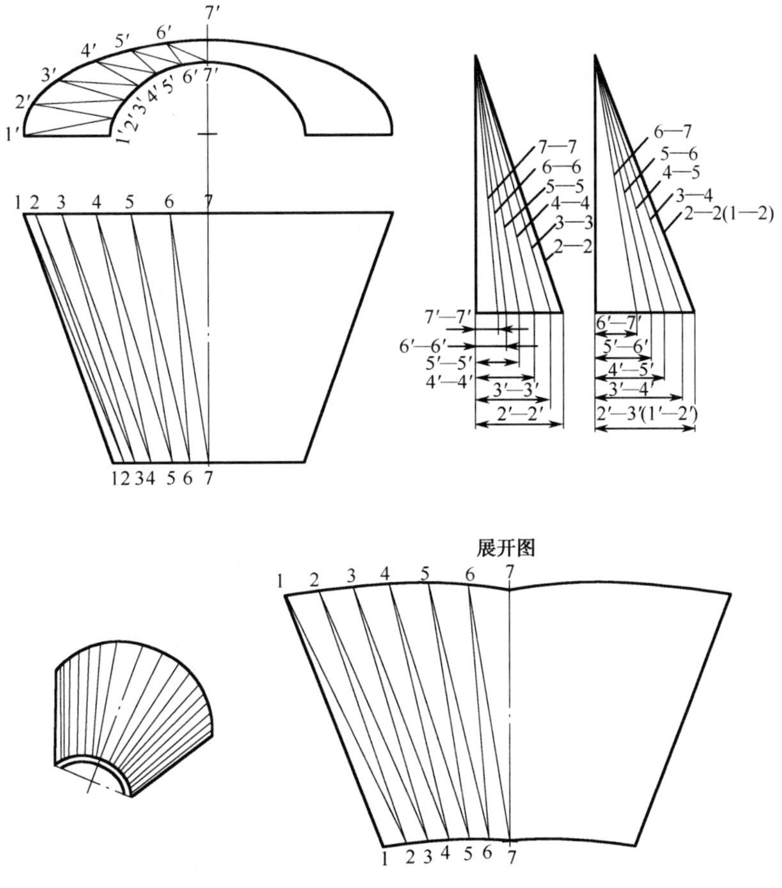

图2-31 汽车车头盖的展开

2）“天圆地方”构件的展开

如图 2-32 所示，上端口为圆形，下端口为方形的“天圆地方”管接头的主、俯视图（a）及其展开图（b），从视图可知该接头上口和下口都是水平面，水平投影反映实形。4 个平面三角形为全等三角形，4 个部分锥面形状和尺寸也完全一致，只要将其中一个锥面分成若干个三角形，即可求作展开图。

其作图步骤如下：

（1）将俯视图中的 1/4 圆周等分，得等分点 1、2、3，再连接 A 与各等分点，得出各素线投影长 a、b。

（2）作主视图中 3′3′、e′e′的延长线的垂线 MN，再由点 N 向右截取线段分别等分于俯视图中 a、b 的长度，然后将 M 与各截点连接，则 M_2、M_1 分别为实长线。

（3）以 $e/2$ 及 c 长为直角边，在适当位置作直角形 1FD。再分别以 C、D 为圆心，以俯视图弦长 12 及实长线作出三角形 23D、3CD、21C、1EC。连接 1F 直线、FD 直线、DC 直线、CE 直线以及 12321 曲线，便画出展开图右边的一半。展开图左右对称，用同样方法作出展开图对称的另一半。

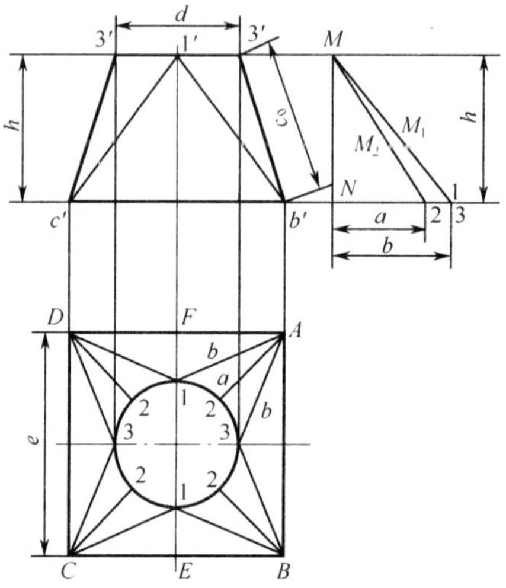

（a）主、俯视图

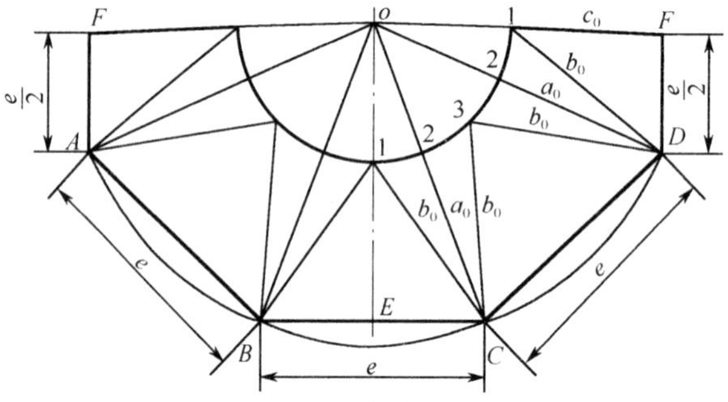

（b）展开图

图2-32 “天圆地方”构件的展开图

2.8 换面法

1. 换面法的基本概念

当某些几何元素对于投影面处于一般位置时，不能直接从投影面上解决尺寸大小、真实夹角等度量问题。如果空间几何元素位置保持不变，设立一新的投影面代替旧的投影面，使空间几何元素相对于新投影面处于有利解题的位置，然后在新投影面上作出其投影，达到解题的目的，这种方法称为变换投影面法，简称换面法。如图 2-33 所示，新投影面 V_1 平行于△ABC，并同时与 H 面垂直，构成新投影体系 V_1/H。在新投影面体系中，△ABC 在 V_1 面上的投影 $a'_1b'_1c'_1$ 反映实形。

显然，设立新投影面应符合下列两条原则：

（1）新投影面对空间几何元素应处于有利于解题的位置；

（2）新投影面必须垂直于一个原有的投影面。

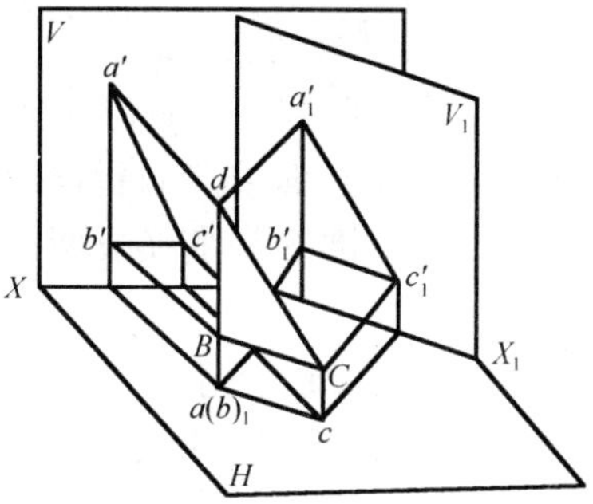

图2-33 换面法

2. 点的投影变换规律

点是最基本的几何元素。掌握点的投影变换规律，是进行其他几何元素投影变换的基础。

1）点的一次变换

如图 2-34（a）所示，用一个新的投影面 V_1 来取代 V 面，且 $V_1 \perp H$，建立一个新投影面体系 V_1/H，V_1 面与 H 面的交线 O_1X_1 称为新投影轴。在新投影体系中，点 A 在 V_1 面上的投影为 a'_1，由于 H 面没有变换，点 A 在 H 面上的投影 a 不变，点 A 到 H 面的距离也不变，所以 $a'_1a_{x1}=a'a_x=Aa$。将 V_1 面绕 O_1X_1 轴旋转到与 H 面重合，得到新的两面投影，根据点的投影规律可知，$aa'_1 \perp O_1X_1$ 轴，如图 2-34（b）所示。

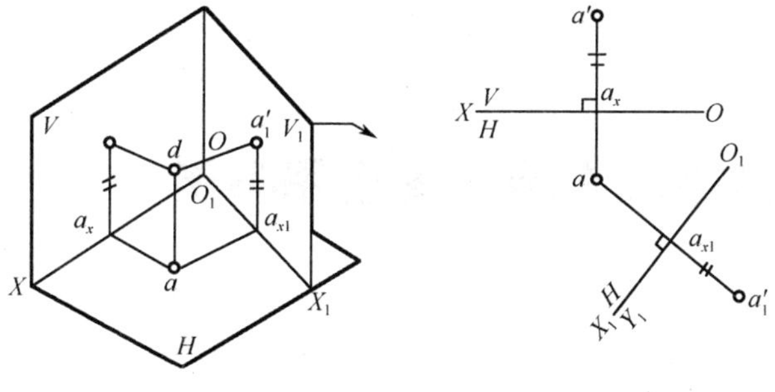
（a）$V_1 \perp H$　　（b）$\alpha\alpha'_1 \perp O_1X_1$

图2-34 点的一次变换

如图 2-35 所示，为变换 H 面的情况。由 A 点的两面投影 a 和 a'求 a_1 的作图过程如图 2-35（b）所示，$a_1a' \perp O_1X_1$，$\alpha_1\ \alpha_{x1}=\alpha\alpha_x$。

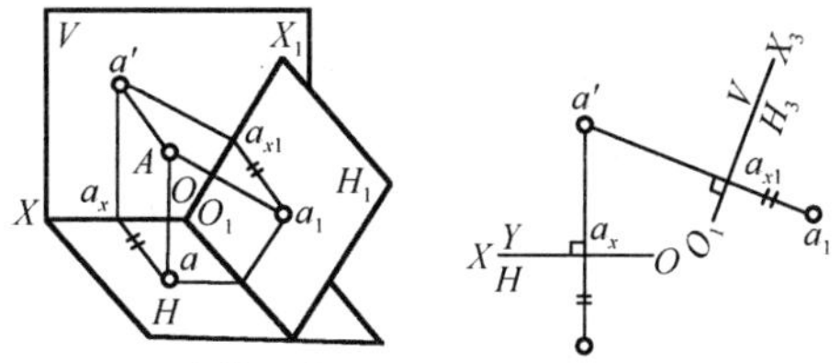
（a）变换H面　　（b）$\alpha_1\alpha' \perp O_1X_1$

图2-35 点的一次变换（变换H面）

综上所述，可得点的投影变换规律如下：

（1）点的新投影和不变投影的连线必垂直于新投影轴；

（2）点的新投影到新投影轴的距离等于被变换的投影到原投影轴的距离。

2）点的两次变换

为解决实际问题，有时需要进行两次或两次以上的投影变换。如图 2-36 所示，顺次变换两次投影面求点的新投影的方法，其原理和作图方法与变换一次投影面时相同。但必须注意：要交替变换投影面，不能同时变换两个投影面，也不能两次变换同一投影面。

如图 2-36（a）所示，在一次换面后，再设立新投影面 H_2 取代 H，形成新投影面体系 V_1/H_2。如图 2-36（b）所示，为点 A 两次变换的投影图。

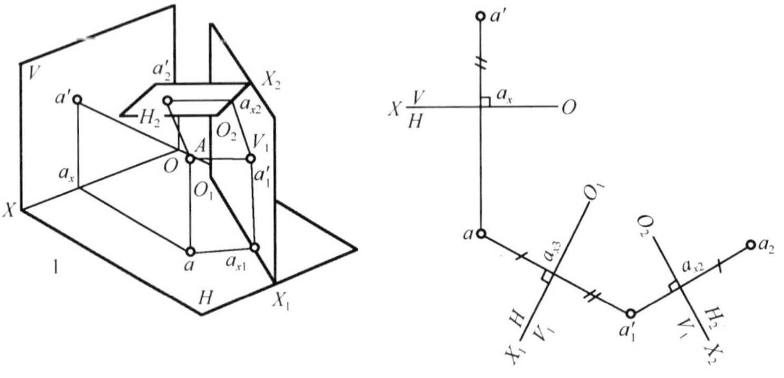

（a）H_2取代H　　（b）$V_1 \perp H_2$

图2-36　点的两次变换

2.9　汽车构件的展开图应用举例

如图 2-37 所示，从主视图可以看出，汽车大灯罩可以按三段制作。Ⅰ段为拱曲面形状，Ⅱ段为锥体腰形，Ⅲ段为阶梯形。制作方法如下：

展开下料，如图 2-38 所示，Ⅰ段为拱曲面形状，可以采用拱曲成形，拱曲时先将四周边起皱，使坯料四周收缩并向内弯曲，然后整平波纹并用木锤锤击中间，使坯料中部延展弯曲。

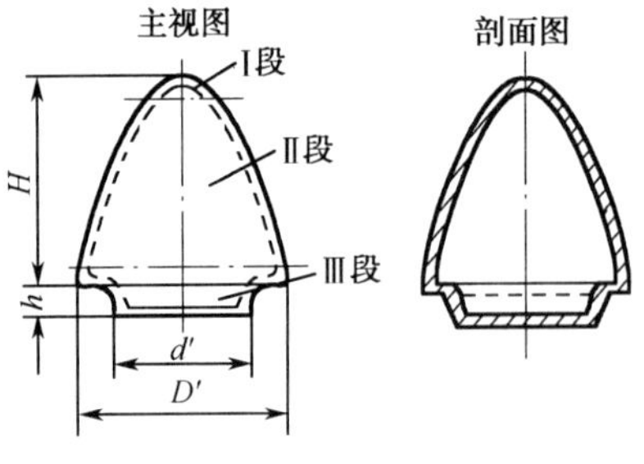

图2-37　汽车大灯视图

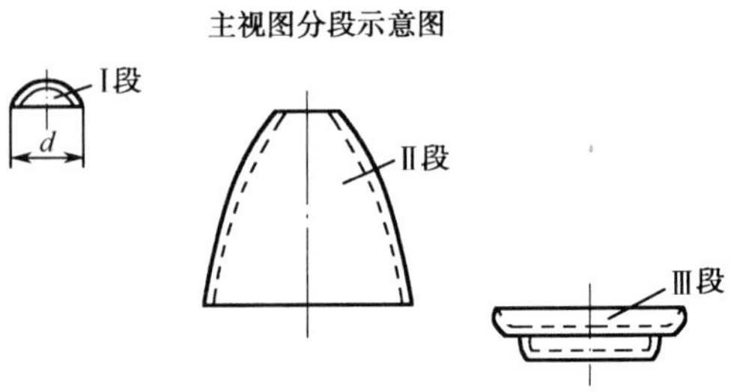

图2-38　分段制作

Ⅱ段为锥体腰形，可以按图 2-39 制作视图。在主视图上延长 BA、CD 交于 O 点，以 O 为圆心，分别以 OA、OB 为半径作圆弧，取弧长 B_1B_2 等于锥台下底面的展开长。连接 OB_1、OB_2 得到扇形 $A_1A_2B_1B_2$ 即为所求的展开图。

Ⅱ段下料后，按鼓腰样板进行锤拱成形，完全与样板符合后，弯曲对缝焊接，焊接后再将焊缝修光、修平。

Ⅲ段为阶梯形。下料后，首先在坯料上画出内孔拨缘线和内孔收边线，沿内孔收边线将内孔余料剪去，然后按线进行内孔拨缘。再按线进行内孔收边，成形后再进行修边整形。内孔成形后，按制件尺寸要求剪去外径加大部分，然后进行收边，收边成形后，还必须进行修光整形。

以上三段分别制作完工以后焊接成整体，然后进行修整。如果是大批量生产，则需要制作模具，进行下料冲压成型。

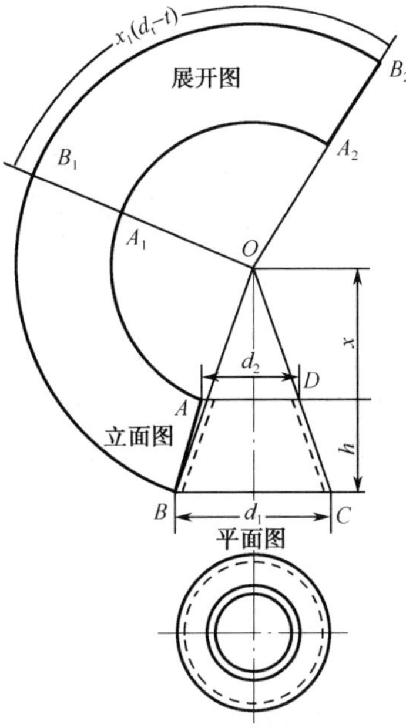

图 2-39　Ⅱ段展开图

第三章

各种车型车身技术图样的识读及分析

汽车质量如何，汽车是否遭遇碰撞损坏，汽车的损坏修复是否合理等问题，都是很重要的问题。是否能找到一个简明扼要的方法，快速、准确地判断这些问题呢？

整体式车身的汽车通过减震器座直接与汽车的前桥和后轿连接，因此，汽车车身的结构的几何尺寸、车身测量控制点的参数是否正确会影响汽车的行驶系统、安全性能、密封性能等。各种汽车在随车技术文件中都在相关的部分标注了这些重要测量控制点的参数。各种车型虽然结构不同，构件的尺寸大小不同，但如果都是属于整体式车身，其整体结构、防碰撞结构、安全性能结构都相近。本章通过对紧凑型、中档、高档汽车车身技术文件的介绍并对整体结构、车身构件功能、安全防碰撞性能及相关测量控制点的分析，通过汽车车身尺寸和汽车测量控制点的测量，判断汽车质量、碰撞损坏状况及修复质量。

3.1　POLO 汽车车身技术文件与分析

POLO 汽车车型可以看做紧凑型汽车。其车身为整体式车身，在技术文件中可以查阅到一组图，对该车型的检查可以通过这一组参数的测量控制点的测量与检查，判断汽车车身质量。现分别叙述如下。

1. 汽车车身前部测量控制点

如图 3-1 所示，图中标注了汽车车身纵梁与前防碰撞横梁连接孔之间的距离，尺寸应符合文件规定，即 a=948±2mm。现代汽车一般采用发动机前置、前轮驱动或四轮驱动的方式。汽车前纵梁是支撑发动机、前桥、转向机构等的重要构件。汽车车身防碰撞横梁与车身纵梁是汽车前部主要防碰撞结构，测量汽车车身纵梁之间的距离可了解车身前部构件的质量状况。

2. 汽车前部减震器座结构

汽车整体式车身与汽车行驶机构连接的构件是汽车前部减震器座，如图 3-2 所示，汽车车身前纵梁及前指梁与减震器座通过焊接构成一个整体。

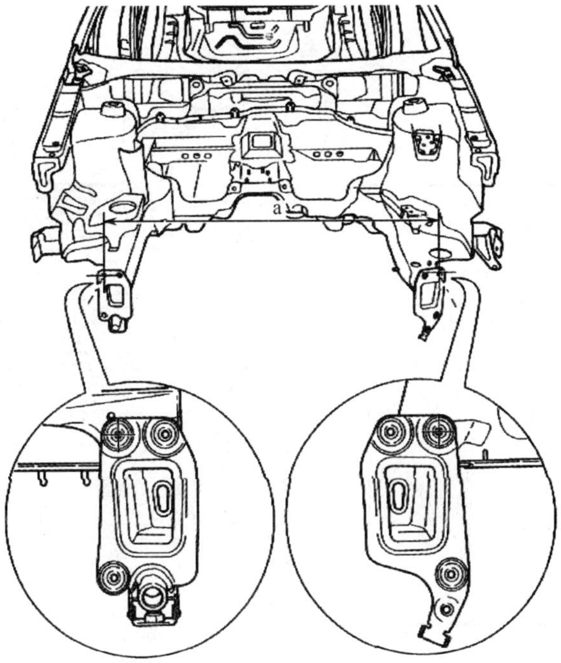

图3-1　汽车车身纵梁间距（a=948±2mm）

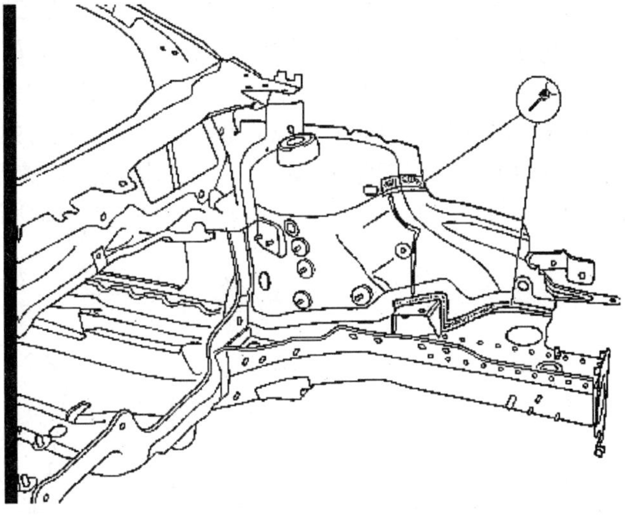

图3-2　汽车减震器座

汽车前桥通过顶部螺栓与车身减震器座连接，如图 3-3 所示。这样的连接结构将汽车车身与汽车行驶系统连接固定并无法进行调整。因此，汽车前纵梁、前指梁和减震器座的任何位置或形状的变化都将对汽车的行驶系统造成影响。

为了保证汽车能正常工作，汽车技术文件规定：如图 3-4 所示，车身前指梁上部测量控制点之间距离应符合文件规定即 a=1275±2mm，车身前减震器座螺栓中心距离即 b=1043±1mm，以此来保证汽车车身整体结构不会因测量控制点的参数变化而影响汽车行驶性能和安全性能。

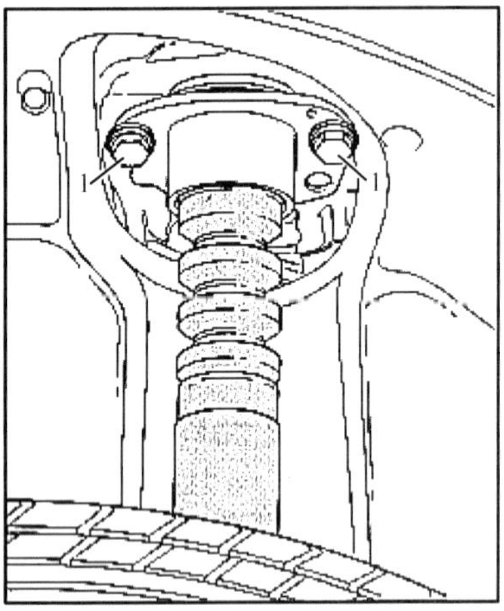

图3-3　前桥与减震器座连接

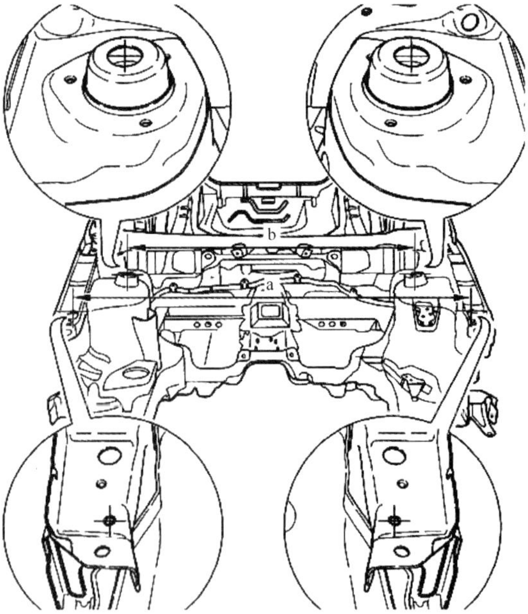

图3-4　汽车前部减震器座参数

（a＝1275±2mm，b＝1043±1mm）

根据几何原理可以了解到空间测量点的位置可以通过测量两点之间的距离进行判断。如图 3-5 所示，图中对角线 AC 与对角线 BD 相等，表明 A、B、C、D 四个点的位置处在等腰梯形四个角上。如果通过测量，对角线不相等，$BD<AC$ 或 $BD>AC$ 可以判断 A、B、C、D 测量点的位移状况。根据测量的数值可以判断汽车车身有没有发生翘曲。

在进行测量控制的测量时，也应注意如图 3-6 所示的情况，测量控制点 A、B 都产生了位移到 A'、B'，但 $B'D=A'C$。所以汽车测量控制点的测量及如何判断汽车损坏需要从各个方面掌握正确方法。

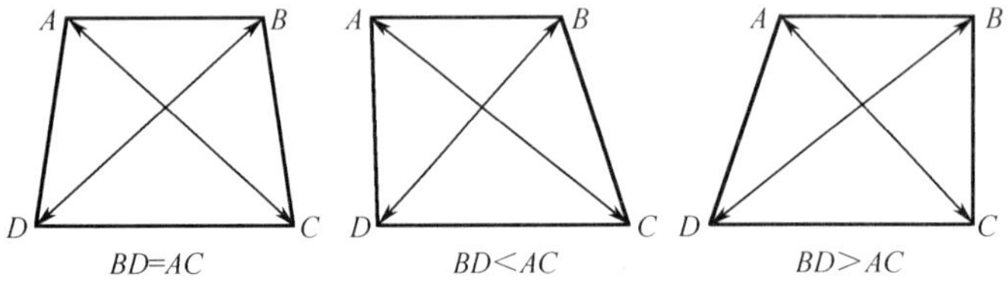

图3-5　测量测量控制点对角线

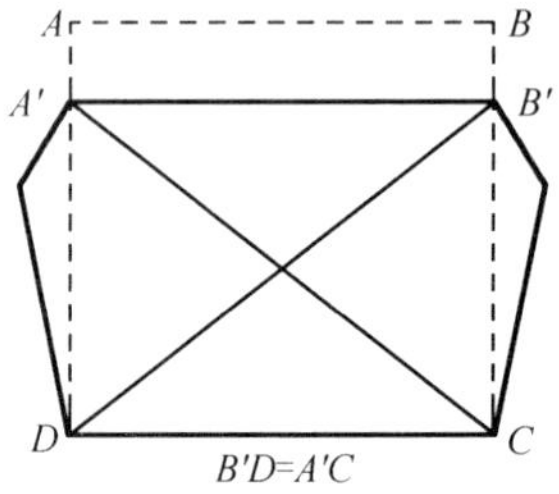

图3-6　测量控制点同时位移

汽车车身技术文件对一些重要测量控制点也常采用如图 3-7 所示的标注方法。汽车车身文件在标注测量控制点 a＝1341±1mm，还标注测量控制点 b＝1394±1mm，这样可很方便地根据测量数值判断汽车损坏状况。

3. 汽车前风窗框

汽车技术文件标注测量控制点，也采用标注测量控制点对角线的方法。如图 3-8 所示，测量控制点距离 b＝1441±1mm，同时测量控制点距离 a＝837±1mm。其实这样的尺寸要求是很高的，车身校正不到位，或安装车身外部构件不好，都很难达到技术文件的参数要求。这种情况需要汽车修理技师进行进一步分析判断，有些部位测量控制点尺寸达不到文件要求将会影响构件的安装。例如，汽车前风窗玻璃的安装，根据安全要求它应采用钢化玻璃。钢化玻璃不能切割，安装后局部也不能有很大应力。因此，要求汽车车身窗框必须符合技术文件要求，任何窗框翘曲都会影响汽车行驶安全，或在汽车行驶中因路面不平产生风窗玻璃破损。

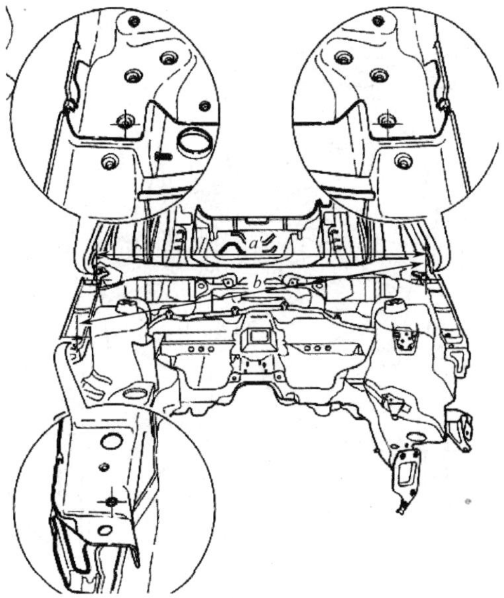

图3-7　测量控制点对角线标注

$a=1341\pm1$mm

$b=1394\pm1$mm

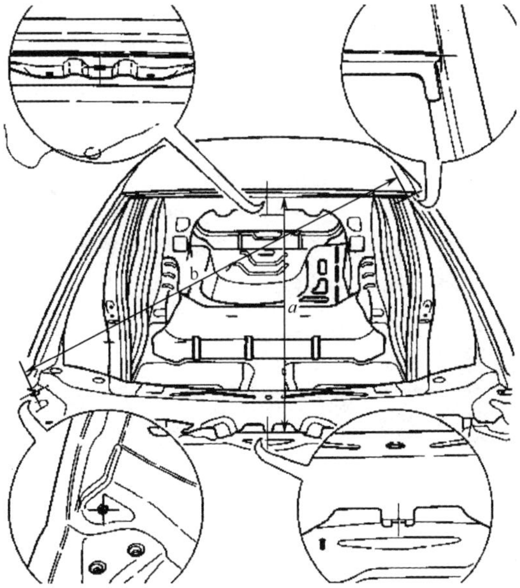

图3-8　汽车前风窗框

$a=837\pm1$mm

$b=1441\pm1$mm

4. 汽车前立柱（A 柱）

汽车前立柱是很重要车身构件，如图 3-9 所示，技术文件标注 a=1359±2mm。汽车 A 柱是车身前部刚度较大的车身构件，也是车身纵梁、风窗框、车身前围板、地板、汽车内部仪器仪表、方向机等构件主要支撑构件。

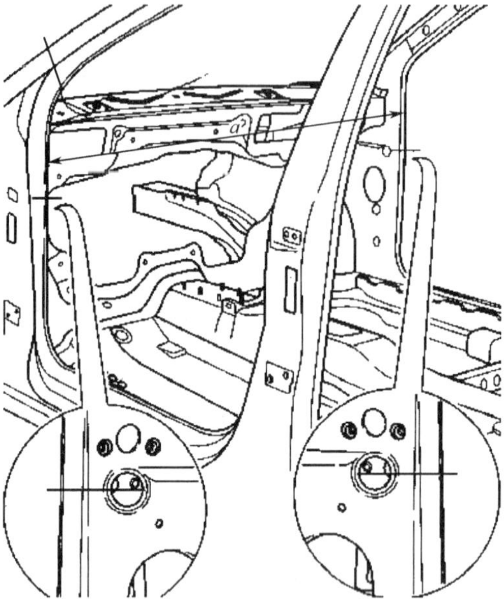

图3-9 车身前立柱（A柱）

a=1359±2mm

汽车车身前立柱的定位直接影响汽车车身整体结构的刚度，因此，汽车在车身立柱之间要安装防碰撞横梁，如图 3-10 所示。图中防碰撞横梁与车身前立柱加强构件用螺栓连接。防碰撞横梁采用刚度很好的钢管制作，两端焊接连接板与立柱连接。在汽车车身进行安装时，可以利用防碰撞横梁对车身前立柱进行定位，以保证在车身前部构件安装时有足够的刚度。

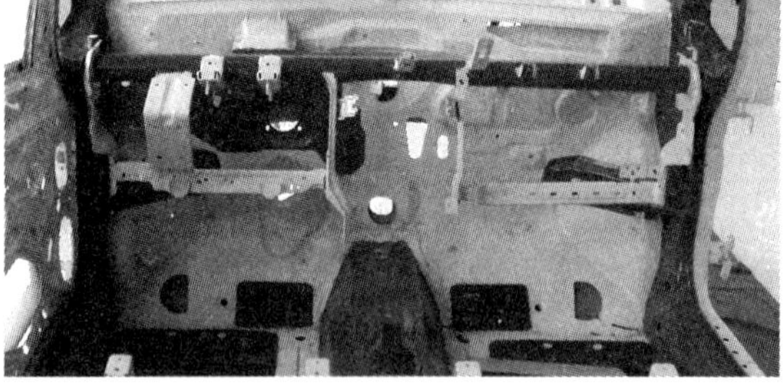

图3-10 车身防碰撞横梁

5. 汽车车身中部

汽车车身中部主要是汽车车门及车门框结构。汽车车门是开闭频率很高的车身构件，同时也是与汽车安全、舒适、密封相关的重要构件。因此，在车身文件中常有测量控制点的尺寸标注。如图 3-11 所示，标注汽车 A 柱与 B 柱之间距离 a=1060±2mm，汽车前门高度尺寸 b=924±2mm。

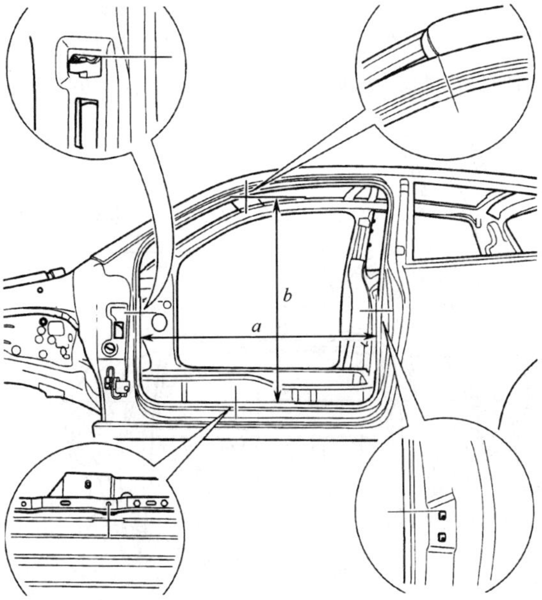

图3-11　车门框尺寸

a=1060±2mm

b=924±2mm

如图 3-12 所示，文件标注车身后柱（C 柱）之间的距离 a=1360±2mm，汽车文件标注的以上车身前、中、后柱的测量控制点参数，可以用来检查、测量、控制汽车车身的整体结构的质量状况。在判断汽车整体质量状况、碰撞损坏程度、损坏修复质量等工作时，能正确运用测量控制点的技术方法，可以起到事半功倍的效果，其方法简明、快捷。

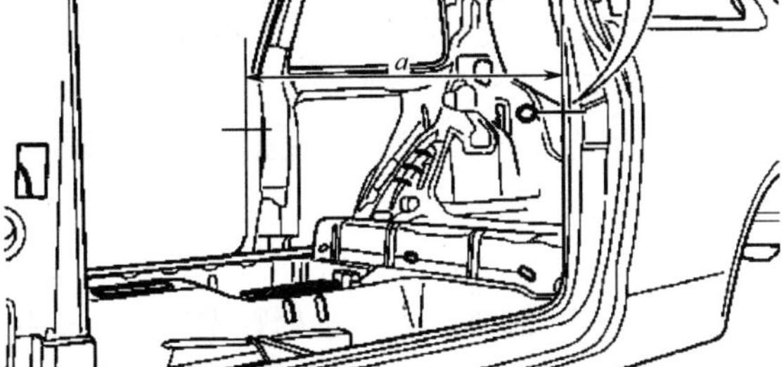

图3-12　车身后柱（C柱）测量控制点

a=1360±2mm

6. 汽车车身后部

发动机前置、前轮驱动的汽车车身后部没有什么重要构件，影响汽车行驶系统的是与汽车后纵梁连接的后减震器座。如图 3-13 所示，文件标注减震器座连接螺栓中心 a=1275±2mm，后风窗框上沿到后车身围板测量控制点的距离 b=967±1mm。

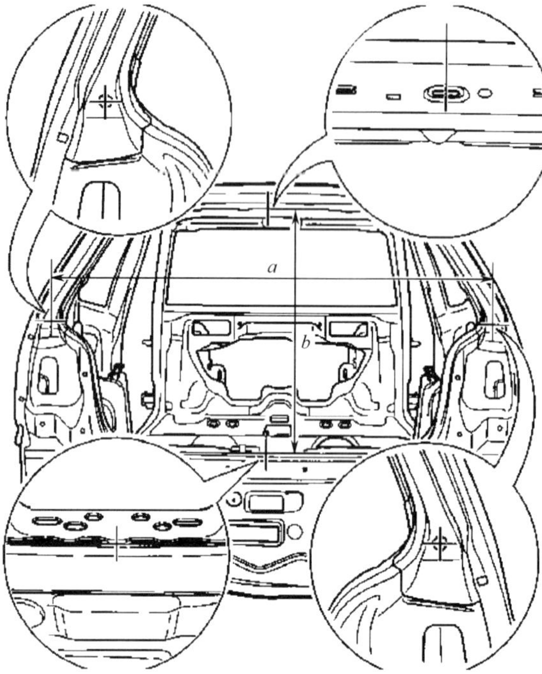

图3-13 车身后部测量控制点

a=1275±2mm b=967±1mm

在 POLO 汽车车型的技术文件中，从汽车车身前部、中部、后部都有一系列测量控制点参数，供技术人员查阅，用来判断汽车的技术状况、维修质量等问题。

3.2 福特汽车车身技术图样

福特公司是世界第二大汽车制造商。现在的福特汽车公司是世界上超级跨国公司，福特先生因此被尊称为“为世界装上轮子”的人。在 1999 年，《财富》杂志将他评为“二十世纪商业巨人”，以表彰他和福特汽车公司对人类工业发展所作出的杰出贡献。亨利·福特先生成功的秘诀只有一个：尽力了解人们内心的需求，用最好的材料，由最好的员工，为大众制造人人都买得起的好车。今天福特汽车仍然坚守着亨利·福特先生开创的企业理念，即消费者是公司工作的中心所在。目前在我国内销售的有五款车型，分别是福克斯、嘉年华、麦柯斯、蒙迪欧、蒙迪欧—致胜。本章依据技术文件中的相关内容通过汽车车身几何尺寸和对汽车测量控制点的测量，判断汽车质量状况、碰撞损坏状况及修复质量等。

1. 汽车车身前部

如图 3-14 所示，在技术文件中可以查找到①～⑩测量控制点的测量数值，通过测量可判断汽车相关测量点的位移情况。这里有用来测量汽车车身前纵梁的参数⑤⑥、用来测量汽车车身前指梁的参数③④⑦⑧、用来测量汽车车身与汽车行驶系统连接的前减震器座的参数②⑨、用来测量车身前风窗框的参数⑩等。所有尺寸都要控制±3mm 公差。

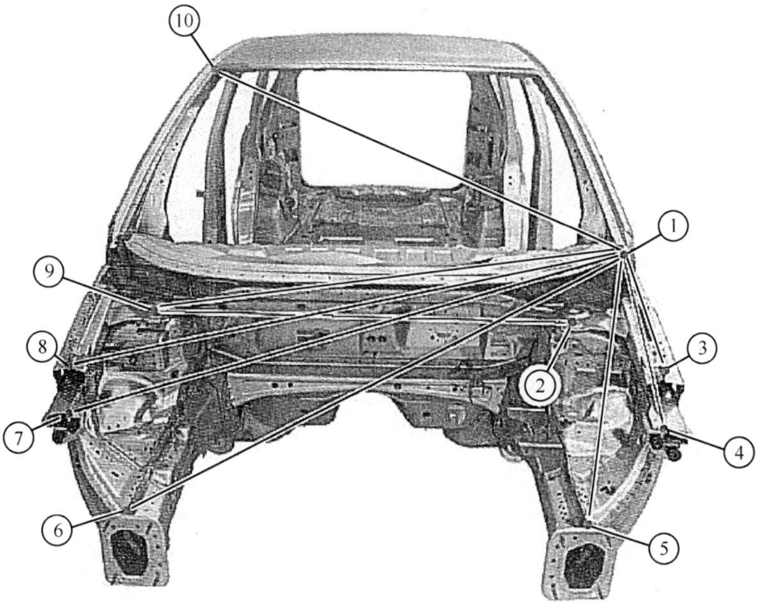

图3-14　车身前部测量控制点

2. 汽车车身中部

如图 3-15 所示，技术文件中标注了一组测量控制点尺寸，这里不再标出。这组测量控制点尺寸可以检查汽车中部构件的质量状况，并控制汽车车门的安装质量。

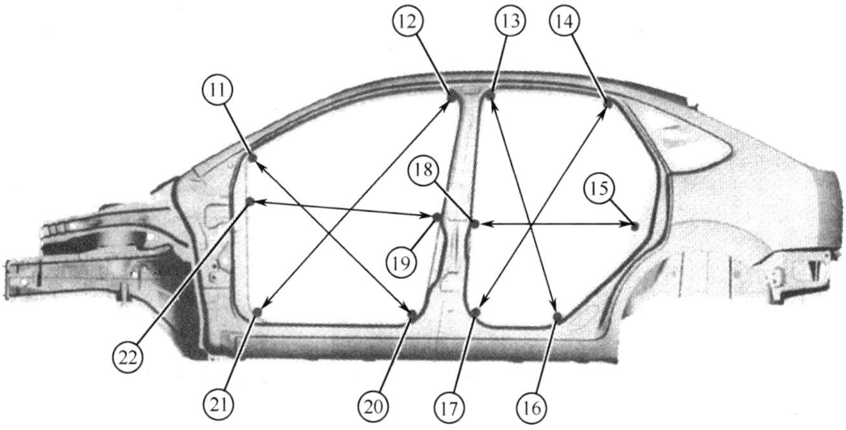

图3-15　车身中部测量控制点

为了便于在检查、测量及安装过程进行测量工作，如图 3-16 所示，汽车技术文件标注了汽车车身前门与门框的间隙要求。

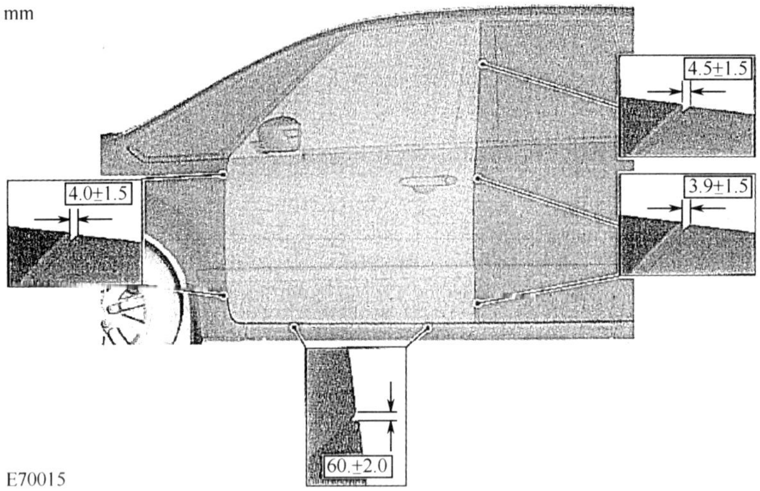

图3-16 车身前门与门框的间隙要求

如图 3-17 所示，汽车技术文件标注了汽车车身后门与门框的间隙要求。

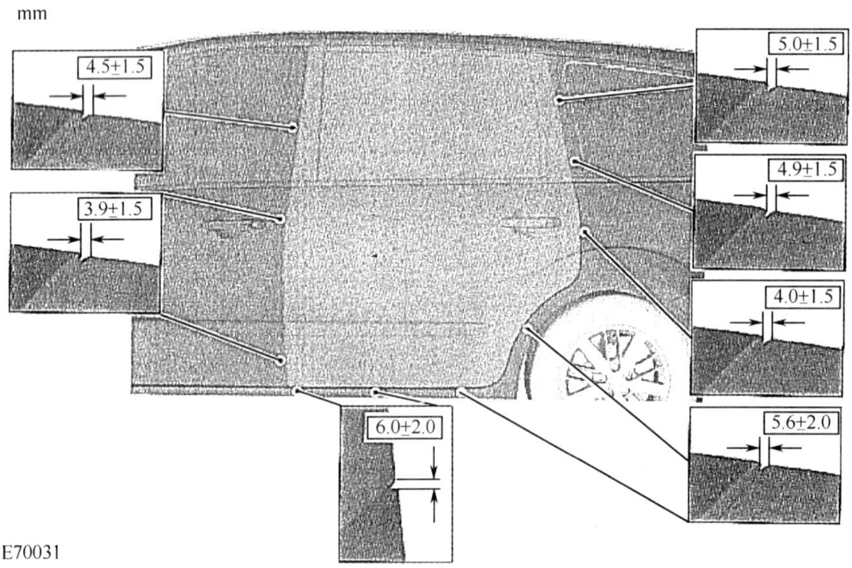

图3-17 汽车车门与门框的间隙要求

3. 汽车车身后部

如图 3-18 所示，汽车技术文件标注了汽车车身后部的间隙要求。标注主要有汽车车顶与后备厢盖的间隙为 5.0±1.5mm，后备厢盖略低为 1.5±1.5mm。后备厢盖与后保险杠的间隙为 4.75±mm。保险杠侧围、下沿的间隙为 1.0±1.5mm。

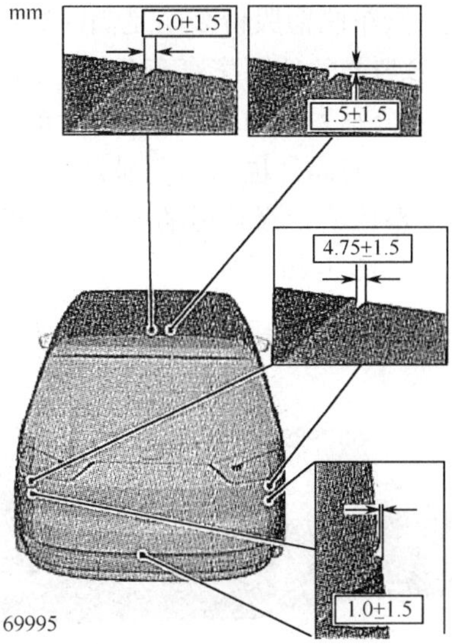

图3-18　车身后部的间隙要求

4. 汽车底部测量控制点

汽车车身技术文件也会提供汽车底部测量控制点的尺寸数值。如图 3-19 所示，技术文件标注了①～⑨之间的尺寸。车身底部检查允许公差为±3mm。图中④测量点在对角测量中被用做零点。这些技术测量点的数值可以用来做对汽车整体结构的检查，一般汽车底部尺寸的检查方便可行，只要在举升机上将汽车举起到适当位置就可以用测量器具进行测量检查。应注意的是：汽车车身上部的碰撞损坏和车身局部碰撞损坏，不能用车身底部尺寸数值进行检查和判断车身损坏状况。

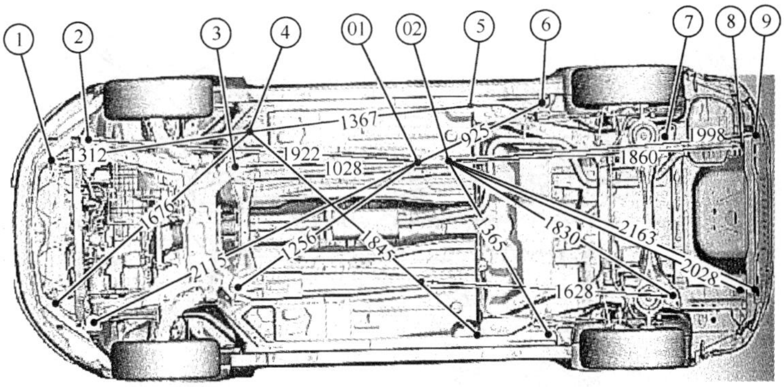

图3-19　汽车底部测量控点尺寸

3.3　奥迪汽车车身技术图样

德国奥迪公司制造汽车的历史可追溯到 19 世纪。最初设在萨克森州的四家汽车公司对当时德国汽车工业的进步做出了杰出的贡献。这四家汽车公司于 1932 年合并为汽车联盟股份公司。从汽车产量来说，汽车联盟股份公司是当时德国第二大汽车制造公司，商品标志为四个连接的圆环，代表参与合并的四家汽车公司，四环标志沿用至今。

例如，奥迪 A4 的车身尺寸分别为 4703/1826/1436mm。如此的车身尺寸带来的不仅仅是稳重的车身感觉，对车内空间的提升也相当明显。

在造型设计方面，奥迪 A4 整体造型极具运动风格。造型独特的车灯和一体式进气格栅成为了奥迪 A4 造型的亮点，如图 3-20 所示。

图3-20　奥迪汽车

奥迪汽车在车身结构方面也有特点，在车身技术文件中标注重要测量点的尺寸。如图 3-21 所示，车身底部前桥固定点与后桥固定点之间的距离 d 为 1658±2mm，车身底部前桥固定点与后桥固定点对角线之间的距离 e 为 1867±2mm，在装配校正时应以安装组件为准。应特别指出，车身文件在装配校正时应以安装组件为准的实际含义。奥迪车身构件之间的连接在保证车身文件标注的尺寸的前提下，构件之间的连接常设计成没有调整间隙，这样在安装时必须位置正确才能顺利安装。

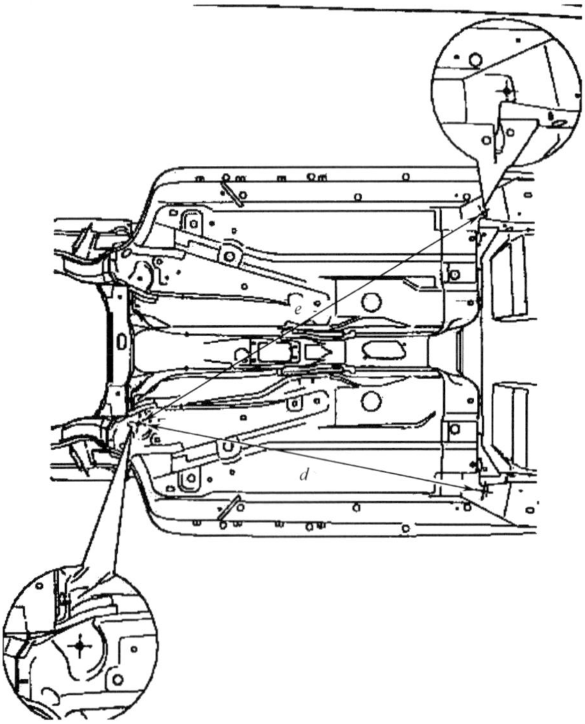

图3-21　车身底前部尺寸

如图 3-22 所示，为车身底后部尺寸，轴支座之间的距离 f 为 1190±2mm，后纵梁间的距离 g 为 1080±2mm，轴支座与纵梁距离 h 为 1662±2mm。，轴支座与纵梁距离对角线距离 j 为 2012±2mm。

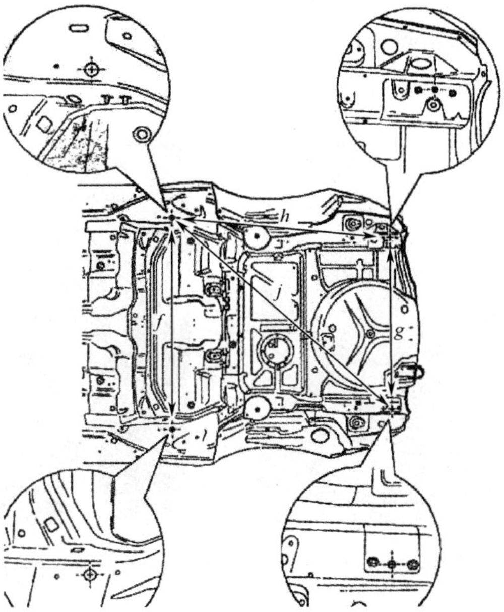

图3-22　车身底后部尺寸

奥迪汽车发动机前置、前轮驱动的车型，车身纵梁上部尺寸非常重要。如图 3-23 所示，标注铰链前部固定点之间的距离 b 为 1416±2mm，翼子板支座之间的距离 c 为 1274±2mm，铰链前部固定点之间对角线的距离 d 为 1578±2mm，减震器支座外固定点之间的距离 e 为 1070±2mm，安装时应以组件安装正确为准。

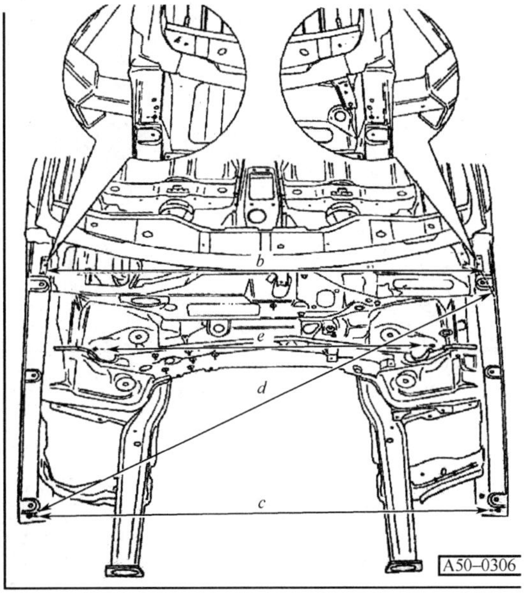

图3-23　车身前上部尺寸

高级车型（奥迪），车身横梁连接板与纵梁的连接，如图 3-24 所示。车身横梁与纵梁连接件采用螺栓与纵梁连接板连接。图中螺栓连接部位是没有调整间隙的，所以如果纵梁碰撞后变形，必须校正纵梁，位置不正确是无法安装水箱支架等构件的。

如图 3-25 所示，为横梁连接件与纵梁的连接结构。这个横梁连接件采用螺栓连接，当碰撞冲击力超过螺栓所能承受横向剪切力时，螺栓会产生弯曲变形直到折断，碰撞冲击能量不能直接传递给其他车身构件。

图3-24　车身纵梁前部的连接板

图3-25　纵横梁连接件与纵梁连接情况

车身中部：如图 3-26 所示，车身前车门 A 柱间距离 a 为 1442±2mm，B 柱间距离 b 为 1442±2mm，车门框高度 c 为 988±2mm，A 柱与 B 柱间距离 d 为 975±2mm。车身 A、B 柱之间的距离应通过测量检查，车门高度和 A 与 B 柱之间距离在测量的基础上可以用车门试装，车门框与车身门柱间隙均匀并符合技术文件要求。

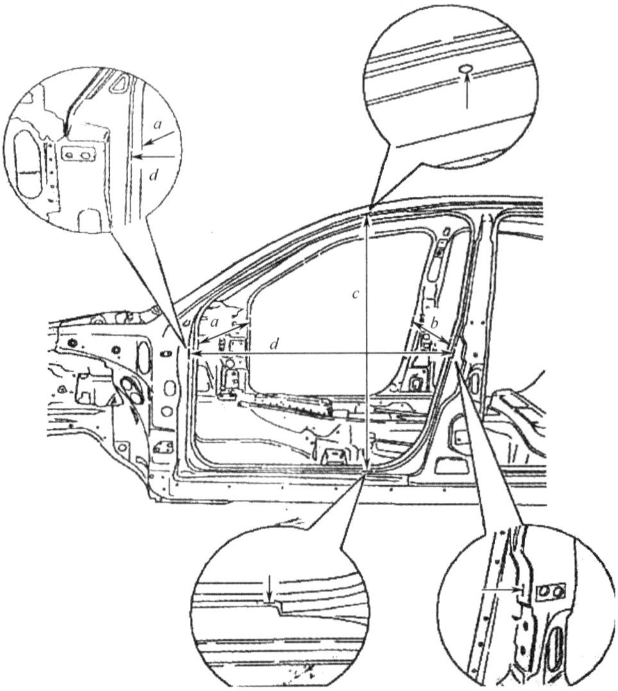

图3-26　车身前车门尺寸

如图 3-27 所示，车身后车门 C 柱之间的距离 e 为 1433±2mm，车门框高度 f 为 1032±2mm，B 柱与 C 柱之间的距离 g 为 940±2mm。两 C 柱之间距离应通过测量检查，车门高度、B 柱与 C 柱之间距离可以试装车门，保证车门与车门框间隙均匀并符合技术要求。

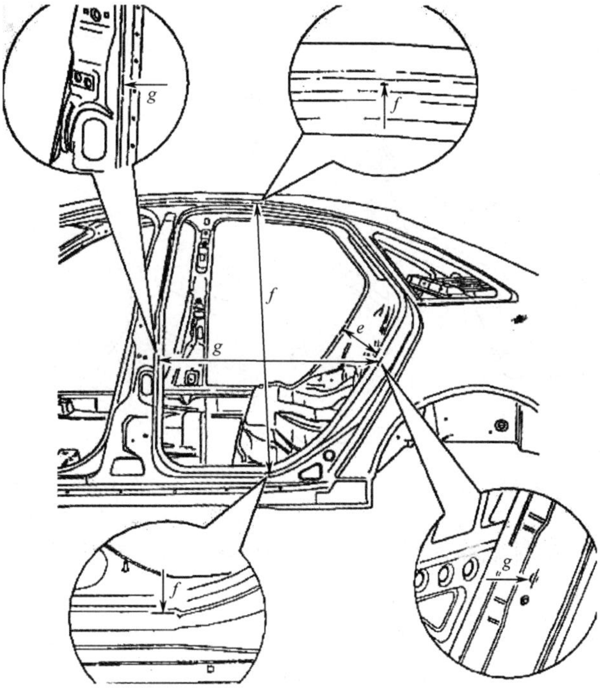

图3-27　车身后门尺寸

车身后部：如图 3-28 所示，车身后上部侧板距离 h 为 1212±2mm，后围板凸缘 i 为 545±2mm，后纵梁间距离 K 为 1135±2mm。

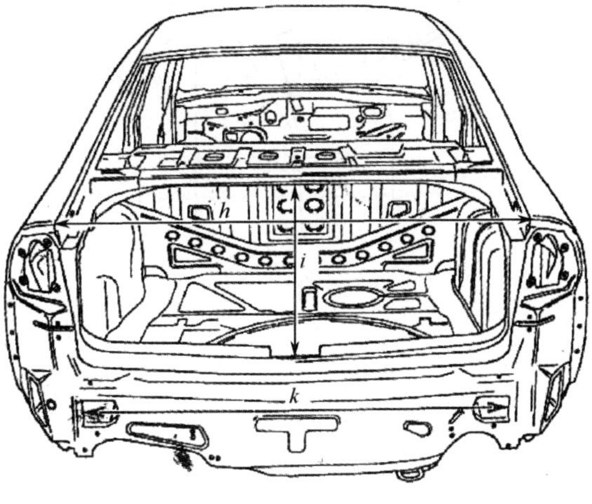

图3-28　车身后部尺

如图 3-29 所示，车身前部构件之间间隙：D 为 2mm，E 为 2.5mm，F 为 3mm，H 为 4mm，K 为 5mm，各构件与周边构件之间隙应均匀与车身圆弧和顺一致。

如图 3-30 所示，车身中部各构件之间隙为：F 为 3mm，G 为 3.5mm，J 为 4.5mm。

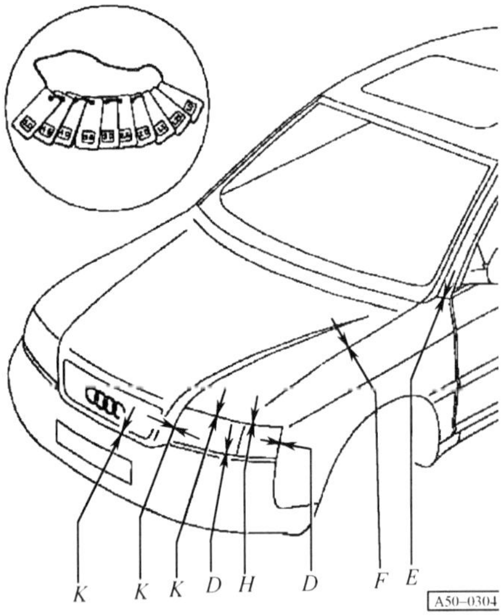

图3-29　车身前部尺寸

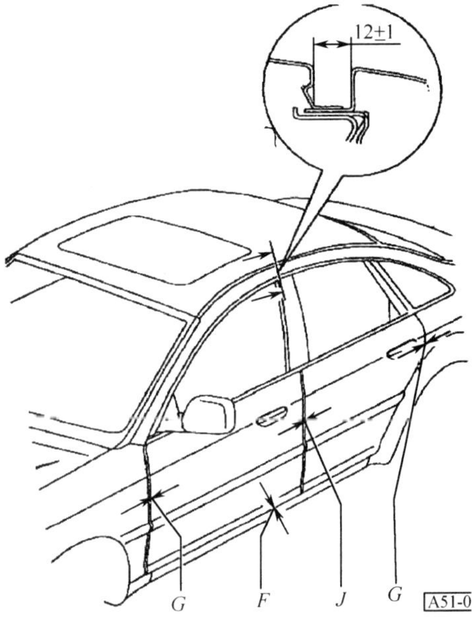

图3-30　车身中部尺寸

如图 3-31 所示，车身后部各构件之间隙为：*D* 为 2mm，*E* 为 2.5mm，*F* 为 3mm，*G* 为 3.5mm，*K* 为 5mm。

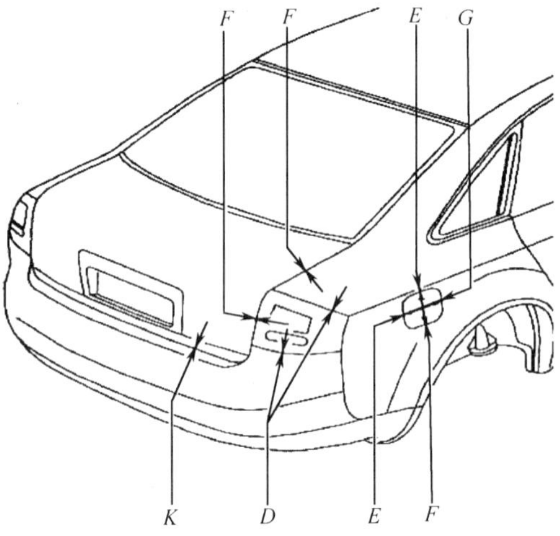

图3-31　车身后部构件间隙

3.4　宝马汽车车身技术文件

宝马汽车公司的历史始于 1916 年，公司最初是一家飞机发动机制造公司。

宝马是德文 Bayerische Motoren Werke 的缩写，英文则是 Bavarian Motor Works。公司在初创阶段，主要致力于飞机发动机的研发和生产，BMW 的蓝白标志象征着旋转的螺旋桨。

宝马集团是全世界最成功和效益最好的汽车及摩托车生产商。2002 年，公司成功在全球销售了超过 100 万部 BMW 汽车和 MINI 品牌的汽车。

如图 3-32 所示为宝马汽车。MINI 和 Rolls-Royce（劳斯莱斯）等这些品牌占据了从小型车到顶级豪华轿车市场的高端，使 BMW 集团成为世界上惟一一家专注于高档汽车的制造商。高档意味着“附加值”，宝马集团的品牌拥有清晰的品牌形象，其产品在设计美学、动感、动力性能、技术含量等方面具有丰富的产品内涵。

图3-32 宝马汽车

为了更好介绍宝马车型的不同系列产品，下面将两个不同系列车身技术文件进行比较。如图 3-33 所示为宝马四车门轿车，如图 3-34 所示为宝马越野车。

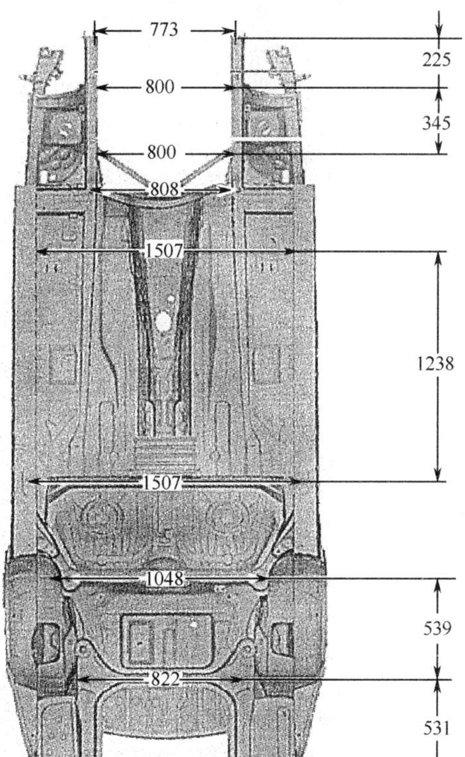

图3-33 宝马四门轿车

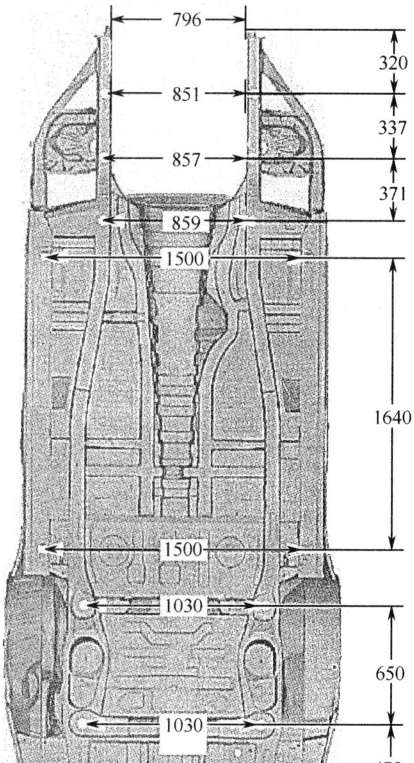

图3-34 宝马越野车

汽车车身图样一般都会给出车身一个或两个重要测量控制点的对角线尺寸，有时根据测量对角线尺寸可以判断车身变形或损坏状况。如果对角线尺寸与技术文件中的参数相差，再进一步测量其他测量控制点，检查汽车车身变形部位。如图 3-35 所示为宝马四门轿车底部尺寸。如图 3-36 所示为宝马越野车底部尺寸。

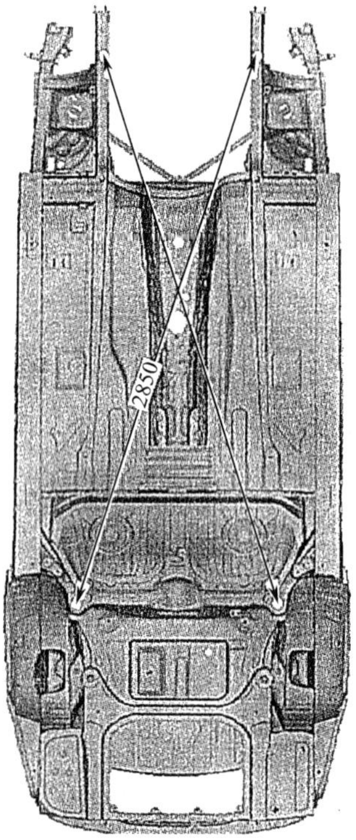

图3-35　宝马四门轿车底部尺寸

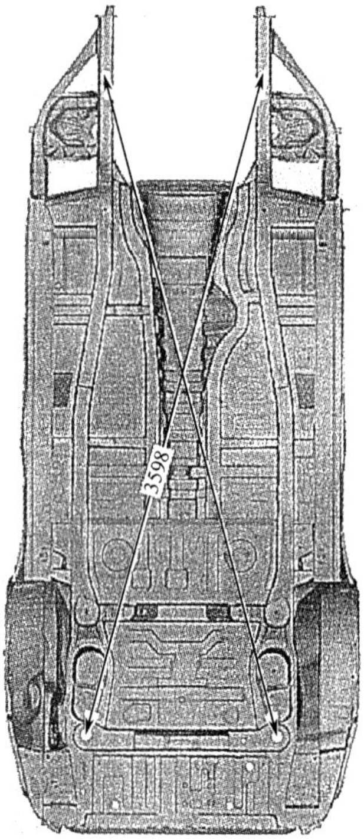

图3-36　宝马越野车底部尺寸

汽车发动机前置、前轮驱动或四轮驱动的汽车前纵的重要测量控制点，同一车型的不同系列，其结构会有明显不同。如图 3-37 所示为宝马四门轿车纵梁上部尺寸，如图 3-38 所示为宝马越野车纵梁上部尺寸。

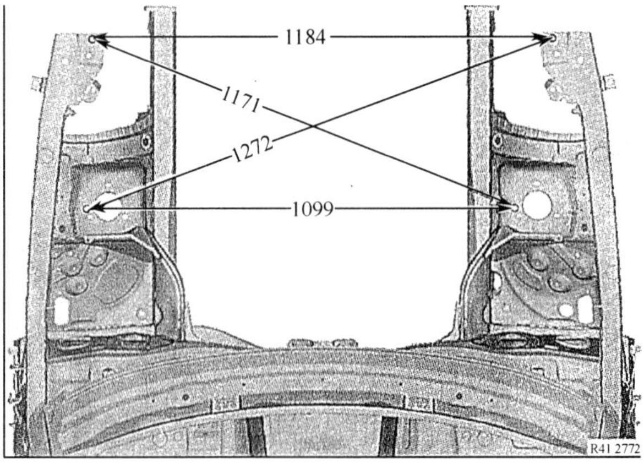

图3-37　宝马四门轿车纵梁上部尺寸

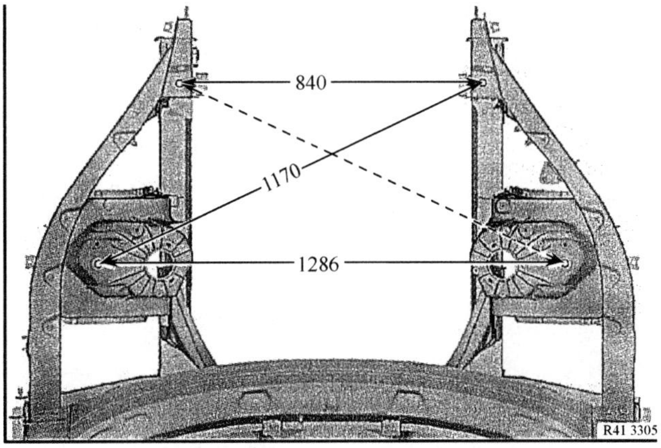

图3-38　宝马越野车纵梁上部尺寸

汽车发动机前置、前轮驱动或四轮驱动的汽车前部的重要测量控制点，同一车型的不同系列，汽车车身各构件之间的间隙也会略有不同，在检查时应加以注意。如图 3-39 所示为宝马四门轿车各构件之间间隙尺寸，如图 3-40 所示为宝马越野车各构件之间间隙尺寸。

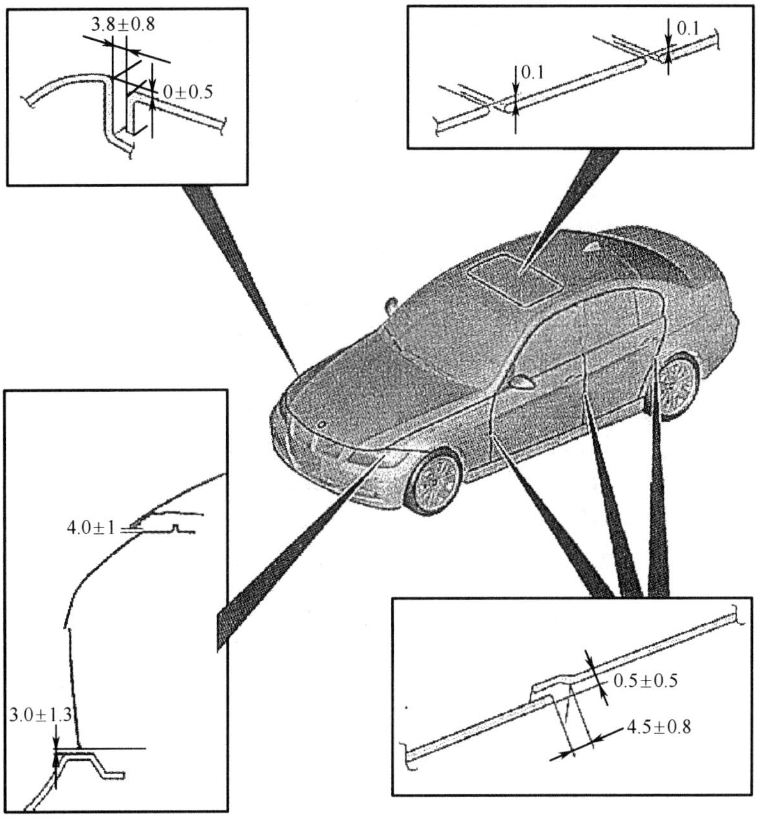

图3-39　宝马四门轿车各构件之间间隙尺寸

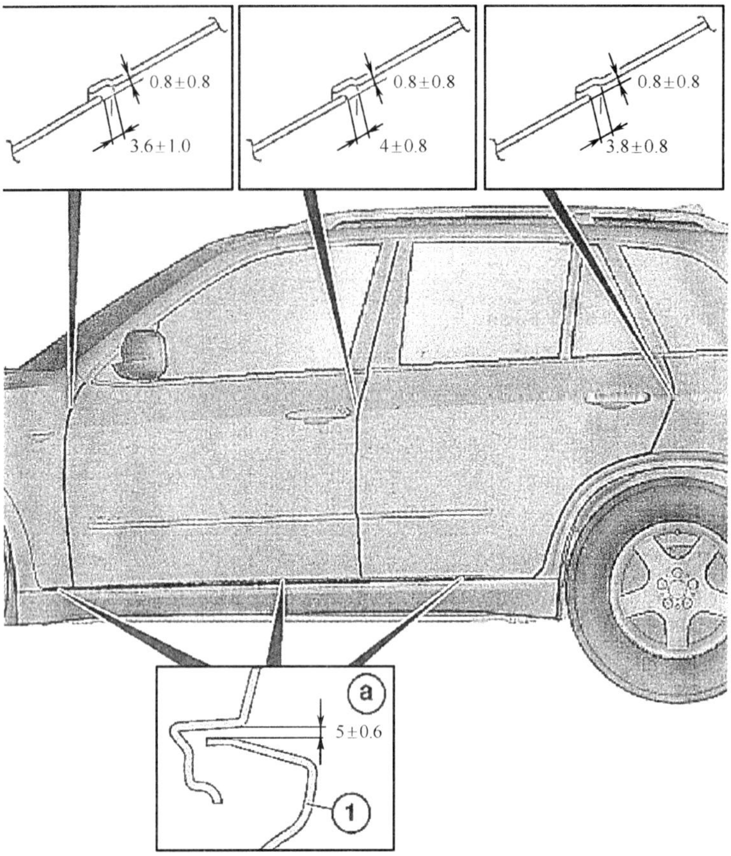

图3-40 宝马越野车各构件之间的间隙尺寸

3.5 其他汽车车身图样

以上介绍了紧凑型、中档、高档汽车技术文件中的重要测量控制点图样。有的车身技术文件还给出了一些其他车身数据图样，现简要介绍如下。

1. 车身上部数据图

如图 3-41 所示，为上部车身数据图样，它主要标示出车身上部的测量控制点，包括发动机室部位翼子板安装点、散热器框架安装点、减震器支架安装点、前后风窗测量控制点、前后门测量控制点、前中后立柱铰链和门锁测量控制点、行李厢部位测量控制点等。

（1）上部车身数据图的识读。上部车身数据图包括发动机室、前后风窗、前后门、中后立柱和行李厢等测量控制点。修理人员可根据实际情况决定测量哪些测量控制点找出车身变形状况。一般可以用卷尺和轨道式测量器具就可以进行测量。例如图 3-41（a）所示，标注了汽车发动机室尺寸，翼子板安装孔尺寸等。

（2）车身前风窗的变形将直接影响风窗玻璃窗的安装，如图 3-41（b）所示，它可以通过车身数据图中 *A*、*B*、*C*、*D* 四点的相对位置进行测量，与车身数据图中数值对比找出变形情况。*A*、*B* 是车顶板的拐角，*C*、*D* 是发动机罩铰链的后安装孔。

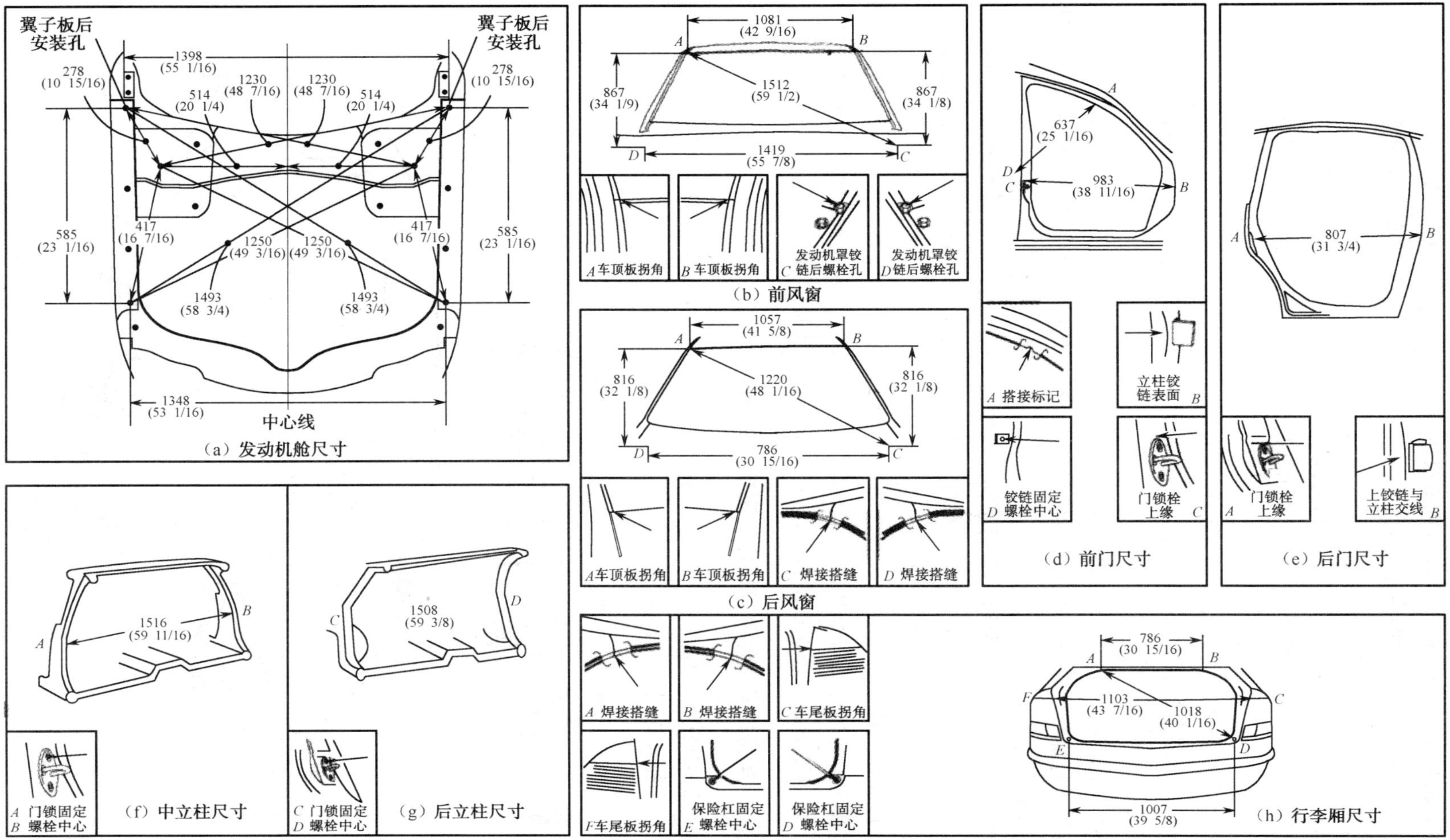

图3-41 车身上部数据图样

（3）如图 3-41（c）所示，为后风窗可以通过车身数据图中 *A*、*B*、*C*、*D* 四点的相对位置进行测量与车身数据图中数值对比找出变形情况，*A*、*B* 是车顶板的角，*C*、*D* 是行李厢点焊裙边上一条搭接焊缝。

（4）如图 3-41（d）所示，为前门可以通过车身数据图中 *A*、*B*、*C*、*D* 四点的相对位置进行测量与车身数据图中数值对比找出变形情况。*A* 点是风窗立柱上搭接焊缝位置，*B* 点是前立柱铰链的上表面，*C* 点是中立柱门锁闩上表面，*D* 点是中立柱门铰链上表面。

（5）如图 3-41（e）所示，为后门可以通过车身数据图中 *A*、*B* 点的相对位置进行测量与车身数据图中数值对比找出变形情况，*A* 点表示后立柱门锁闩的上表面，*B* 点是中立柱门铰链的上表面。

（6）如图 3-41（f）所示，为中立柱处的宽度尺寸可以通过车身数据图中 *A*、*B* 点的相对位置进行测量与车身数据图中数值对比找出变形情况，*A*、*B* 是中立柱门锁闩的上表面固定螺栓的中心。

（7）如图 3-41（g）所示，为后立柱的宽度尺寸可以通过车身数据图中 *C*、*D* 点的相对位置通过车身数据图中 *C*、*D* 点的相对位置进行测量与车身数据图中数值对比找出变形情况，C、D 点是后立柱门锁闩的上面固定螺栓中心。

（8）如图 3-41（h）所示，为行李厢通过车身数据图中 *A*、*B*、*C*、*D*、*E*、*F* 点的相对位置进行测量与车身数据图中数值对比找出变形情况，*A*、*B* 是行李厢点焊裙边上的一条搭焊缝隙，*C*、*F* 是行李厢后围板角，*D*、*E* 是保险杠上固定螺栓的中心。

2. 车身技术文件中直接标注测量控制点图样

如图 3-42 所示，有的车身测量控制点图样，也直接给出车身图样并标注测量控制点尺寸，便于操作人员查阅。

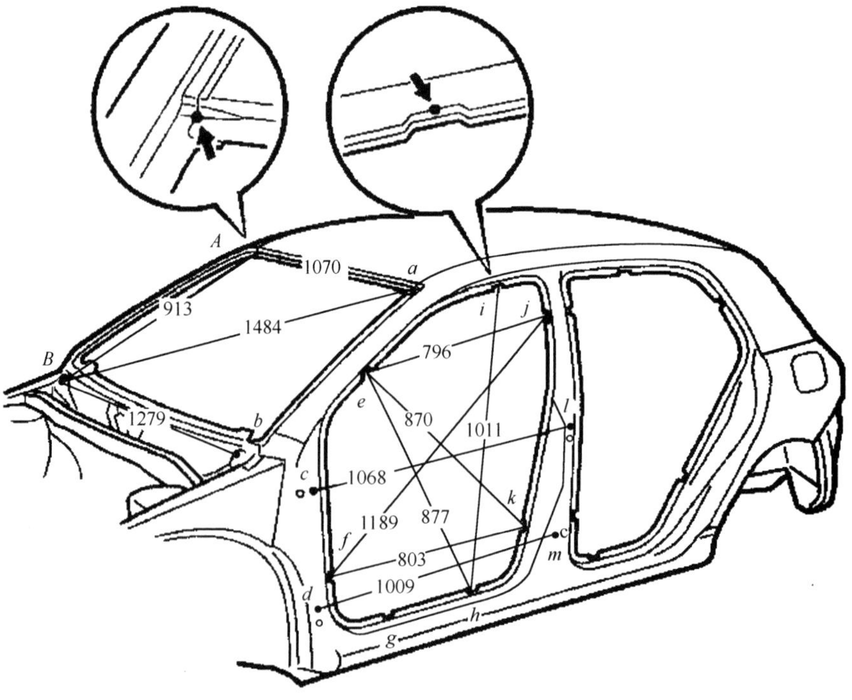

图3-42　车身测量控制点图样

3. 后部车身技术文件图样

后部车身的变形大致上可通过后备厢盖开关的不平衡性估测出来。为了确定损伤及漏水的可能性，有必要对如图 3-43 所示测量点进行精确测量。如图 3-44 所示，为另一车型后部测量控制点图样。

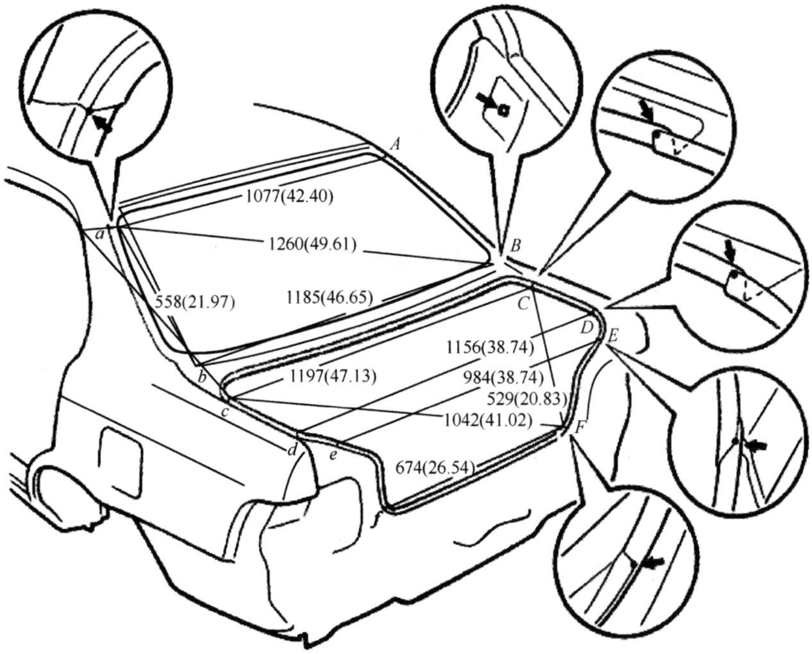

图3-43　车身后部测量控制点图样

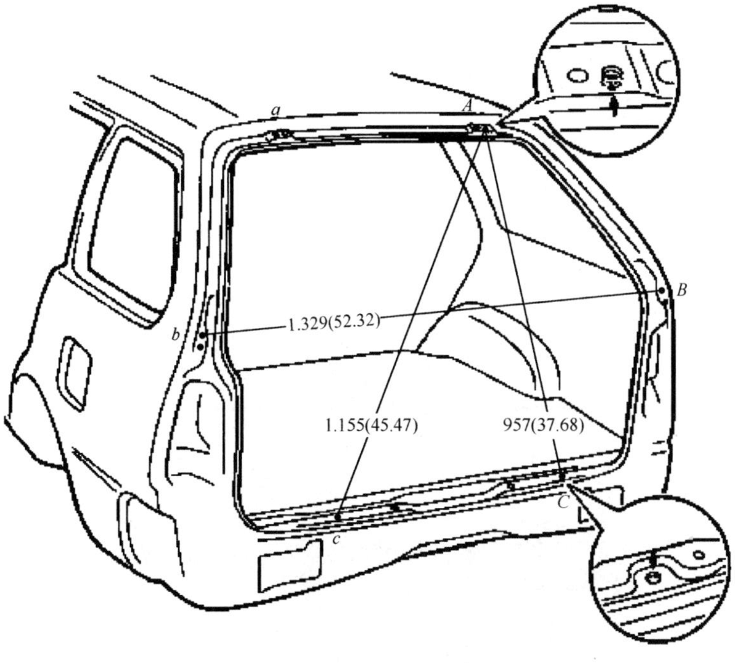

图3-44　车身后部图样

第四章

汽车车身技术图样的重要性及应用

汽车的发展经历了100多年，汽车从诞生之日起就在不断地进行技术改进，随着科学技术发展，当代汽车是集机械、材料、电子等多种行业最新成果的产品。在汽车设计和生产的过程中，大量地应用了电子计算机、试验技术、电子技术、新型材料以及先进的生产工艺和装备，因此各种新型汽车不断涌现。随着世界能源越来越紧缺，汽车车身技术也发生了很大的变化，因此如何利用好汽车车身技术图样，采用更加合理、方便、简易的测量方法解决汽车技术问题就更加重要。

4.1 汽车的发展概述

1. 汽车发展过程

汽车诞生之前，马车就是人类最好的陆上交通工具。1770年法国人尼古拉斯古诺将蒸汽机装在板车上，制造出第一辆蒸汽板车，这是世界上第一辆利用机器为动力的车辆。

1860年，法国人艾蒂安·勒努瓦发明了一种内部燃烧的汽油发动机。1885年，德国工程师卡尔·奔驰在曼海姆制造成一辆装有0.85马力汽油机的三轮车，如图4-1所示。德国另一工程师戈特利布·戴姆勒也同时造出了一辆用1.1马力汽油发动机作为动力的四轮汽车，这便是现代意义上的汽车。他们俩被公认为以内燃机为动力的现代汽车的发明者。1886年1月29日也被公认为汽车的诞生日。

图4-1　奔驰一号车（1885）

从 19 世纪末到 20 世纪初，世界上相继出现了一批汽车制造公司，除戴姆勒和奔驰各自成立了以自己名字命名的汽车公司外，还有美国的福特公司、法国的标致和雪铁龙公司、意大利的菲亚特公司等，当时的汽车外形基本上沿用了马车的造型。

1890 年德国奔驰公司生产的维洛牌车首先开始采用橡胶充气轮胎。维洛牌小客车（1894 年）是奔驰公司初期著名的小客车品牌。

1889 年法国的标致研制成功齿轮变速器、差速器，并在 1891 年首先采用前置发动机后轮驱动。1891 年摩擦片式离合器也在法国开发成功。

1898 年法国的雷诺 1 号车采用密闭箱式变速器、万向节传动轴和减速器。1902 年法国的狄第安采用了流传至今的狄第安后桥半独立悬梁。由于法国人的不断改进使早期汽车的性能大大提高。其次德国在 1893 年发明了化油器，1896 年英国首先采用石棉制动片和方向盘等，也为汽车的改进做出了贡献。美国农民出身的亨利·福特（1863～1947 年），在 1896 年制造出第一辆福特汽车。1908 年福特公司开始生产一种“T”型汽车，如图 4-2 所示，以其结构紧凑、坚固耐用、容易驾驶、价格低廉而受到欢迎，并以产量高而著称于世。福特还首先采用流水作业，大大提高了劳动生产率，并为今天的汽车生产企业所继承。

图4-2　福特T型车（1908）

马车型汽车很难抵挡风雨的侵袭，美国福特汽车公司在 1915 年生产出一种新型的福特 T 型车，这种车的车室部分很像一只大箱子，并装有门和窗，人们把这类车称为“箱型汽车”，如图 4-3 所示。

图4-3　福特箱式T型车（1915）

早期的箱型汽车以美国的福特 T 型车最为著名，年产量达到 30 多万辆，占美国汽车总产量的 70%～80%。

作为高速汽车来讲，箱型汽车是不够理想的，因为它的阻力大，大大妨碍了汽车前进的速度。所以人们又开始研究更具流线型的车型。

1934 年美国的克莱斯勒公司生产的气流牌小客车，首先采用了流线型的车身外形，如图 4-4 所示。1936 年福特公司在“气流”的基础上，加以精练并吸收商品学要素研制成林肯和风牌流线型小客车。此车散热器罩很精练并具有动感，俯视整个车身呈纺锤形很有特色。受其影响以后出现的流线型汽车有 1937 年的福特 V8 型，如图 4-5 所示。

图4-4　克莱斯勒气流牌小客车（1934）

图4-5　福特V8（1937）

1933 年德国的波尔舍博士设计了一种类似甲壳虫外形的汽车，如图 4-6 所示。波尔舍最大限度地发挥了甲壳虫外形的长处，使之成为同类车中之王，“甲壳虫”也成为该车的代名词。由于第二次世界大战的原因，甲壳虫型汽车直到 1949 年才真正大批量生产，并开始畅销世界各地，以一种车型累计生产超过 2000 万辆的纪录而著称于世。

美国福特公司经过几年的努力，于 1949 年推出具有历史意义的新型的福特 V8 型汽车，如图 4-7 所示。这种车型改变了以往汽车造型的模式，使前翼子板和发动机罩，后翼子板和行李厢罩融于一体，大灯和散热器罩也形成一个平滑的面，车室位于车的中部，整个造型很像一只小船，所以人们把这类车称为“船型汽车”。

图4-6　大众甲壳虫（1949）

福特 V8 型汽车的成功，不仅仅在外形上有所突破，而且还首先把人体工程学应用在汽车的设计上。强调以人为主体的设计思想也就是让设计师置身于驾驶员及乘员的位置，来设计便于操纵、乘坐舒适的汽车。

船型汽车不论从外形上还是从性能上来看都优于甲壳虫型汽车，并且还解决了甲壳虫型汽车对横风不稳定的问题。这是因为船型车发动机前置，汽车重心相对前移，而且加大了行李厢，使风压中心位于汽车重心之后的缘故，所以遇到横风就不会摇头摆尾。从 50 年代开始一直到现在，不论是美国还是欧亚大陆不管是大型车或中、小型车都采用了船型车身。从而使船型造型成为世界上数量最多的一种车型。

图4-7　船型汽车（1949）

船型汽车尾部过分向后伸出，形成阶梯状，在高速时会产生较强的空气涡流。为了克服这一缺陷，人们把船型车的后窗玻璃逐渐倾斜，即成为斜背式。由于斜背式汽车的背部像鱼的脊背，所以这类车称为“鱼型汽车”或者是“斜背式汽车”，如图 4-8 所示。

1964 年美国的克莱斯勒顺风牌和 1965 年的福特野马牌都采用了鱼型造型。自顺风牌以后世界各国逐渐主产鱼型汽车。

鱼型汽车存在的缺点：由干鱼型汽车后窗玻璃倾斜，面积增加两倍强度下降，产生结构上的缺陷。鱼型车还有一个潜在的重大缺点就是对横风的不稳定性。鱼型车发动机前置，车身重心相对前移，一般来讲横风的风压中心和车身重心接近，还会产生一种升力使车轮附着力减小，从而抵挡不住横风的吹袭，容易发生偏离的危险。设计师们想了很多办法去克服鱼型车这一缺点，例如，在鱼型车的尾部安上一只翘翘的“鸭尾”以克服一部分扬力，这便是“鱼型鸭尾”式车型。

图4-8　鱼型/斜背式汽车

为了从根本上解决鱼型汽车的升力问题，人们设想了种种方案，最后终于找到了一种楔型。就是将车身整体向前下方倾斜，车身后部像刀切一样平直，这种造型能有效地克服升力。1963 年司蒂倍克 • 阿本提第一次设计了楔型汽车，如图 4-9 所示。

汽车发展到鱼型，关于空气阻力的问题已经基本解决，楔型继承了这一成果，并有效地克服了鱼型车的升力问题，使汽车的行驶稳定性有了显著的提高。研究楔型的结构可以发现，车身前部呈尖形且向下倾斜，高速行驶时的空气流可在前轮产生向下的压力，防止前轮发飘。车身尾部如同刀切一样平直，可减小车顶以后部分的负压，防止后轮飘起。这种造型最大限度地解决了升力问题。

楔型对于目前所考虑到的高速汽车，已接近于理想的造型。现代轿车基本上都朝这个方向发展。如人们最熟悉的奥迪、捷达、桑塔纳及波罗等也都属于楔型式车型。这些汽车的外形清爽利落、简洁大方，具有现代气息，给人以美的享受。

图4-9　楔型汽车

以后的几十年汽车工业迅速发展，如图 4-10 所示，为 20 世纪 70 年代、80 年代、90 年代生产的各种汽车。

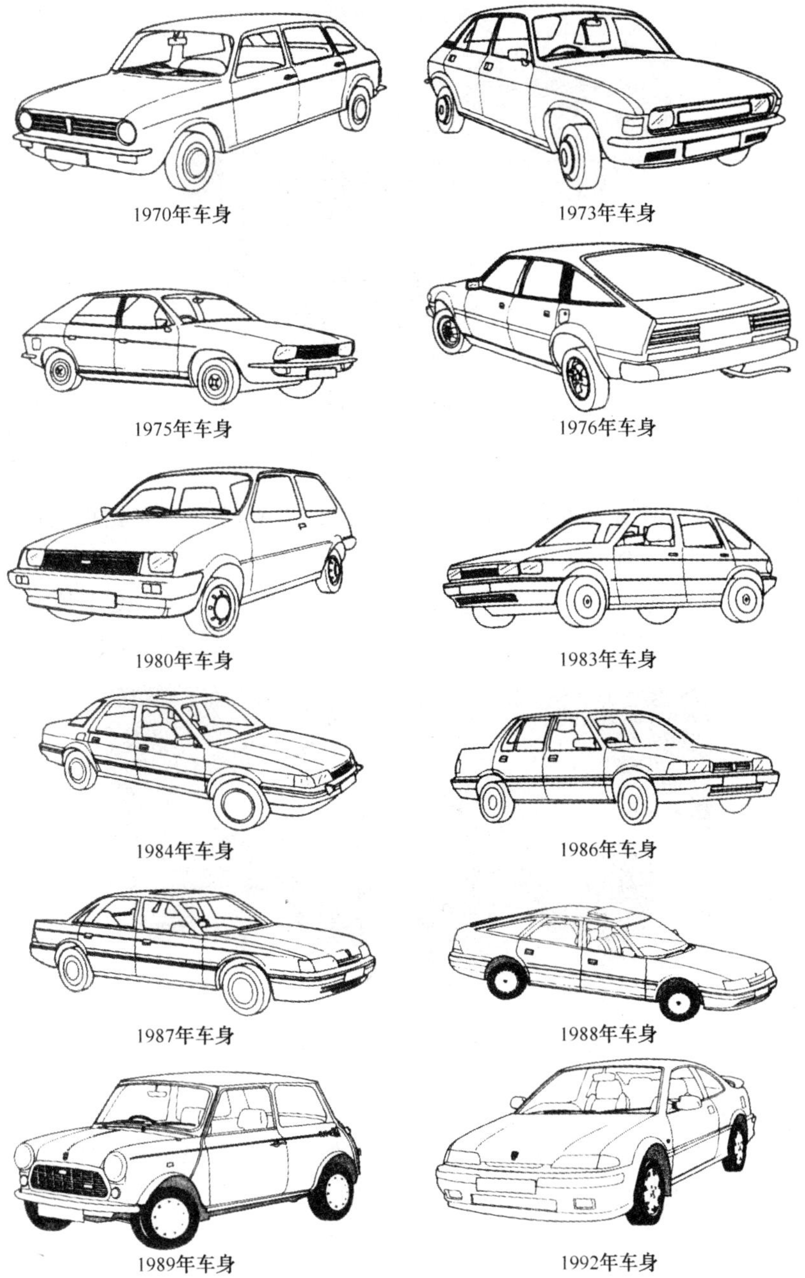

图4-10　20世纪70～90年代的各种汽车

2. 汽车车身的发展

在汽车发展的过程中，近几十以来，在车身结构上也发生很多变化，其中影响最大的是汽车由非承式车身逐渐向承载式车身过渡。

1）非承载式车身

如图 4-11 所示，为非承载式车身的车架，车架承载着整个车体，发动机、悬挂和车身都安装在车架上。汽车车身的作用是为了给驾驶者和乘客提供一个舒适安全的环境。

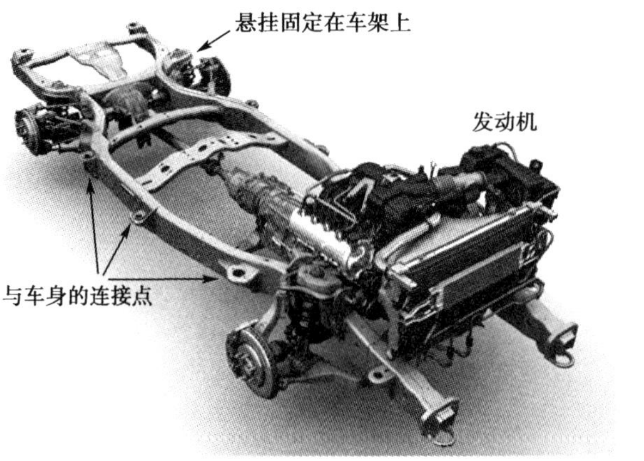

图4-11　汽车车身底架

汽车的行驶系统直接安装在汽车底架上，如图 4-12 所示。这种结构的优点是汽车底架有较高的强度和刚性，对于载重车和越野车来说这一点非常重要。另外驾驶过这种车的人应该有所体会，悬挂对路面颠簸的反馈在车内的感觉要轻微很多，这是因为有些车的车身和底盘之间采用降低振动的方法连接在一起，所以在走颠簸路面时更平稳舒适。

图4-12　安装行驶系统的非承载式汽车

非承载式车身的缺点：

一是，重量大，车架本身就很重，而车身和车架又是两个独立的部件，所以整体重量就更大了，用的钢材多，成本也会相对较高。

二是，车辆重心比承载式更高。因为车架在底部，车身是安装在车架上，那么车身的地板无论如何也要在车架之上。

2）承载式车身

在汽车车身的发展过程中，众所周知，国外先进轿车制造企业，其车身结构经历了从非承载式车身，到半承载式车身，最终发展到现在的非常成熟的承载式车身，经历了近半个世纪的努力。考虑到承载式车身的结构特点，采用承载式车身是今后客车车身结构发展的趋势。

承载式车身，顾名思义就是全车身参与承载，强化了车身外围结构设计，汽车车身没有底架，汽车车身通过设计的框架结构，整体承受车身来自地面的冲击载荷。汽车设计人员根据碰撞特性，采用“预压缩技术”，吸收碰撞冲击能量，这大大有利于汽车在发生事故，特别是翻车事故时对车内乘员的保护，这也就是目前国际先进轿车企业基本上都是采用承载式车身的重要原因。由于能源日趋紧张，整车轻量化也是汽车的发展趋势，汽车质量的降低将能更好的改善整车的加速性。如轿车在空载时其加速性明显好于其满载时的加速性能，采用承载式车身为整车的轻量化提供了可能。

什么样的车身结构是承载式汽车车身呢？界定承载还是非承载车身最好的办法就是看汽车的悬挂和动力传动系统的安装位置。承载式车身的悬挂和动力系统都是与汽车车身直接连接，没有非承载式车身车架等结构。正是由于车身结构的不同，使得汽车的各种特性也有很大的区别。承载式车身的车身采用四大制造工艺，即冲压、焊接、涂装、总装，将车身的主要构件连接。从制造工艺看，承载式车身就是由各种钢板焊接起来的立方体，它没有可以起到支撑作用的车身底架，完全靠四壁来承载所有的应力。

承载式汽车车身与非承载式车身比较有如下不同。

（1）非承载式车身离地间隙高，对于越野车来说，离地间隙高当然是一件好事，它可以提高通过性能，但是对于主要用于公路行驶的轿车来说，过高的离地间隙会使汽车车身有较高的重心，使得车辆行驶的稳定性下降。承载式汽车车身可降低汽车重心高度，提高汽车在行驶时的稳定性。

（2）非承载式车身重量大，非承载式车身需要有承载发动机、减速器、前后轿等车身底架，要求用有一定刚度的钢梁焊接在一起，车架分量就已经不轻了，再加上一个类似于承载式车身的外壳，自重当然很难降下来，加速性自然就下降了，非承载式车身通常需要匹配大排量大扭矩的发动机，油耗也就上升了。

（3）汽车车身舒适性方面，承载式车身与非承载式车身除了重量和重心的差别，在舒适方面两者也存在较大差别。承载式车身由于重心低，使得在同样振动的情况下，车内人员的晃动幅度比较小；非承载式车身由于重心高，导致车内乘员晃动会较大，承载式车身现在又采用先进的减震系统，大大提高了汽车的舒适性能。

在汽车车身的密封性能和隔音降噪性能方面，承载式车身的所有表面覆盖件由于需要承载各方面应力所以刚度相对较大，较大的车身表面刚度带来的最大好处就是在高速行驶状态下能够更好地屏蔽风和环境带来的噪声，特别是风噪，车身表面刚度可以充分减小高流速空气与车身表面接触产生的共振。

（4）汽车发生碰撞是不可避免的，一辆具有良好碰撞性能的汽车，在发生碰撞时需要通过汽车车身金属构件的变形来吸收撞击能量，另外需要通过合理的汽车车身结构来传递、分散撞击能量。对非承载式车身来说，即便撞击点在梯形车架上，由于车架的钢度极高，所以它的形变量会非常有限，构件要有良好吸收能量的功能，它起到的作用往往非常小；由于非承载式车身底架与车身之间是通过一些有减震性能的，如橡胶材料制作的构件进行连接，在发生碰撞时，车身底架上受到的巨大冲击力无法有效地进行合理传递，车身底架的形状和结构也非常不利于冲击能量的分散。而承载式汽车车身可以合理设计车身框架结构，将车身在碰撞时，受到的冲击能量进行分散，并将冲击能量按设计路径传递，确保乘员室内乘员的安全。

如图 4-13 所示，为整体式车身的结构，汽车的车身可以认为由两部分构成，一部分为车身覆盖件，另一部分为车身结构件。

汽车车身“覆盖件”就是覆盖在车身表面的部件，基本上我们从车外看到的部分都属于覆盖件，例如，车门、车顶、翼子板等，它们通常起到美观和遮风挡雨的作用，一般都用厚度不超过 1mm 的钢板冲压而成。

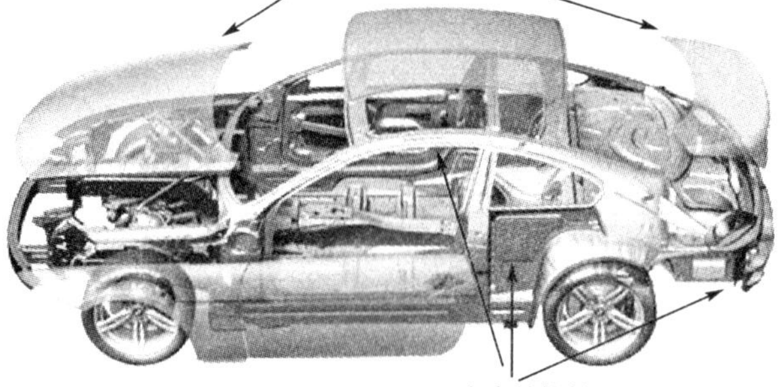

图4-13　整体式汽车车身

汽车车身“结构件”是承载式车身主要承载构件。车身结构件隐藏在车身覆盖件之下，对车身起到支撑和抗冲击的作用，分布在车身各处的纵梁、横梁、加强件是车身结构件的主要构成。如图 4-14 所示，为汽车车身的整体结构，所以承载式汽车也称整体式汽车。

图4-14　承载式汽车车身结构

汽车车身构件的连接有可以拆卸连接和不可拆卸的连接，汽车制造即汽车“白车身”制造的整体式汽车，车身构件之间的连接都采用焊接性能较好的电阻焊接。电阻焊接作业可以在汽车制造的流水作业线上进行，采用机械手进行焊接可以大大提高机械化程度，有利于汽车工业大批量生产。电阻焊接的汽车车身具有焊接性能好，重量轻，容易进行修复等优点。车身结构的完整性取决于各个构件的相互连接状况，车身构件通常有凹凸结构或各种形状表面，这样可以提高构件的刚度，具有更好的抗碰撞性能，如图 4-15 所示，就是这类整体式汽车车身结构。

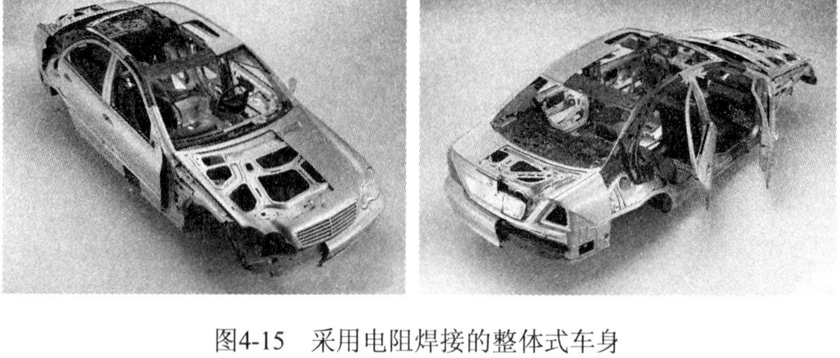

图4-15　采用电阻焊接的整体式车身

4.2 整体式汽车的结构特点

1. 发动机前置、前轮驱动汽车类型特点

现代汽车无论是紧凑型车型、中级车型、高级车型的结构，都是采用前置发动机前轮驱动或四轮驱动的型式，前置发动机前轮驱动汽车有如下特点。

（1）变速器和差速器结合一体，取消了传动轴，自重减少，噪声和振动都限制在车身前部。

（2）由于发动机和传动装置设在前部，车身的前部结构，例如，前纵梁、前悬架和前轮承载着汽车较大载荷，碰撞产生的惯性较大；所以，车身前纵梁、前悬架和发动机、传动装置支撑结构应有较好的刚度和强度。

（3）由于取消了传动轴和后驱动轿，油箱可以设在车身中部，汽车内部空间增大，乘员室的空间宽敞，防碰撞的结构设计主要是汽车车身前部。

（4）汽车车身的主结构前车身包括：发动机罩、前翼子板、散热器支架、前横梁、前纵梁、前减震器座、前挡泥板、前围板等。车身前部分构件常采用高强度的金属材料制作，可以提高防碰撞性能。例如，车身加强梁、支撑发动机变速传动机构和悬架机构等。

汽车发动机前置、前轮驱动的汽车结构，汽车的行驶系统都直接装配在汽车前、后纵梁上，所以，汽车这些构件的技术文件上标注的测量控制点的尺寸参数就是判断汽车质量的重要参数，如图 4-16 所示，为整体式结构的汽车。

图4-16　整体式结构的汽车

汽车发动机前置前轮驱动的车身前部，在防碰撞设计方面都有相同的结构，如图 4-17 所示，汽车车身前部的结构具有吸收冲能量的功能。图中车身前部横梁，为车身前部布置在车身最前部的防碰撞结构，一般能够吸收不很大的碰撞冲击能量。车身横梁与纵梁连接件可以吸收碰撞冲击能量，保护车身横梁后部的汽车构件，也防止碰撞冲击力直接碰撞冲击汽车车身纵梁。汽车车身纵梁是汽车车身前部主要防碰撞结构，它将在碰撞中吸收大多数冲击能量，防止碰撞冲击能量危及乘员室的安全空间。如果冲击力很大将使车身纵梁变形，这样很大的碰撞冲击力将使减震器座产生移位或变形。减震器座也是车身前部的吸能构件，主要的功能是吸收冲击能量和冲击力，不让碰撞冲击力冲击乘员室。从汽车前部结构可以看出，整体式汽车车身结构的前部结构中车身纵梁和减震器座的碰撞损坏变形将影响汽车动力和行驶功能，这是因为整体式车身结构汽车前桥直接与减震器连接，车身纵梁与减震器的损坏将直接影响汽车的正常行驶。

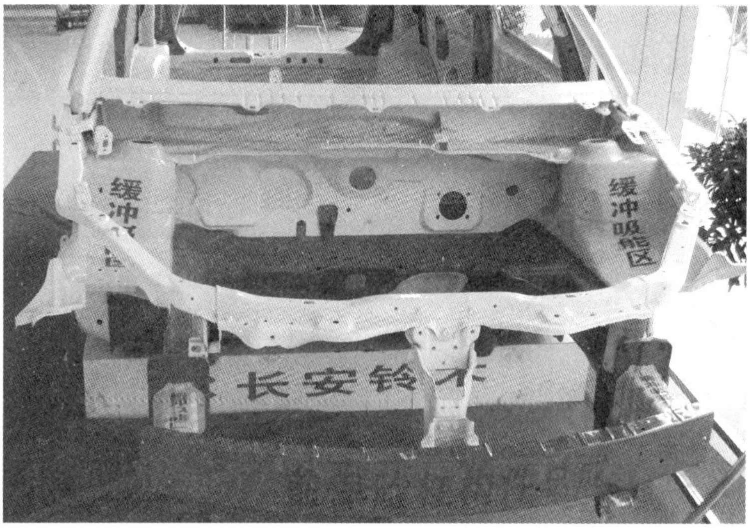

图4-17　汽车车身前部碰撞吸能结构

2. 整体式汽车的吸能结构

汽车不论什么车型其防碰撞理念和结构都相近，一般只是构件的数量和形状、尺寸略有不同。例如，如图 4-18 所示，为某紧凑型车型的汽车整体式车身结构，其构件都是这种车型有较强刚度的构件，车身前部横梁与纵梁之间的连接构件都设置了具有吸收能量的“吸能构件”，采用了“预压缩技术”，在这个连接件上设置了在受到冲击能量时，可以压缩的凹凸形状的部分，可以吸收碰撞的冲击能量。

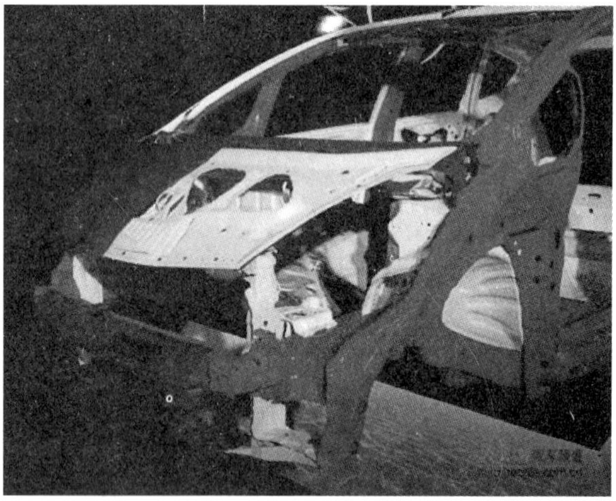

图4-18　紧凑型车型的整体式车身前部结构

在汽车正碰撞的冲击能量中，车身前部结构吸收的能量约占 80%，驱动部件和车身前围板各占约 10%；车身前部机构吸收的能量，约有 70%分配给车身纵梁，25%分配给车身轮罩，5%分配给车身翼子板、发动机罩等。汽车车身前纵梁在能正常发挥支撑和承载作用的前提下，设计成吸能变形模式，即采用“预压缩技术”的构件。

汽车车身前部结构，为了减小质量，又具有一定的刚度而吸收冲击能量；一般设计成薄壁盒子形结构。经验表明，这种薄壁盒子形结构直梁的某部位相对其他部位较弱时，轴向碰撞力就会首先使弱化部位触发局部屈曲；屈曲面继续变形，在盒子形直梁的棱边产生应力集中，该应力集中点与屈曲波的半波长相对应；当载荷达到最大值时，梁边开始屈服，于是盒子形梁按刚才屈曲波模式产生折叠压塌；接着产生下一个屈曲和屈服，由于第一个局部屈曲的影响，相继的屈曲平面产生的波较小，相继的载荷峰值也将减小，如此，能量被逐步吸收，原来构件受冲击压缩弯曲变形，与此同时可能大量吸收冲击能量，如图 4-19 所示，双点划线为原构件的形状，碰撞吸收冲击能量后产生变形为图中实线的形状。

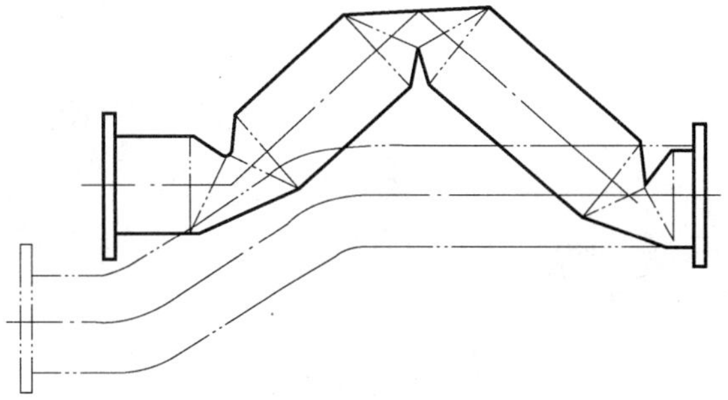

图4-19　构件弯曲吸收能量

因此，根据吸能机理，设计师采用了“预变形技术”，即设计时预先使结构的某些部位，例如，在构件的某区段设置可以吸收能量的结构（一般长度为 30～60cm），采用弱化某些构件截面的方法，当碰撞发生，碰撞冲击能量使这些构件的弱化部位先行变形，同时吸收冲击能量。有的汽车也在前部结构中，例如，在车身横梁与纵梁的连接件采用“预压缩技术”，如图 4-20 所示，图中 1 就是车身横梁与纵梁连接件。在图中符号“Δ”表示汽车车身碰撞后，可以在车身前部产生压缩的“位移量”。

另一种方法是将纵梁预弯曲并削弱弯曲部位的弯曲强度，如 4-20 所示，图中 3 所指的区域，发生碰撞时，构件在这些强度削弱的部位首先弯曲变形，同时吸收冲击能量，变形的方式和程度决定于设计时的结构，但采用这种弯曲吸能的方法时，如果设计不当（弯曲过早），会使区段 2 结构的折叠变形压缩特性丧失，很快结束吸能过程，所以，车身修理人员，在进行修复车身构件时，不能随随便便地更改车身构件的形状、结构和强度大小等。

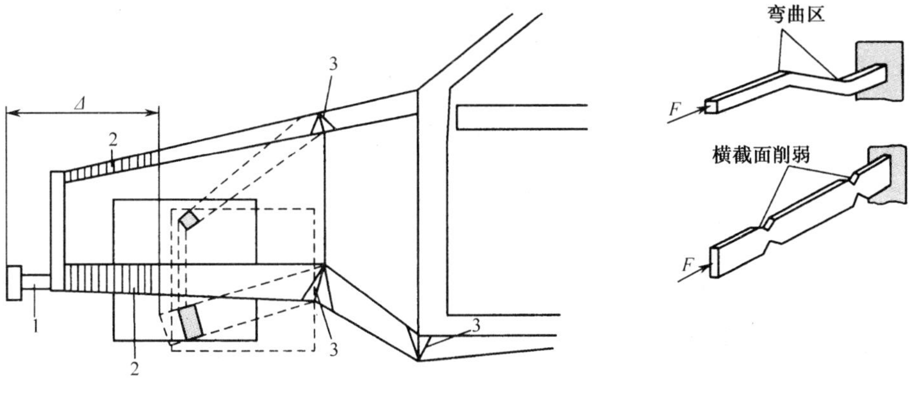

图4-20　汽车车身前的吸能结构示意图

Δ—位移量；1—压缩变形；2—屈曲变形；3—弯曲变形

4.3 汽车车身测量的重要性

现代汽车大多数都采用整体式车身结构，如图 4-21 所示，汽车车身是通过车身纵梁和减震器座与汽车行驶直接连接。图中显示车身纵梁与减震器座的连接状况。

图4-21 整体式汽车车身纵梁和减震器座连接状况

汽车车身在受碰撞以后，由于车身纵梁构件本身的刚度较高，表面看上去损坏并不严重，但构件常常会把冲击力传递给其他构件造成相关构件的移位和变形。如图 4-22 所示，车身纵梁与车身减震器座刚性连接，这些部位的各个构件都是通过焊接组合在一起的。汽车在碰撞过程中，就是对减震器座不产生直接损伤，车身减震器座也由于车身纵梁的损伤发生变形或移位。

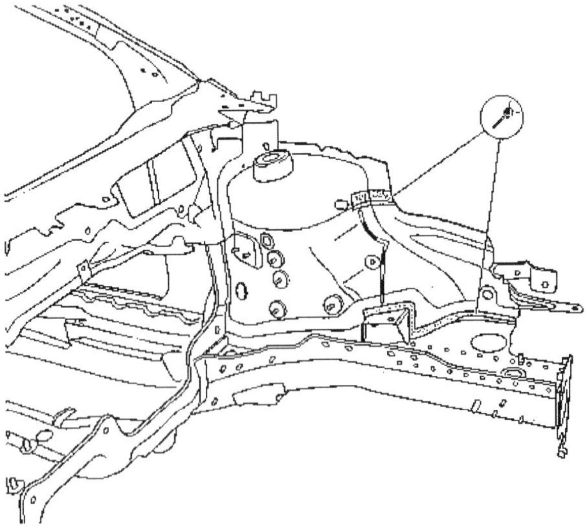

图4-22 车身纵梁与减震器座焊接连接

如图 4-23 所示，汽车车身纵梁和减震器座的正确位置，这一部分与整体车身也需要准确定位。在前面介绍的各种汽车车型的底部图样中都可以查阅到这些测量控制点的尺寸。

如碰撞冲击力偏向上，就会产生如图 4-24 所示的变形，车身纵梁偏离原来的位置向上偏移，这样减震器座也发生位置偏移。

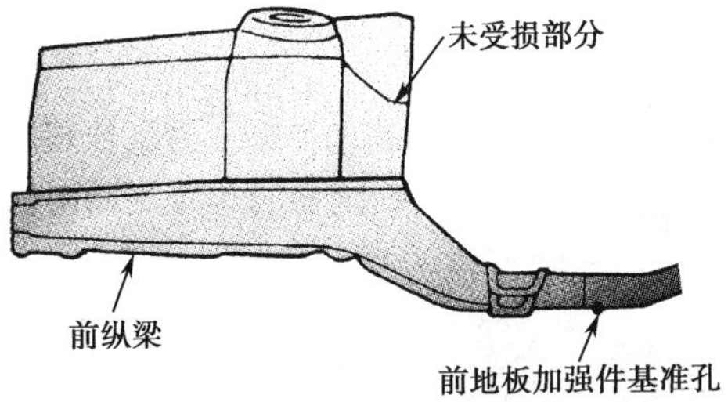

图4-23　车身纵梁和减震器座的正确位置

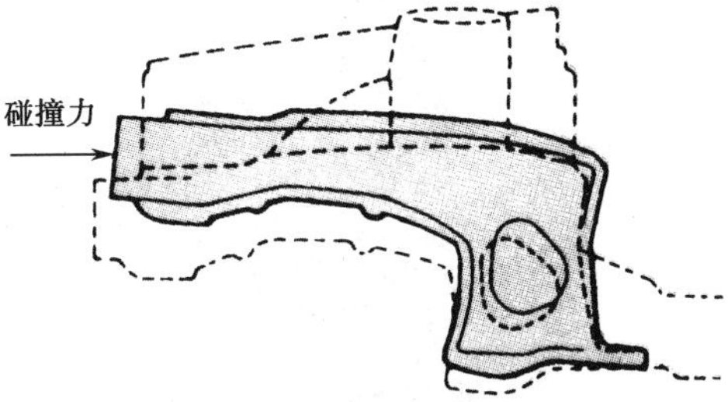

图4-24　碰撞使车身纵梁偏移

如果碰撞使车身纵梁的高度降低，如图 4-25 所示，车身减震器座的位置也跟随发生变形或移位。这样的车身纵梁和车身减震器座的变形和移位将直接影响汽车行驶系统。

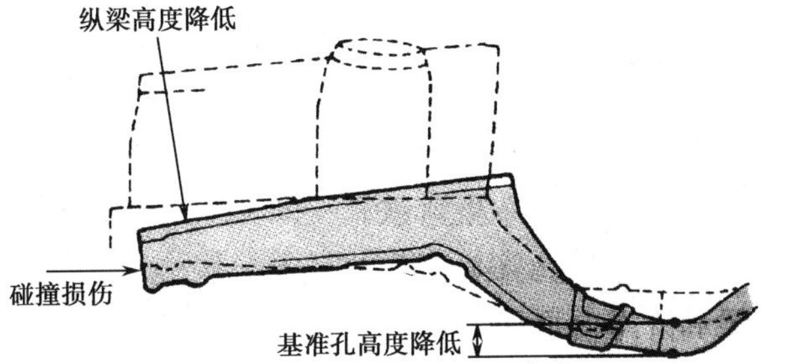

图4-25　碰撞使车身纵梁降低

整体式汽车的前桥是通过减震器座与汽车悬挂机构连接，车身减震器座与车身纵梁是通过焊接连接（也有的车型采用铆钉连接）在一起的，整体式车身在受碰撞以后，纵梁的任何变形都会影响减震器座的移位和变形。

汽车受碰撞后，减震器座发生位置偏移，那么能否通过悬挂系统的机构来进行调整呢？

如图 4-26 所示，汽车的前悬挂机构，悬挂机构通过圈式弹簧装在控制臂的顶部与减震器用螺栓连接，减震器位于圈式弹簧中心，悬挂式的前桥由减震器、支柱和转向销组成为一个整体，由圈绕弹簧从上端和下部的控制臂（有时称为轨道控制臂或横拉杆）支撑着。这个装置只采用一个球节和转向销相连，通常这个球节不承载负荷，但它是一个随动球节；减震器在支柱座外套内，圈绕弹簧装在一个焊接在支柱外套上的支座上；减震器的上端用螺栓和车体连接，有些结构支柱套筒是可以拆换的，但有些车辆的结构需拆换整个支柱；由于这样的结构，在前轮校准时，只可以校准前束，因此侧倾和后倾都是固定不能改变的。可以看出，这个汽车前悬挂机构与车身减震器座的相对位置是不可以调整的，这就是说汽车前悬挂机构会因车身前纵梁的变形发生相应的变化，其他悬挂机构的构件都无法修正车身纵梁的减震器座位置偏移。车身纵梁上部的减震器座一般都是由强度较高的金属合金制造，例如，宝马汽车的减震器座就是用铝镁合金制造的，铝镁合金虽然强度、刚度不如钢铁材料制作的构件，但可以大大减小车身质量，减少燃油的消耗。这种铝镁合金制造的构件与车身纵梁的牢固结合形成的构件总成根本就无法调整。任何汽车的前悬结构都无法调整。

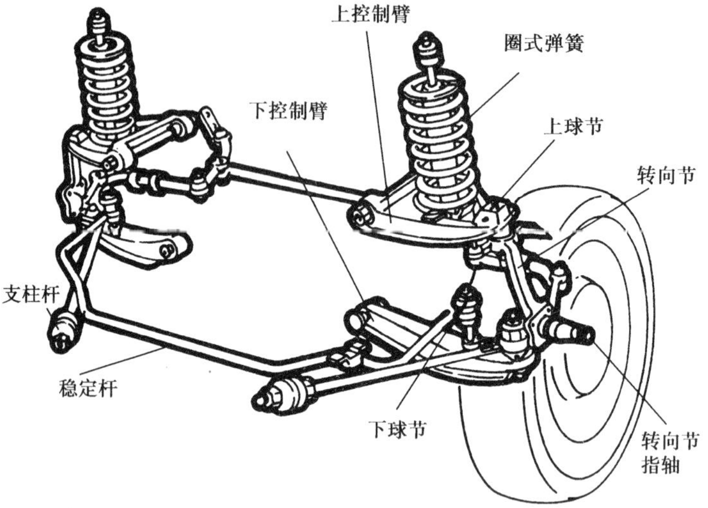

图4-26　某车型汽车前悬挂机构

整体式汽车通过大量碰撞试验，还有这样的特点：即汽车碰撞损坏，除直接碰撞位置会造成损坏以外，还可能产生如图 4-27 所示的整体车身的弯曲变形。而这些弯曲变形不仅仅发生在直接碰撞位置，还会产生在不直接碰撞位置。这类碰撞损坏常常用直接观察的检查方法都不能发现，只有通过测量方法才能准确检查出来。

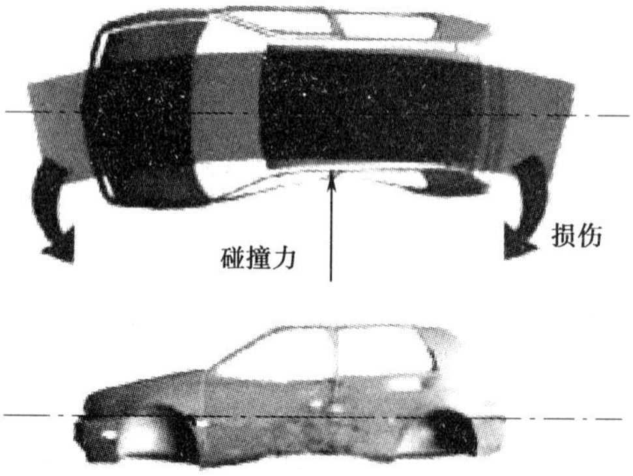

图4-27　整体车身的弯曲变形

测量工作是顺利完成各种车身修复所必需的程序之一。就整体式车身来说，测量对于成功的损伤修复更为重要。汽车转向系统和悬架系统都装配在车身上，汽车主销后倾角和车轮外倾角是一个固定（不可调整）的值，这样，车身损伤就会严重地影响到悬架结构。汽车转向系统的齿轮齿条式转向器通常装配在钢梁上，形成与转向臂固定的联系，而机械零件、发动机、变速器及差速器等也被直接装配在车身构件或车身构件支撑的支架（钢板或整体钢梁）上。所以，汽车的纵梁和相关部件的变形都会使汽车行驶部件可转向系统部件的工作产生影响，或使机械部件错位，而导致操作失灵，可使传动系统的振动和噪声增大。汽车部件的连接端头、轮胎、齿轮齿条、接头或其他转向装置逐渐产生过度磨损。因此，为保证汽车正确的转向系统及操纵驾驶性能完好，汽车车身的重要测量控制点的尺寸都必须符合汽车车身文件的要求。

在汽车整个修理过程中，测量工作是非常重要的。必须对受伤部位上的所有主要加工控制点对照生产厂家说明书进行复查，否则就不可能将汽车修复得令人满意。为了做到这些，车身修理技师必须：

（1）准确地进行测量；

（2）多次测量；

（3）重新核实所有的测量结果。

由于测量的重要性，大量的测量装置正在不断地发展，并使得测量既迅速又精确。

第五章
汽车车身测量工具与设备

随着汽车车身结构的变化，以及电子技术、检测技术的发展，汽车评估、质量检测、损坏修复，正在朝着融合多种技能、设备、检测快捷的方向发展。计算机技术的广泛应用使数据储存、查询和处理极为方便，而测试技术的发展使汽车更多相关行业可以应用测量方法，更准确、迅速地评估汽车质量状况，汽车车身的维修效果由传统的“明显改善”转变为目前的“完全复原”。由于汽车车身测量方法的重要性，大量的测量工具与设备也得到广泛应用。

5.1　汽车车身机械测量系统

1. 量规测量系统

量规测量系统主要有轨道式量规、中心量规和麦克弗森撑杆式中心量规等。它们可以单独使用，也可互相配合使用。轨道式量规多用于测量控制点之间的距离。中心量规用来检验车身部件或构件是否移位。麦克弗森撑杆式中心量规与车身定位以后，中心量规可以检测出整体式车身汽车上的测量控制点是否移位。

1）常用测量工具

（1）卷尺和钢尺。

汽车车身常用的测量工具有卷尺和钢尺，这两种尺在测量中可以测量两个测量控制点之间的距离。将卷尺的前端进行加工后，如图 5-1 所示，方便插入测量控制点孔内，会使测量结果更为精确。如果一些测量点之间不能直线进行测量，这就需要使用轨道式量规。

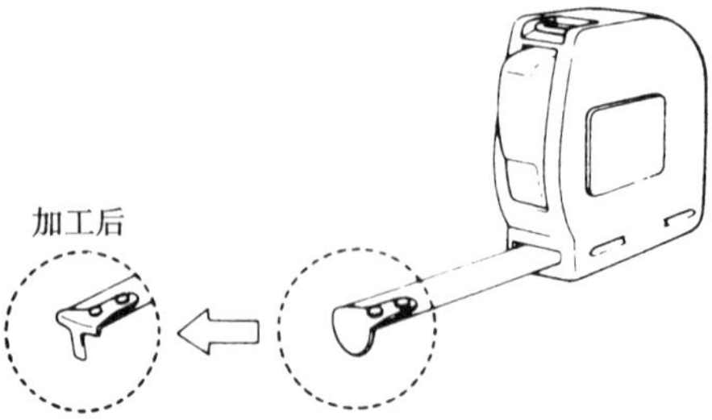

图5-1　卷尺前端加工

（2）轨道式量规。

如图 5-2 所示，轨道式量规可以用来测量两个测量控制点之间的距离。轨道式量规一次只能测得一个尺寸，根据汽车车身技术文件提供的测量点的数据进行比较，判断汽车质量状况、汽车车身构件损坏或局部变形状况等。用轨道式量规测量时，应看清楚技术文件提供的测量点的位置及构件的外部几何形状，采用正确的测量方法，尽量减小误差。在进行汽车修理过程中，对重要测量控制点应用轨道式量规反复测定并记录，以判断汽车质量状况和用来监测维修进度和维修方法是否有效合理，防止过度拉伸。

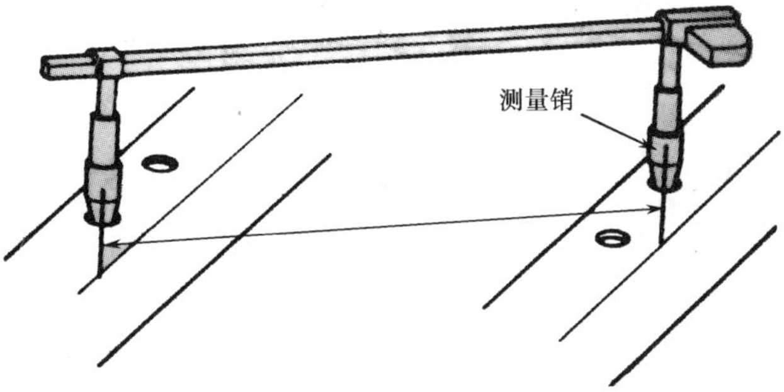

图5-2　轨道式量规

为了使用轨道式量规测量数据正确，测量时可以采用两人配合进行，如图 5-3 所示，两人配合测量汽车车身前部测量控制点。如果调整轨道式量规也可以一人操作进行测量，如图 5-4 所示。

图5-3　测量车身前部

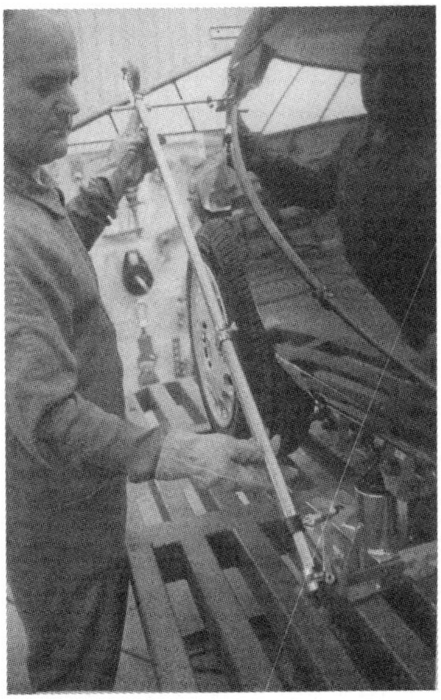

图5-4　一人进行测量

测量整体式汽车车身底部测量控制点是判断汽车整体结构是否有损坏或变形的重要方法，也是检查汽车质量状况和是否发生过碰撞事故的重要方法。如图 5-5 所示，可以用轨道式量规测量汽车底部测量控制点尺寸。

图5-5　测量汽车底部

在汽车修理过程中，采用轨道式量规，来测量测量控制点需要多次，并将数据进行详细记录。这些测量结果记录下来，可以用来判断汽车各部的质量状况，包括找出刚校正过的测量点的变化情况。如果制成测量数据表格，能够使汽车修复的过程及结果一目了然。

轨道式量规上附有刻度，应看说明书上的尺寸单位是否与轨道式量规相同，最好配合使用一个既有英制刻度又有公制刻度的钢尺，以使测量更为快捷。

在汽车技术文件中常标注测量控制点之间距，汽车构件这些测量控制点的外部形状，有的是孔或螺栓，测量控制点的尺寸应是中心点至中心点的距离。为了用轨道式量规进行精确测量，在测量直径相同孔时，就需用同边缘测量法。这就是采用相同孔的相同边缘进行测量，如图 5-6 所示，排除孔的直径产生的尺寸误差。

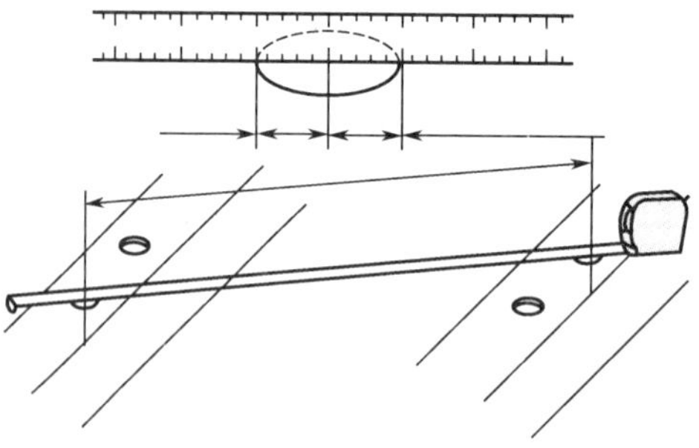

图5-6　相同孔测量

如果所测量的孔径是不同的尺寸或形状不同，例如，是圆孔、方孔、椭圆孔等。可以采用以下方法测出孔中心点间的距离，先要测量孔内边缘间距，然后再测得孔外边缘间距，将两次测量结果相加再除以 2 即可，或如图 5-7 所示的方法进行测量。例如，有两个圆孔，一个圆孔直径为 0.5cm，另一个圆孔直径为 1.5cm，测得其内缘间距为 30cm，外缘间距为 32cm，则孔中心距为(30＋32)÷2=31cm，31cm 也是以轨道式量规测得的尺寸。

使用轨道式量规进行测量的结果，可与生产厂家的汽车使用说明书上的数据进行比较来判断汽车损伤状况。如果没有厂家说明书，则可用一辆没有损伤、同一厂家、同一年份、同一车型的汽车作为校正受损汽车的参照。如果汽车车身仅限一侧受到碰撞损伤，那么就可测得未损伤一侧的尺寸，并以此作为损伤一侧的对照尺寸。

在使用轨道式量规时，要认真注意以下事项：

① 汽车上测量点的外部形状，如螺栓、柱销孔的测量。

② 测量点至测量点的测量，应为两点间直线测量距离。

③ 测量方法必须使用与车身说明书一致的测量方法，否则就很容易发生错误。

④ 对碰撞损伤车辆，应全面测量车身说明书标注出的所有测量控制点尺寸。

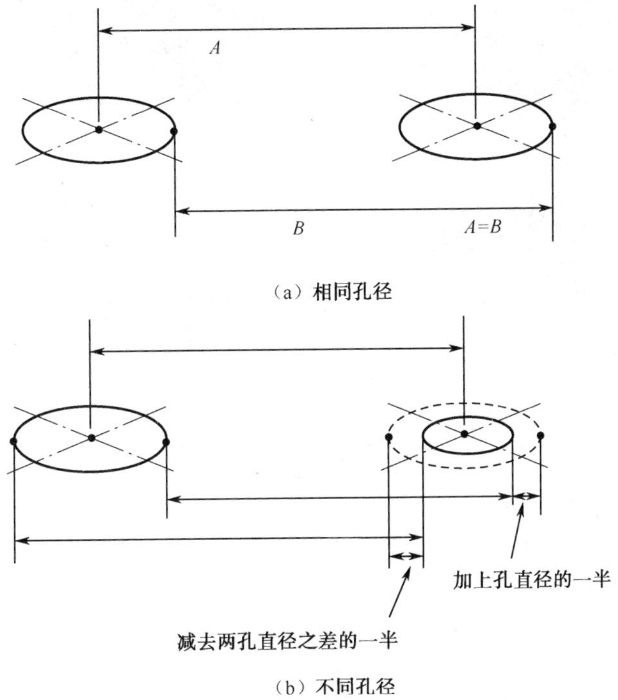

图5-7 不同孔径的测量方法

2）中心量规

中心量规可安装在汽车的不同位置，用来判断汽车各个部位是否有移位或变形。如图 5-8 所示，量规上有由里向外滑动时总保持平行的横臂，这一特点就可使量规在汽车不同地方安装时作任意横向的调整。

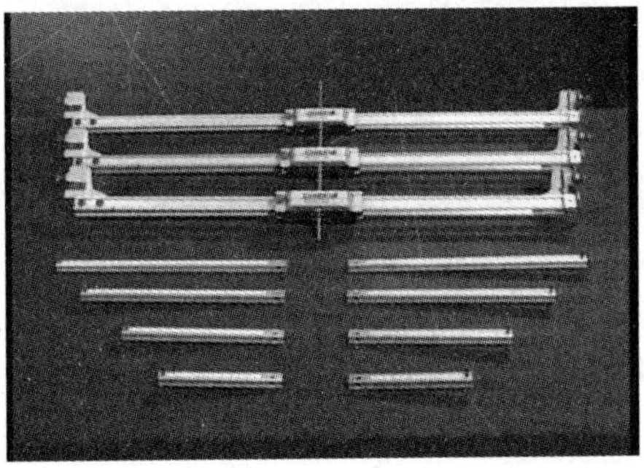

图5-8 中心量规

安置中心量规的测量点位置不应有任何变形。如图 5-9 所示，中心量规上装有中心销或中心观测孔，不管横臂的宽度为多少，它们都保持在量规的中心位置，这就很方便找到整个汽车长度方向上的中心线。

将四个中心量规分别安置在汽车最前端、最后端、前轮的后部和后轮的前部，如图 5-10 所示。首先在两个无明显损伤的位置上悬挂好中心量规，再在有明显损伤的地方悬挂两个量规，然后查看悬挂在这两个位置上的量规，检验它们是否平行或存在着位移。

图5-9　安置中心量规

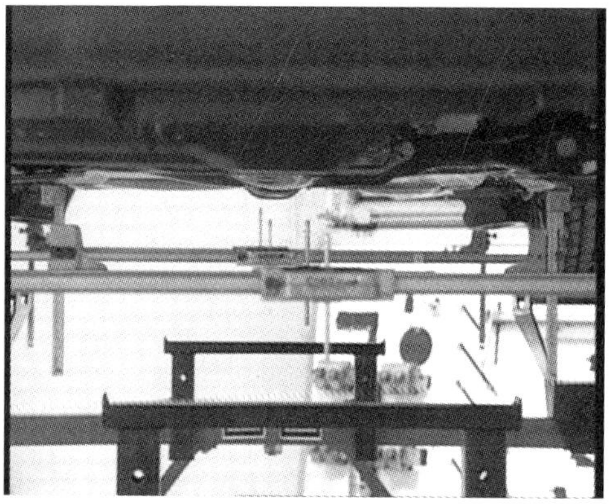

图5-10　中心量规设置

综合中心量规的用途，使用时还应该注意以下几点。

（1）假设中心量规安装正确，所有的量规彼此都平行时，就可得到汽车车身的中心位置。中心量规可很方便判断车身底架是否处在水平位置，这时中心量规的所有中心销也在同一条直线上。

（2）观察者要站在中间位置用双眼仔细检查量规横臂的平行情况。为确保精度，应该采用中心量规的外缘读数，而不是中央读数。

（3）在读数据时，距离中心量规越远，其精确度就越高。如果站得很近，就会大大影响对量规的观测，影响读数据的精确。

（4）中心量规应安置在接近同一高度或同一平面上，不同的高度会影响测量精度，产生读数误差。

（5）将车身损伤部位的数据与相对的另一侧测量数据进行比较，会使数据更为精确。

（6）千万不要将中心量规附着在任何可移动部件上，如控制臂或弹簧等。

中心量规可用来判断车辆碰撞损伤状况的三个主要因素：基准面、中心面和零点平面。关键测量控制点的数据需用刻度尺或轨道式量规测量。

3）麦克弗森撑杆式中心量规

麦克弗森撑杆式中心量规可以测量出减震器座、车身上部部件的损坏和变形。麦克弗森撑杆式中心量规一般安装在减震器座上方，这样可观察到汽车上部车身的对中情况和相关构件的变形和移位，如图 5-11 所示。

麦克弗森撑杆式中心量规的特征是有一根上横杆和一根下横杆，每根杆都有一个中心销。上横杆上有几个量针，装在可调节的套管中，用来检查测量车身前部构件。

指针有两种类型：锥形和倒锥形。倒锥形量针带有槽口，这样方便在车身上的安装，例如，在未拆卸螺栓头上安装。指针的长度有很多种，以适用于不同高度的测量。

在上、下横杆之间有两根垂直标尺连接，维修人员可以利用垂直标尺将下横杆设在基准面内，以便调整和检查构件位移损坏情况。

整体式汽车车身的减震器座是连接汽车行驶部件的重要构件，采用麦克弗森撑杆式中心量规检查测量方便简单，可以在修理的整个过程中，监测修理进度中产生的各种误差，避免出现减震器座安装偏位等现象。

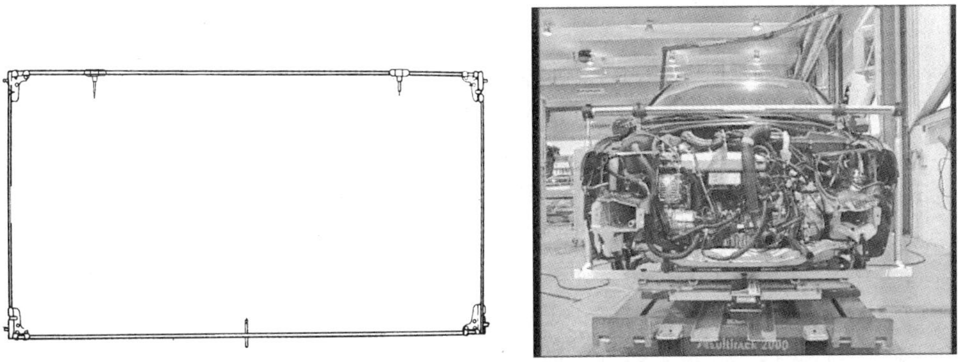

图5-11　麦克弗森撑杆式中心量规及安装

2. 专用测量系统

专用测量系统的设计原理来源于汽车车身的制造过程。在制造汽车过程中，汽车车身覆盖件装配都是采用在汽车车身模具（或称胎具）上装配焊接。车身模具是根据车身尺寸制作的，通过模具可以对车身覆盖件进行定位、组装、焊接等工作。专用测量工具根据汽车车身上的主要测量点的三维空间尺寸，制作出一套包含每个测量控制点的测量头（定位器）。在车身变形后，可以通过车身上每个主要测量控制点与专用的测量头（定位器）的配合情况来确定测量点的数据是否变化。汽车车身主要控制点的位置与专用测量头（定位器）完全吻合，才能够确定汽车车身各覆盖件已经恢复到位。它的操作较为简单方便，不像其他测量系统那样一定要读出数据，而只要把注意力放在控制点与测量头（定位器）的吻合上，如图 5-12 所示。专用测量系统测量器具适合大、中型汽车修理厂和修理车型较为单一的单位。

图5-12　专用测量系统

一套标准的定位器由 14～25 个既可单独使用又可一起使用的专用量头（定位器）组成。很多测量头既可以与固定不动的车身底架部件结合使用，也可以和能够移动的部件结合使用。一套定位器可用来测量一个汽车车型系列范围内的不同的汽车。每组定位器都按制造厂的规定装在一个标有彩色号码的容器内。在欧洲专用测量头应用较广，还有专门的商店可以出租定位器。

专用测量头（定位器）具备许多的功能：

（1）能够通过视觉确定出应该进行检测的测量控制点。如果测量控制点与定位器不相吻合，就必须对其进行校正。

（2）可以同时对所有的测量控制点进行测定，并根据这些测量控制点的偏移情况确定汽车车身变形部位。在所有的测量控制点都校正正确之后，汽车上的转向系统、悬架、车身各构件等也就处在正确的位置上了。

（3）在汽车车身整体校正后，受损坏的车身构件的局部修复调整就十分简单，这样的操作较采用中心量规、轨道式量规或通用测量系统都简明扼要。

（4）专用定位器测量系统可保证在对构件进行焊接之前，先在车身模具上进行精确的组装定位。在整体式车身汽车上，就是对车身的各个构件与支撑杆总成的校正（可以查阅本书第六章汽车车身前部碰撞修复案例），其工作顺序如下：

① 将汽车车身与专用测量系统进行定位，并在定位器上准确装配固定。

② 将车身构件用辅助夹具进行定位和固定。

③ 调整车身构件与支撑杆位置确定汽车车身整体位置正确。

④ 焊接车身构件，并保持一段时间，再进行校正。

这类的专用测量头最大的优点是专用性，针对每一型号汽车有一套定位器，可以快速精确地修复车身。汽车换代更新的周期一般都较长，采用这类修理测量系统可大大提高修复汽车的速度，并可保证修理质量，操作人员只要经过短时间培训就可以进行操作。

3. 通用测量系统

随着汽车工业的迅速发展，汽车车型的数量也不断增多，汽车修理厂也需要提高修理各种汽车车型的能力。通用测量系统的应用可以最有效地提高修理厂这方面的能力。采用通用测量系统可使测量工作更容易和更精确。汽车车身与通用测量系统进行定位以后，这些系统能够同时测量汽车车身所有基准点，并判断汽车的损坏部位或构件位移状况。

如图 5-13 所示，为通用测量系统装置。这种通用测量系统配有检查汽车车身减震器座的位移功能，如图 5-14 所示。这个系统还配有液压牵拉设备，在进行测量的同时就可以进行汽车车身的拉伸和校正。

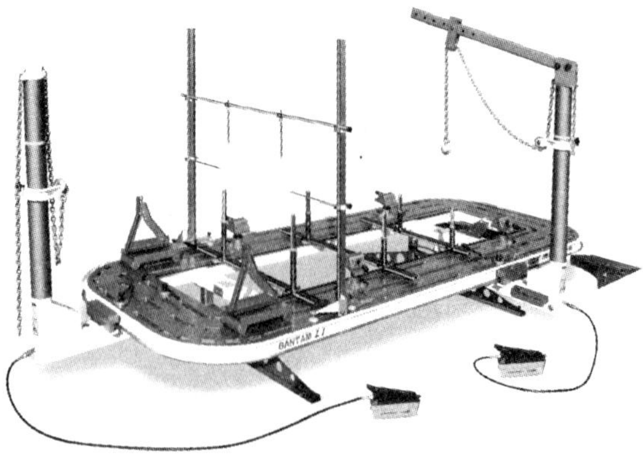

图5-13　通用测量系统

图5-14　检查车身减震器座

在使用通用测量系统时，应首先检查这个系统是否处于完好工作状态，并仔细阅读该设备的使用说用书。在开始测量工作前，还应拆下可折卸的损坏构件，如汽车发动机、前后桥等。

在汽车车身修理过程必须小心操作，以确保测量系统的各部件不受力或不被损坏。这种测量系统的精确度取决于量针的位置和精确性。因此，通用测量系统的基准点对准汽车车身校正测量点是很重要的，应在修复过程经常检查，否则将影响修复质量。操作中如果需要还可以采用其他测量工具检查车身局部变形或损坏情况，如图 5-15 所示，检查车身减震器座。

图5-15　检查减震器座

大多数通用测量系统既用于承载式车身车辆，也用于非承载式车身（传统的车架式车辆）。应注意的是非承载式车身的碰撞损坏与承载式汽车车身的碰撞损坏有很大不同，并不能采用相同的修理方法和操作工艺。

4. 电子测量系统

如图 5-16 所示，电子测量系统使用计算机和专门的电子测量系统迅速便捷地评估车身结构的损坏情况。大多数电子测量系统能够在车身拉伸矫正过程中给出实时读数。

计算机可以储存大量各种车型的汽车车身技术资料，在修理过程中，可以调出并下载到测量系统中，这样，系统就可以自动地将实际的测量值与技术文件中的参数进行比较，不要再去人工翻查印刷的手册或记录测量值，操作十分方便。

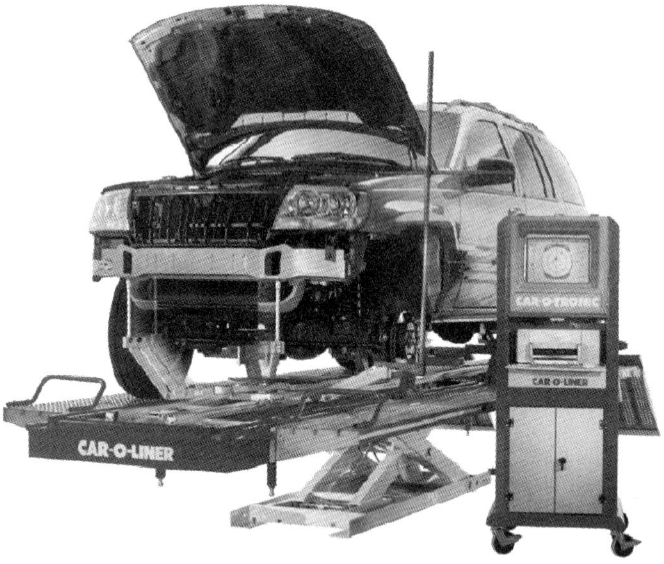

图5-16　电子测量系统

1）半自动电子测量系统

以 Car-o-Liner、Carbenc、Spenis 等测量系统为例，它们使用自由臂方式进行测量，自由臂由一个个可以转动的关节连接，每两个臂之间可以在一个平面内 360° 转动，多个臂的转动可以实现三维的移动，可以移动到空间的任意一个位置，在连接处有角度位移传感器，任何一个关节转过的任何一个角度会被记录并被传输到计算机，自由臂的每个臂长是固定的，计算机会自动地计算出自由臂端部到达的空间位置，如图 5-17 所示。

在测量中每次只能测量一个测量控制点，控制点变形后则测量不准确（如测孔就需要测量三个孔的边缘才能测量出一个孔的变形，如有变形则测不准确）。在拉伸修复中经常要同时监控多个测量控制点，这种测量系统在测量中要反复不断重复测量不同的测量控制点，不能做到多点同步进行测量，每次拉伸后，需进行测量控制点的测量并得到数据。这个系统不能随着拉伸的进程随时监控数据变化，容易导致过度拉伸而使修复失败。计算机接收系统在测量前需要进行调整，在测量过程中接收器的任何移动会导致测量数据的不一致。

图5-17　半自动测量系统

2）全自动电子测量系统

（1）激光测量系统。

激光测量系统使用光束、反射靶、一个激光发射接收器和一台计算机来加快和简化汽车损伤分析。计算机激光测量系统使用起来操作方便且非常精确，它采用激光测量技术，由两个激光发射器发射激光投射到标靶上，每个标靶上有不同的反射光栅，通过接收光栅反射的激光束测量出数据并传输到计算机，由计算机通过计算可以得出测量点的空间三维尺寸，如图 5-18 所示。

图5-18　激光测量系统

（2）激光测量系统操作方法。

激光测量系统提供直接且瞬时的尺寸数值。在拉伸和矫正作业过程中，车辆的损伤区域和未损伤区域中的基准点都可被持续监测。

将车辆装到校正架上之后，在车辆的中部下面滑动激光发射接收器，然后将激光器的电缆插到计算机上，并将技术文件中的车身图形及尺寸下载到计算机中。

尺寸图样和表格中一般有汽车车身的一个、两个或三个视图，一些图表还给出车身某个部位和汽车上部车身的尺寸。

按照计算机的提示选择合适数字的标靶、标杆和磁性安装头装到汽车车身上。靶子和安装金属器件通常存放在计算机工作台的下面，或使用大磁铁将靶子固定在指定的位置或车辆的基准点上。

为了测量汽车车身上部车身上的各个测量点，要在悬架拱形座上安装一个专用支架，在量针接触减震器拱形座上特定点时，支架底部的反射激靶就可以被激光发射接收器读取为测量数据。

在车辆上安装好激光器和靶子之后，使用计算机对系统进行标定，然后再读取车辆的测量数值。通过触摸屏幕或用鼠标单击图标或通过键盘输入，就可以完成对结构损伤的精确测量。

3）超声波测量系统

（1）超声波测量系统测量原理。

采用超声波测量系统技术，在每个测量点上安装超声波传感器，发送超声波，横梁上有 48 个高频麦克风接收超声波，因为声音是以等速传播的，因此可以快速精确地测量声波在车辆上不同基准点之间传播所用的时间。计算机根据每个接收器的接收情况自动计算出每个测量点的三维数据，如图 5-19 所示。

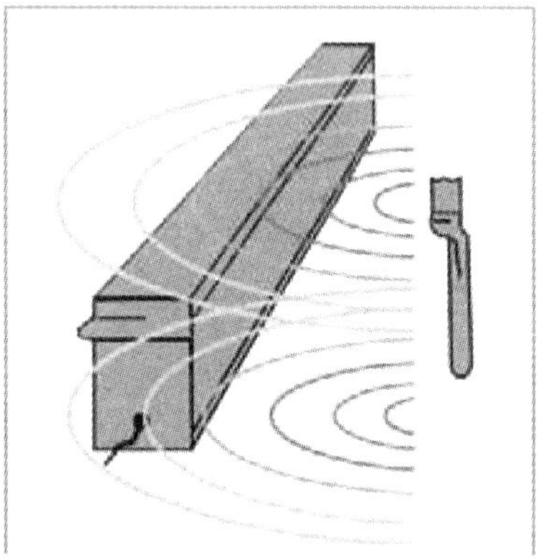

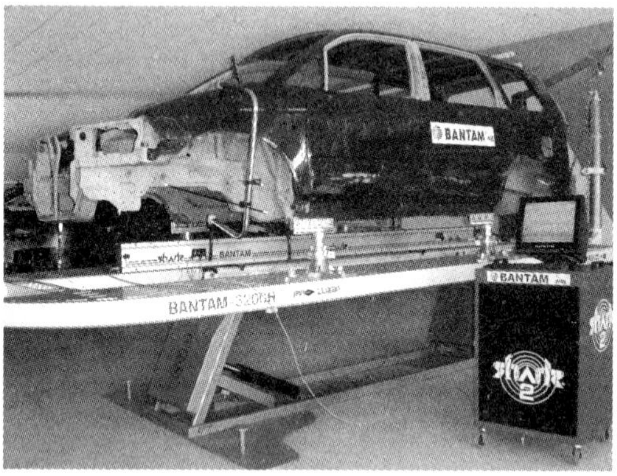

图5-19　超声波测量系统

（2）超声波式测量结构。

超声波测量系统基本上包括：用于产生超声波的发射器，如图 5-20 所示。

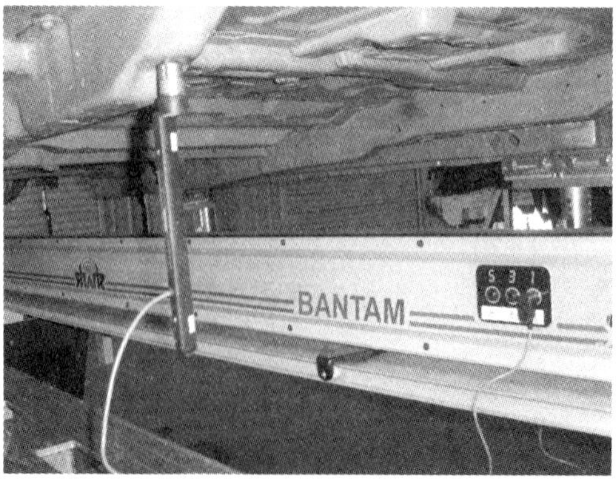

图5-20　用于产生超声波的发射器

用于检测发射器发出的超声波的接收装置，如图 5-21 所示。

图5-21　超声波的接收装置

用于操作系统和储存修理数据的计算机，如图 5-22 所示。

用来把超声波发射器连接到车身上的各种转接适配器，如图 5-23 所示。

图5-22　储存修理数据的计算机

图5-23　转接适配器

（3）超声波测量操作。

超声波测量系统的操作相对简单，使用方便，可用快捷键来操作。

① 进入系统界面，选择语言的种类。为了方便各国的使用者，系统内安装了包括汉语在内的主要语言。

② 记录用户信息，包括车辆的信息和车主的信息，这些信息和后面测量的结果可以存储在计算机里。

③ 根据事故车的类型选择汽车公司、汽车品牌、生产年代，从系统内调出符合的车型数据图样，如图 5-24 所示。

超声波测量系统在使用时，大大简化了操作过程，由于每个超声波发射器有两个发射装置，接收装置也有多个，系统可以自动计算出宽度和高度的基准，不用人工去调整。根据车辆的损坏情况选择长度基准，汽车前端发生碰撞则选择后面的基准点作为长度基准，若汽车的后端发生碰撞则选择前面的基准点作为长度基准。如果中部发生碰撞，则要对中部进行整修，直到中部四个基准点有三个尺寸恢复正确。

在拉伸校正中过程，一次可以测量多个测量控制点，也可对几个测量控制点同时测量。可以选择持续测量监控模式，系统会自动每隔很短时间发射一次超声波进行测量，会把最新的测量结果在显示器上实时显示，在校正过程中，可以很直观地观察到车身测量控制点的尺寸变化。

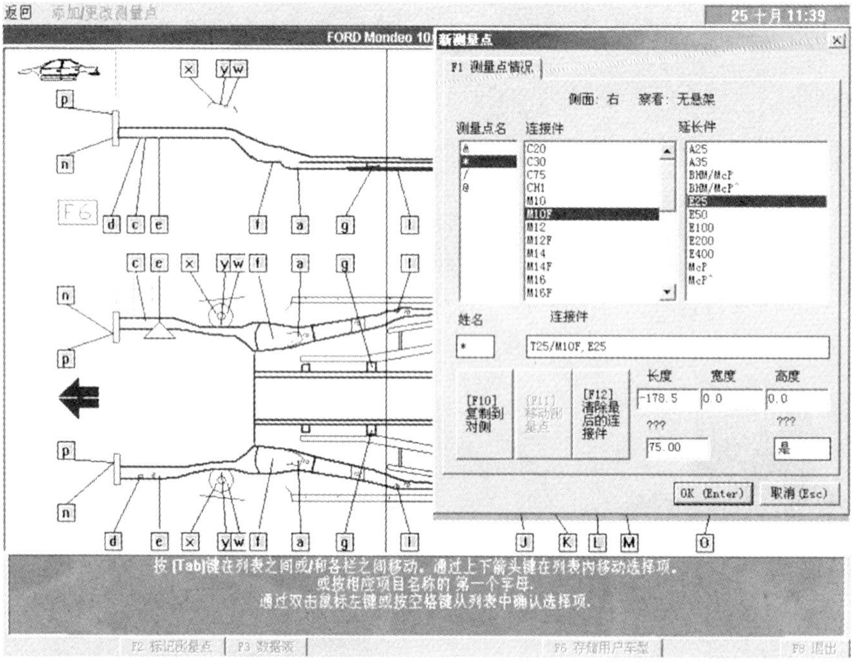

图5-24 调出车型数据图样

5.2 车身测量原理

1. 掌握车身测量的基本规定和原理

1）垂直方向的基准面

基准面是一个假想平面，与车身底板平行并与其有固定的距离，它也是在修理过程中用来测量的基准面，如图5-25所示。

基准面被用来作为所有车身垂直轮廓测量的参照面，汽车尺寸数据就是由基准面而得到的测量结果。利用这个基准面，可以将中心量规沿着车架底盘或整体式车身的长度方向，悬挂在汽车底部两侧的位置上。先把基准量规安置在主要的平台上：一个横放在汽车后座下面，另一个放在发动机罩前端下面。再将两个量规放置在基准量规的前面和后面，即一个安装在主要的前横梁上，另一个安装在最后的横梁上。再加上对前部横梁区和或支柱支架的测量，基准面的轮廓就形成了。

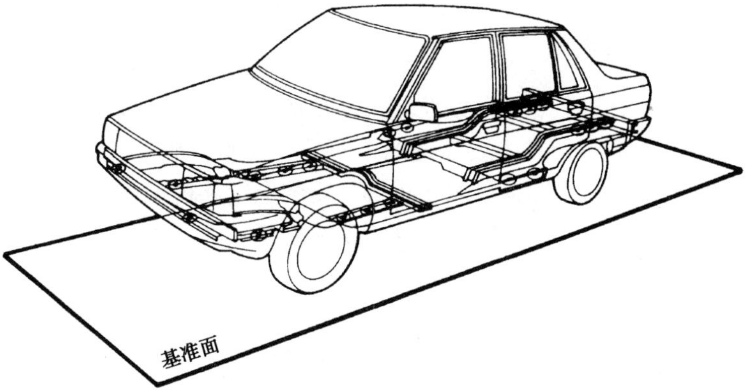

图5-25　垂直方向基准面

在读取基准数据时，所有的量规必须都在同一平面上。将四个量规全部悬挂好之后，观察它们的顶部以确定汽车的基准面是否正确。如果四个量规的顶部在一条直线上，说明汽车在基准面上；如果它们不在同一条直线上，则说明汽车偏离了基准面。

因为基准面是一假想平面，所以基准高度可增加或减小以使量规读数更方便。如果在一个量规上改变了基准高度，那么所有的量规都需做同样的调整以保证测量结果的准确性。

2）中心面（宽度方向的基准面）

中心基准面是由假想的中心面分开的。中心面（或中心线）将汽车分成左右对等的两部分；对称汽车的所有宽度尺寸都是由中心面为基准测量，如图 5-26 所示。就是说，从中心面到车身右侧特定点的测量尺寸与中心面至车身左侧同一点的测量尺寸是完全相同的。由于量规上的中心销或观测孔总是保持在汽车的中心位置，修理技师就可沿着它们进行观测，以确定汽车在横向上是否发生了位移。

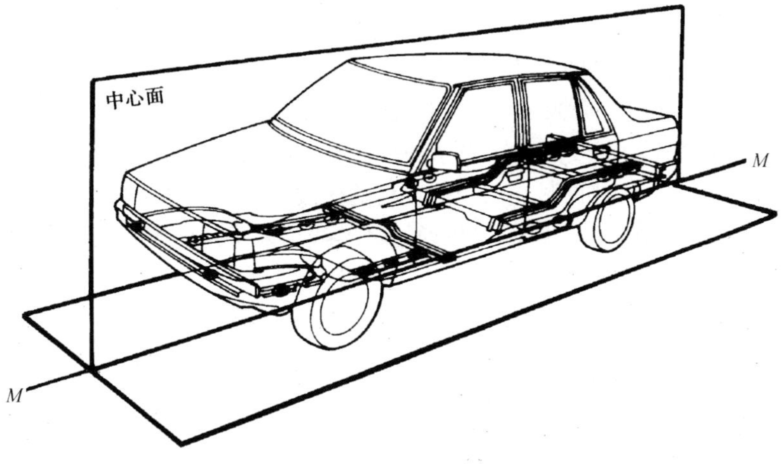

图5-26　中心面

3）零平面

为了明确地表示汽车车身的各部件的位置，将汽车看做一个方形结构，并将其分成前、中、后三部分，三部分的基准面称做零平面，车身图样常常将前轮轴中心或后轮轴中心作为零平面的基准平面，如图 5-27 所示。

2. 正确读车身数据图

在汽车车身测量操作过程中，需要获取该车型的汽车车身数据。汽车制造公司或厂家提供的数据格式可能不同，但基本要表达的东西是一致的，都要提供出车身主要结构件、构件（车门、发动机罩、行李厢盖、翼子板等）安装位置和机械部件（发动机、悬架、转向系统等）安装尺寸。车身数据图样是车身修复的重要文件，也是判断汽车质量好坏和修复车身的依据。

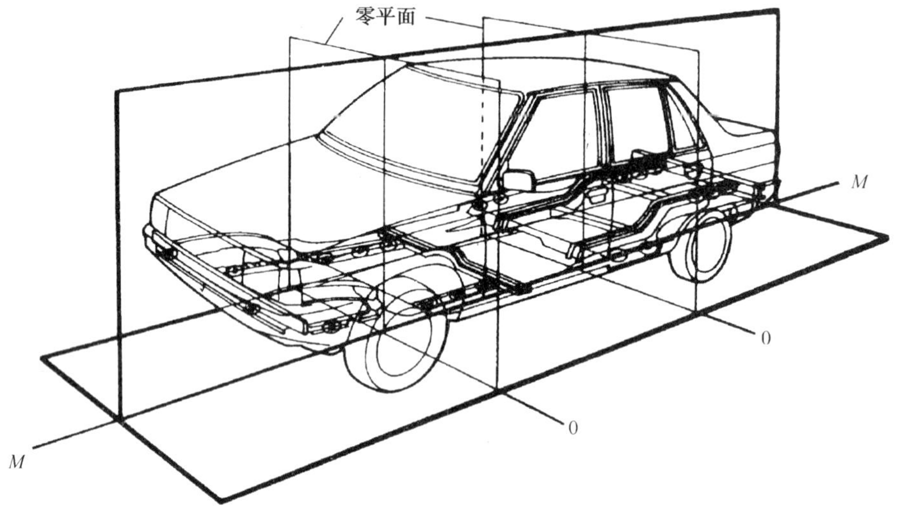

图5-27 零平面

如图 5-28 所示，为车身底部数据图，图的上半部分是俯视图，下半部分是侧视图，用一条虚线隔开，图的左边是车身前方，图的右边是车身的后方，图中有长、宽、高三个方向的基准。

（1）宽度方向是在俯视图中间位置有一条贯穿左右的线，这条线就是中心平面的投影，可称为中心线，并把宽度一分为二。俯视图上的黑点表示车身上的控制点，一般左右控制点是对称的，两个黑点间标注的数字表示两控制点的距离，单位是毫米（mm）。

（2）高度方向在侧视图的下方有一条较粗的黑线，这是一条高度方向基准线（面），线的下面有 A 至 Q 几个字母，每个字母通过细实线用箭头指向测量控制点，所标注的数值即为相对于基准线的高度数值。

（3）长度方向是在高度基准线的字母 J 和 M 的下方各有一个黑三角，表示 J 和 M 为长度方向基准线，以此标注的尺寸线之间的数值为各测量控制点之间长度数值。

例如，依据以上读图方法 *A* 点（宽度距离为 520mm，高度距离为 237mm，相对于基准点 *J* 长度距离为 141mm）。

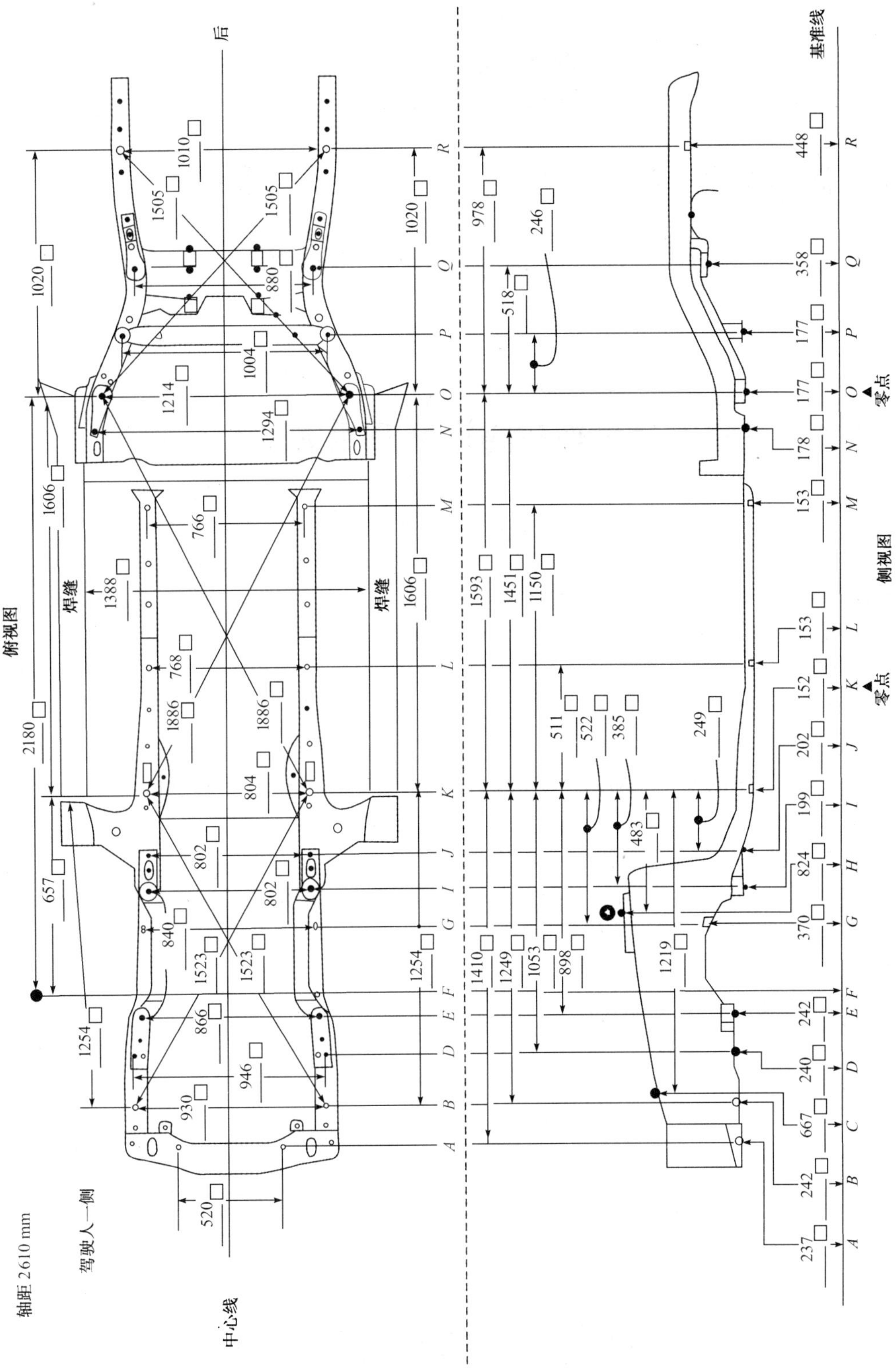

图5-28 底部车身数据图

第六章

汽车车身碰撞损坏修复工作中的测量方法及实例

6.1 汽车车身前部碰撞损坏测量方法及分析

汽车碰撞严重就会造成车身前部的严重损坏，碰撞强大的冲击力不仅损坏车身外部覆盖件，例如，保险杠、前部灯具、翼子板、发动机盖、前防碰撞横梁等，还会造成车身重要的构件车身纵梁的损坏，为什说车身纵梁非常重要呢？这是因为现代汽车多采用整体式车身，汽车发动机前置和前轮驱动的车型是轿车的主要车型，汽车的主要总成都集中在汽车车身前部，汽车主要承载构件就是汽车车身纵梁。汽车的动力和传动系统都与汽车车身纵梁密切相关，特别是车身纵梁的减震器座的结构与位置将直接影响汽车的正常行驶。因此，汽车碰撞严重的修复应当引起修理人员的高度重视，必须采用正确的工艺修复方法，才能更好地恢复汽车的安全和动力行驶性能，利用车身技术文件，适时正确采用测量方法可以起到事半功倍的作用。

【实例】更换车身前减震器座及修复整体车身

在整体式车身的汽车结构中，减震器座与汽车行驶系统前桥相连接，车身纵梁与减震器座的变形将会影响汽车的行驶和安全性能，所以，汽车前纵梁和减震器座碰撞损坏与修复特别重要。

汽车碰撞严重，造成汽车车身左减震器、前指梁损坏，如图 6-1 所示。这样的碰撞损坏的修复，需要先拆卸影响车身减震器座修复的相关构件，需要拆除汽车发动机、前轮、水箱支架、前保险杠等。

图6-1　汽车碰撞造成汽车车身左减震器、前指梁损坏

汽车车速过快，驾驶员采取的措施不当，还造成了汽车车身左后翼子板损坏，如图 6-2 所示。这是整体式汽车车身的一个重要特点，汽车的碰撞点不论在什么位置，如果冲击能量很大，常会造成汽车整体车身的多方向变形。所以，修复整体式汽车车身需要通过测量测量控制点的方法准确判断汽车损坏和变形部位。

图6-2　汽车车身左后翼子板损坏

汽车车身前部碰撞如果对车身纵梁造成损坏，一般修复较为复杂，除需拆卸发动机或相关构件以外，还需要对车身纵梁进行校正修复，在进行车身修复前应先进行相关重要技术测量点的测量。

汽车拆除以上构件以后，首先应判断汽车车身底架是否有变形，可以将汽车放在升降机上将汽车升起，如图 6-3 所示，对车身底部相关测量控制点进行测量。汽车碰撞部位主要是汽车前部，因此，对汽车前部测量控制点要非常仔细测量检查。汽车车身中部、后部可以选择一个或两个测量点进行检查。

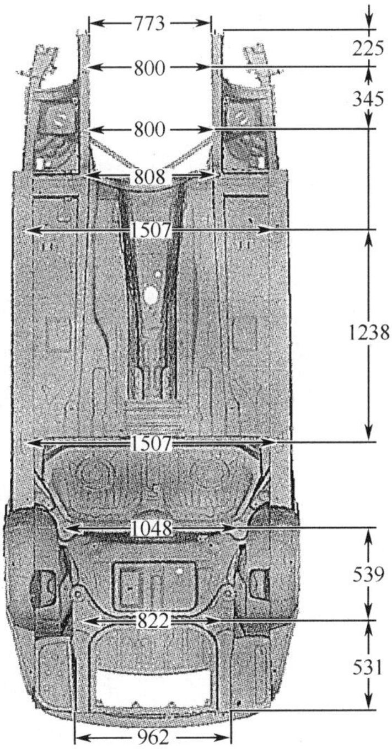

图6-3　按图样测量汽车底部尺寸

为了确定汽车车身是否还有扭曲、压缩等变形，还可以选择技术文件中相关技术图样进行测量检查。如图 6-4 所示，汽车车身底部测量控制点对角线的测量。

图6-4　检查汽车是否有扭曲、压缩等变形

如果以上测量的测量数据都符合技术文件的要求，可以判定汽车车身整体并未有受到碰撞的影响，汽车车身碰撞损坏只限于汽车车身局部。

经过检验员、保险人员、客户协商，决定更换减震器座、发动机盖、前指梁及车身左后翼子板等，如图 6-5 所示。

图6-5　碰撞造成车身纵梁弯曲、减震器座损坏

汽车车身为整体式车身，其结构是车身纵梁与减震座相连，车身纵梁的弯曲变形将会影响车身减震器减的位置，这样将对汽车前桥产生直接影响。如图 6-6 所示，特别是当汽车是发动机前置、前轮驱动的车型，车身减震器的位置是否正确就直接影响汽车的行驶性能和安全性能。

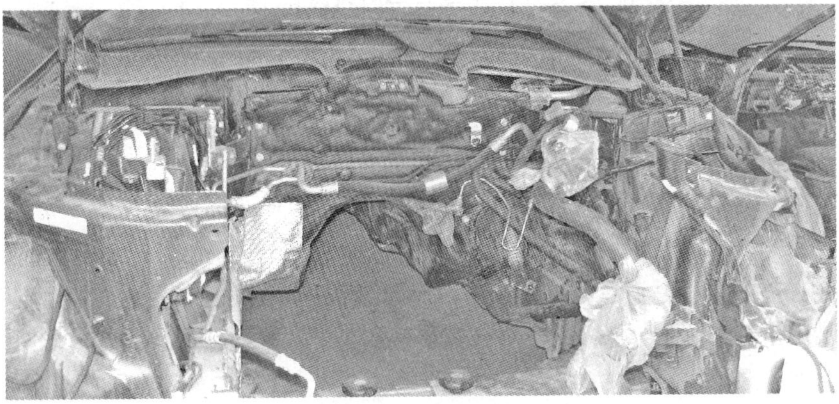

图6-6 汽车前桥与车身减震器座的连接

汽车车身在受碰撞以后，由于车身纵梁构件本身的刚度较高，表面看上去损坏并不严重，但构件常常会把冲击力传递给其他构件造成相关构件的移位和变形，如图 6-7 所示，为汽车车身纵梁、减震器座及其他构件连接状况。车身纵梁与车身减震器座采用刚性连接，碰撞就是对减震器座不产生直接碰撞，车身减震器座也由于车身纵梁的损伤会发生变形或移位。

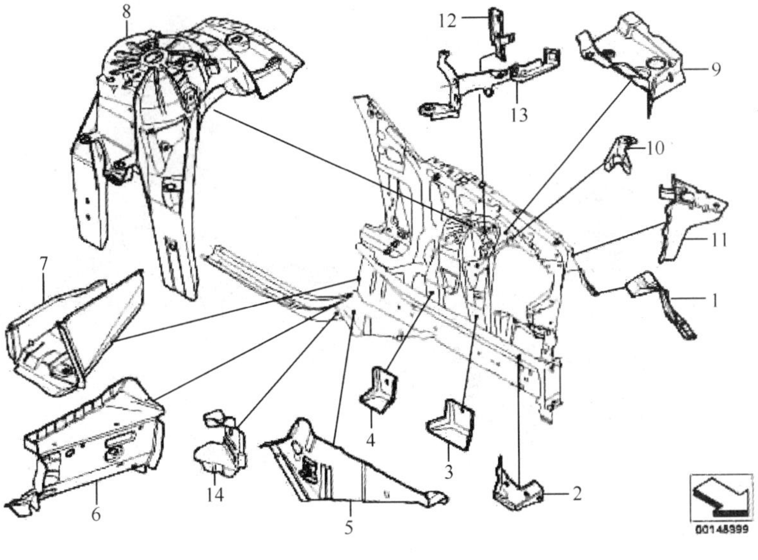

图6-7 车身减震器座连接状况

如图 6-8 所示，汽车减震器与纵梁通过焊接连接。车身纵梁偏离原来的位置发生任何偏移，这样减震器座也发生位置偏移。

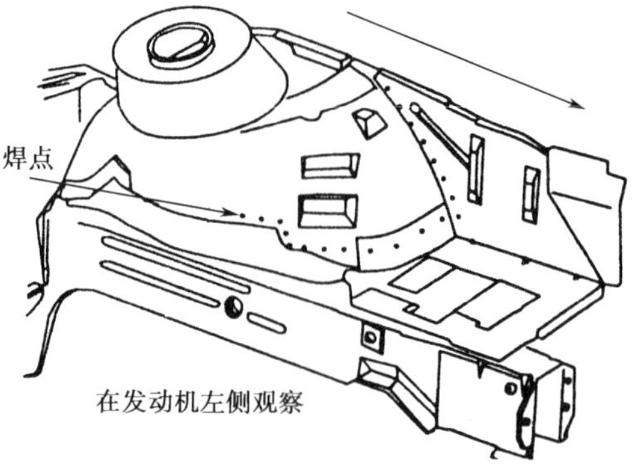

图6-8　减震器座与纵梁焊接连接

整体式汽车的前桥是通过减震器座与汽车悬挂机构连接的，车身减震器座与车身纵梁是通过焊接连接在一起的，整体式车身在受碰撞以后，纵梁的任何变形都会影响减震器座的位移和变形。

汽车受碰撞后，减震器座发生位置偏移，那么能否通过悬挂系统的机构来进行调整呢？

如图 6-9 所示为汽车的前悬挂机构，悬挂机构通过圈式弹簧装在控制臂的顶部与减震器用螺栓连接。汽车悬挂式的前桥由减震器、支柱和转向销组成为一个整体，由圈绕弹簧从上端和下部的控制臂（有时称为轨道控制臂或横拉杆）组成。这样的结构，在前轮校准时，可以校准车轮前束，汽车前悬挂机构与车身减震器座的相对位置是不可以调整的，这就是说汽车前悬挂机构会因车身前纵梁的变形发生相应的变化，其他悬挂机构的构件都无法修正车身纵梁的减震器座位置偏移。

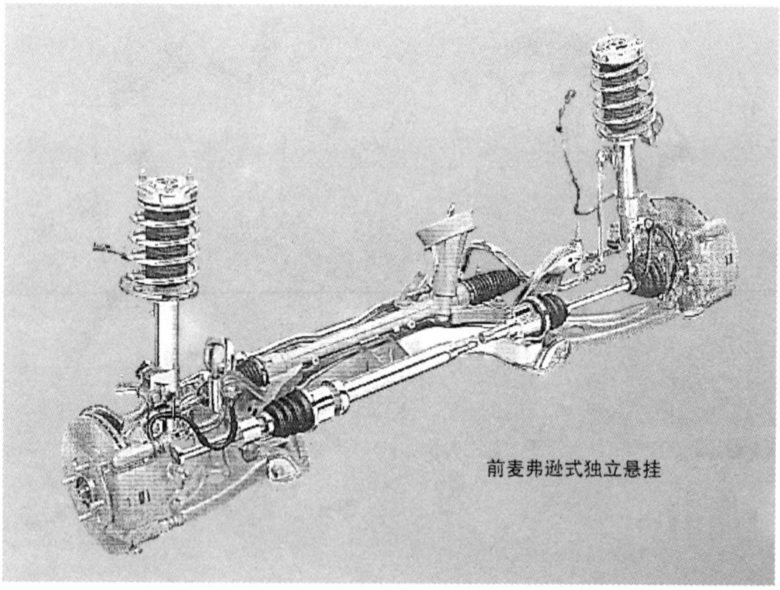

图6-9　汽车的前悬挂结构

汽车车身纵梁也是由多个构件通过焊接组合而成的，如图 6-10 所示，在进行纵梁修复时，可以进行局部构件的更换。

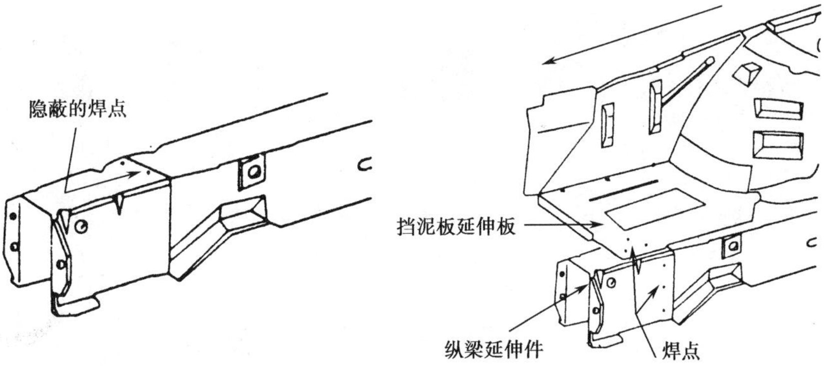

图6-10　车身纵梁为焊接组合件

在进行汽车车身纵梁的整形和修复过程中，应适时进行测量，如图 6-11 所示，对测量控制点的测量，才能确保汽车纵梁的校正和修复正确有效，防止产生过度牵拉。

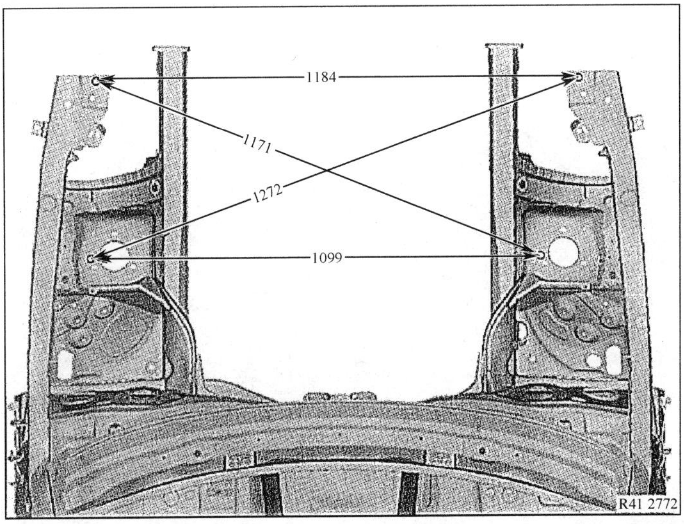

图6-11　测量车身纵梁

汽车车身减震器座的位置如此重要，因此，减震器座的更换应在专用校正夹具的设备上进行，如图 6-12 所示，将汽车固定在专用校正夹具的设备上。

汽车车身纵梁及车身前部构件，一般都采用焊接连接，先将损坏构件拆除，并对车身整体进行校正和整形，在测量完全合格以后，进行更换构件的操作。

1. 试装更换构件并定位

1）试装更换的构件

先在有专用夹具的设备上进行更换构件的试装，如图 6-13 所示，汽车车身需要在车身校正设备进行定位，校正设备应进行检查，完全符合车身技术文件的要求后再进行操作。

图6-12　在有专用夹具的设备上进行更换

图6-13　将更换构件进行试装

2）将车身纵梁在专用设备上进行定位

汽车在专用夹具上可以将车身纵梁固定（如图 6-14 所示的短支撑柱），减震器座是通过夹具设备上支撑柱固定（如图 6-14 所示的长支撑柱）。

图6-14　专用夹具可以将车身纵梁与减震器固定

3）检查专用设备和调节

在进行试装更换构件时，还应对专用夹具进行检查，如图 6-15 所示，检查夹具的导规是否有不正常的间隙松动等，校正车身纵梁和减震器座的专用设备的精度会影响车身的修复质量，所以，在操作前和操作过程中都需要进行设备的检查工作。

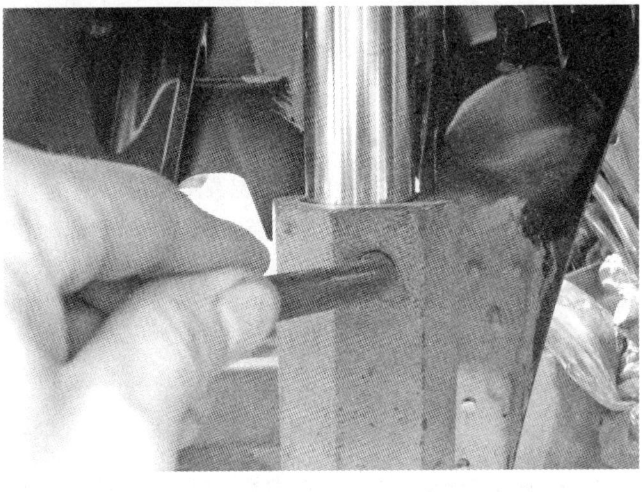

图6-15　检查夹具是否有松动等

汽车专用设备夹具有调节功能，柱顶部的螺栓位置就相当于悬挂机构通过圈式弹簧装在控制臂的顶部与减震器用螺栓连接，如图 6-16 所示，这样更换的构件就可以与整体车身的正确位置进行定位。如图 6-17 所示为更换下来的变形构件——损坏变形的减震器座。

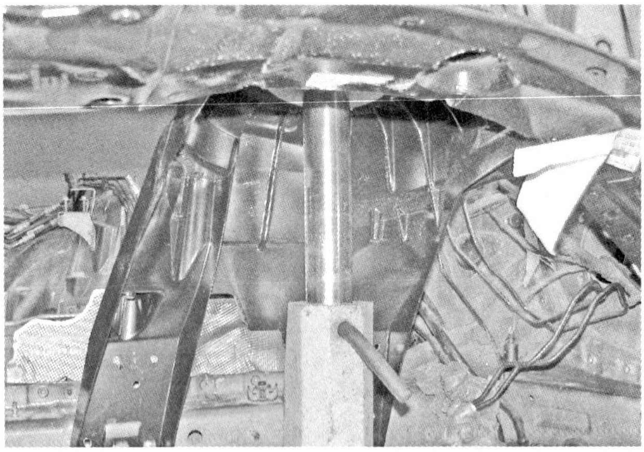

图6-16　减震器座的定位

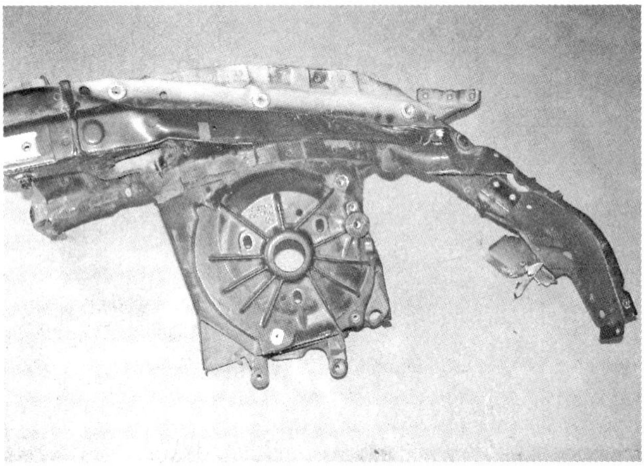

图6-17　损坏变形的减震器座

4）使用钣金夹具夹紧更换构件

汽车车身减震器座虽然有较大的刚度，但整体仍应有弹性变形，所以虽然专用设备将减震器座进行了定位，但要能很好与原车身的构件装配正确，在进行定位时还需要采用钣金夹具辅助夹紧，如图 6-18 所示，这样在确定位置完全正确以后，才能进行铆接操作。

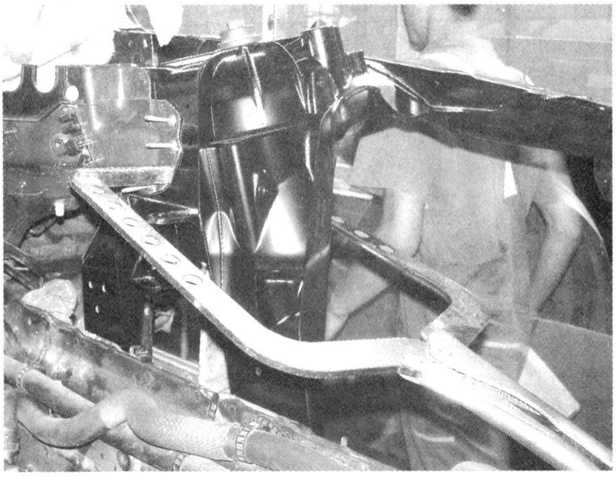

图6-18　用钣金夹具进行辅助固定

2. 安装更换构件

1）更换构件连接部位进行打磨

为了让更换构件与车身纵梁之间紧密牢固，在进行铆接操作前，应对车身纵梁连接部位进行打磨，如图 6-19 所示，打磨时，操作人员应配戴防护用品，做好安全防护。

图6-19　打磨铆钉连接部位

汽车纵梁的连接部位打磨以后应平整光亮、无污垢锈迹等，如图 6-20 所示。

图6-20　纵梁铆钉连接部位应光亮平整

2）连接部位涂抹连接剂

为了让更换构件与车身纵梁之间的连接更加牢固，如图 6-21 所示，需涂抹连接剂。

图6-21 涂抹连接剂

3）安装更换构件

更换的构件的准备完工后，就可以进行安装了，如图 6-22 所示，先将更换构件按试装时的位置安装在夹具上，将有固定夹具专用的螺栓进行固定，如图 6-23 所示。

图6-22 安装更换构件

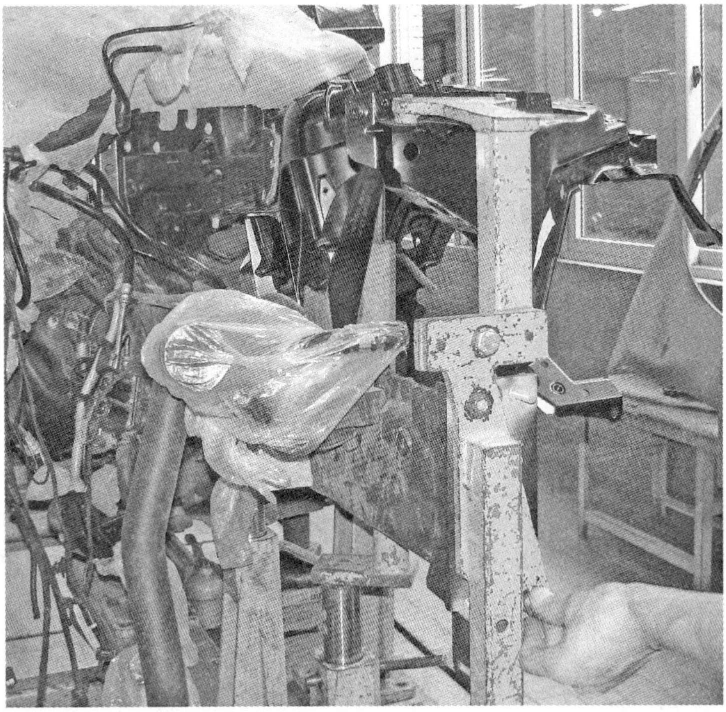

图6-23　安装辅助夹具

4）确保减震器座准确定位

在连接剂没有凝固以前将更换构件准确定位，如图 6-24 所示，应将减震器座顶部螺栓按车身技术文件的要求进行固定，确保减震器定位正确，如图 6-25 所示。

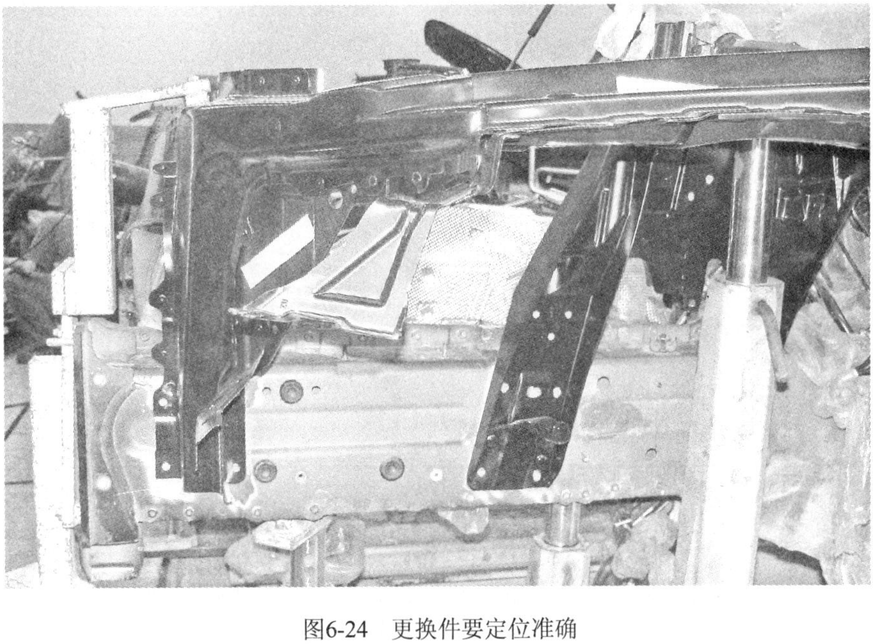

图6-24　更换件要定位准确

图6-25　安装减震器固定螺栓

5）固定更换构件

更换减震器座与车身纵梁是采用钢珠铆钉连接，铆钉与铆钉孔之间的间隙很小，可以保证更换构件的安装正确，所以在定位以后，可以将铆钉先插入铆钉孔内，如图 6-26 所示。

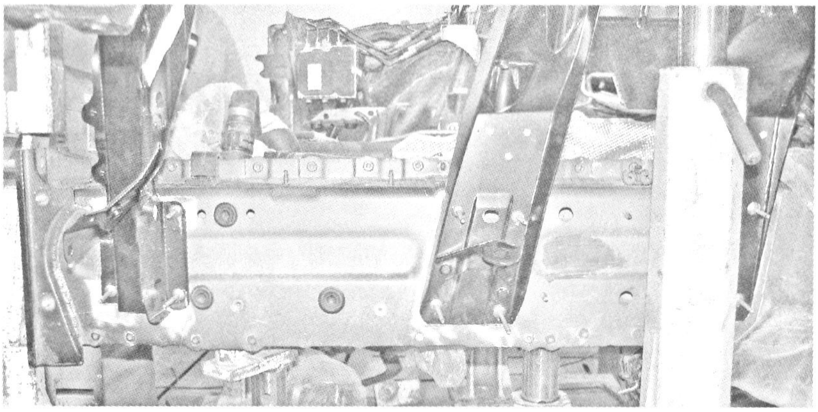

图6-26　安装铆钉定位

更换构件在没有铆钉连接前，构件与安装纵梁之间还需用钣金夹具辅助固定，如图 6-27 所示，这样可以更好的保证更换构件安装准确牢固。

图6-27　用辅助夹具固定

6）进行防腐处理

汽车车身减震器铆钉连接以后，要注意进行防腐处理，如图 6-28 所示。

图6-28　铆接后应立即进行防腐处理

7）修复车身出水通道

汽车车身前指梁前风窗的角的部位有一个出水通道，需要进行采用铜焊焊接，如图 6-29 所示，焊接后还应进行打磨。

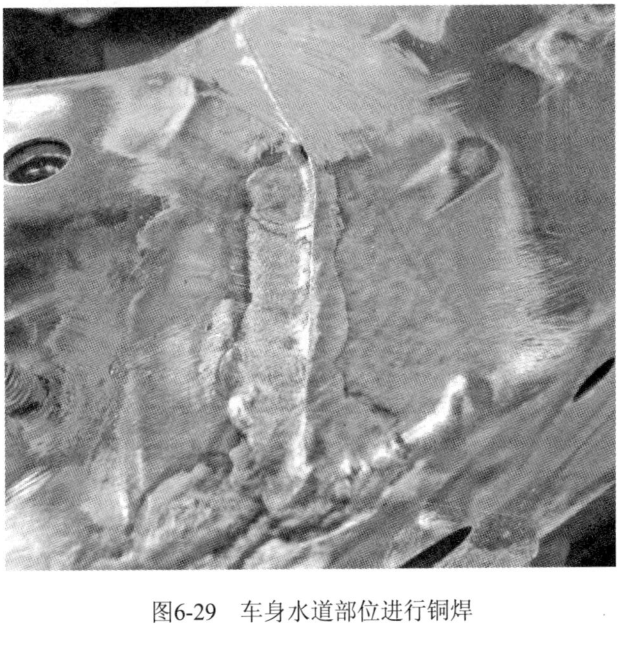

图6-29　车身水道部位进行铜焊

水道进行铜焊以后还应立即进行防腐处理，如图 6-30 所示。

图6-30　铜焊部位进行防腐处理

8）检查更换构件的装配

汽车车身纵梁及减震器座安装完工以后，还应该进行最后进一步检查，如图 6-31 所示。

图6-31　修复后的车身纵梁和减震器座

3. 汽车车身左后翼子板损坏部位的修复

汽车车身后部碰撞损坏造成车身翼子板外板损坏，经检查相关测量点，没有其他损坏，只需修复车身后翼子板外板，采用更换局部翼子板的工艺方法。

1）确定切割位置

汽车车身翼子板外板碰撞损坏，可以根据碰撞损坏情况和备用构件的材料情况，然后对损坏构件进行割除，如图 6-32 所示，更换切割位置选在车身侧围 C 柱上部和翼子板轮缘边缘。

图6-32　翼子板后部损坏的更换

2）拆除更换构件

汽车车身侧围一般是采用点焊连接，所以拆除更换构件应先剔除点焊点，如图 6-33 所示，找出点焊点进行剔除。

汽车车身风窗的焊接点也需要拆除，如图 6-34 所示，剔除风窗与侧围的焊接点。

图6-33　剔除更换构件的焊接

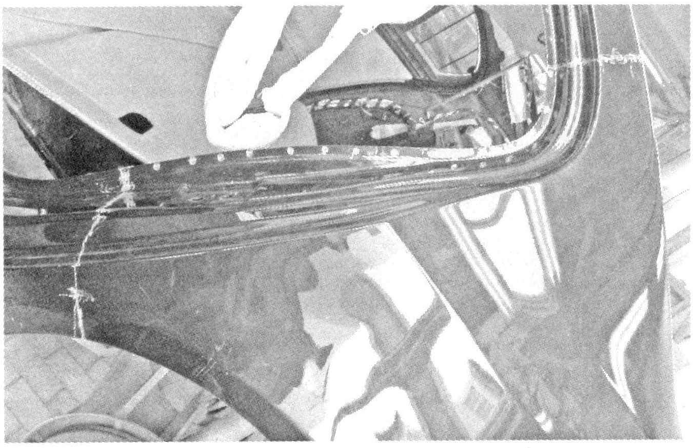

图6-34　剔除风窗焊点

3）将更换构件从车身上分离

汽车更换构件的焊接点剔除以后，就可以与车身分离下来，在车身轮缘部位采用摺边拆除时要注意轮缘的连接状况，如图 6-35 所示，不要损坏轮缘内板。

图6-35　分离损坏构件

如图 6-36 所示为拆除下来的损坏构件。

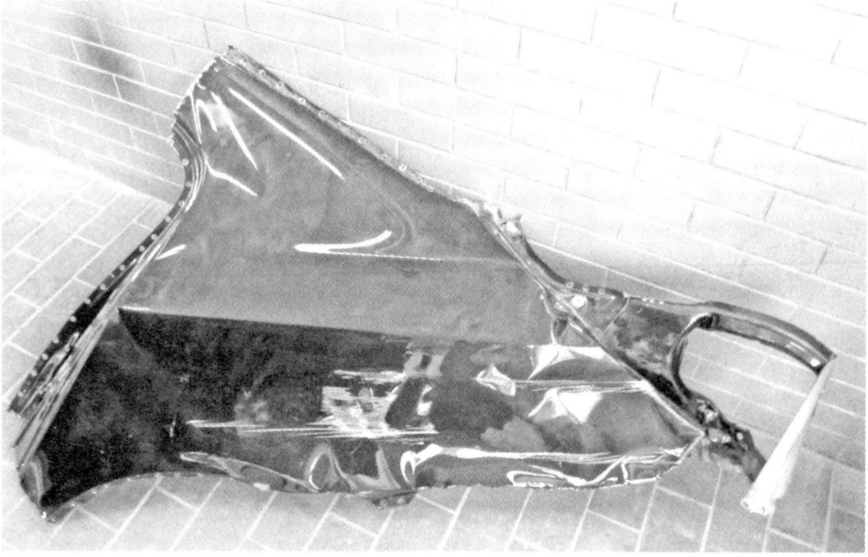

图6-36　拆除下来的损坏构件

4）检查车身内板是否有损坏

将损坏构件分离下来以后还需要对损坏部位的车身内板进行检查，如果有损坏变形部位还需要进行整形或修复，如图 6-37 所示，确定没有任何损坏后才能进行下面的工序。

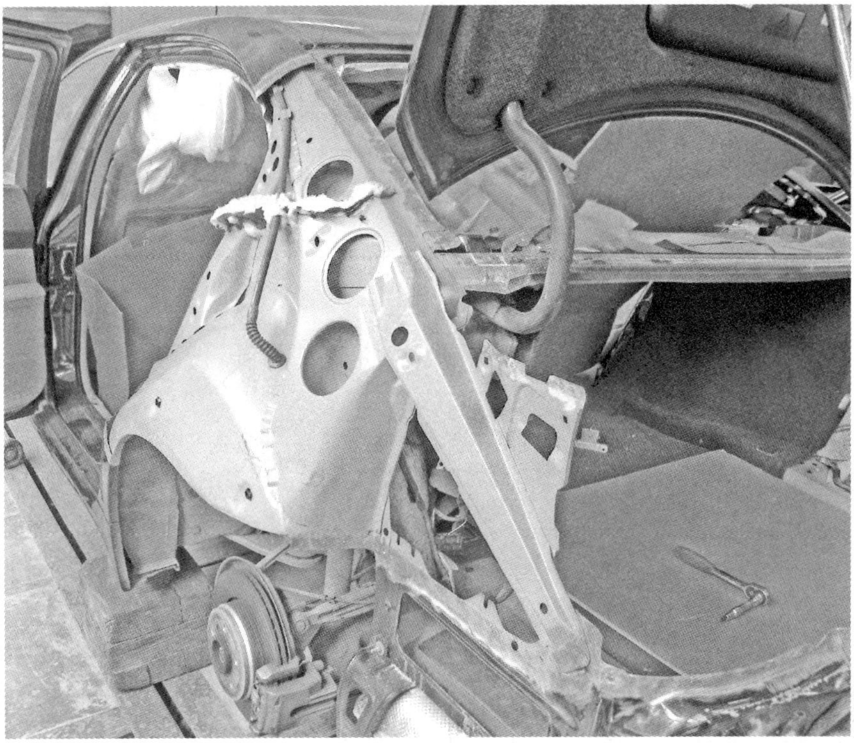

图6-37　检查车身内板并进行整形修复

5）安装新的构件

根据车身损坏部位准备更换部位的材料，如图 6-38 所示，并进行试装，确定完全符合以后再进行定位安装。

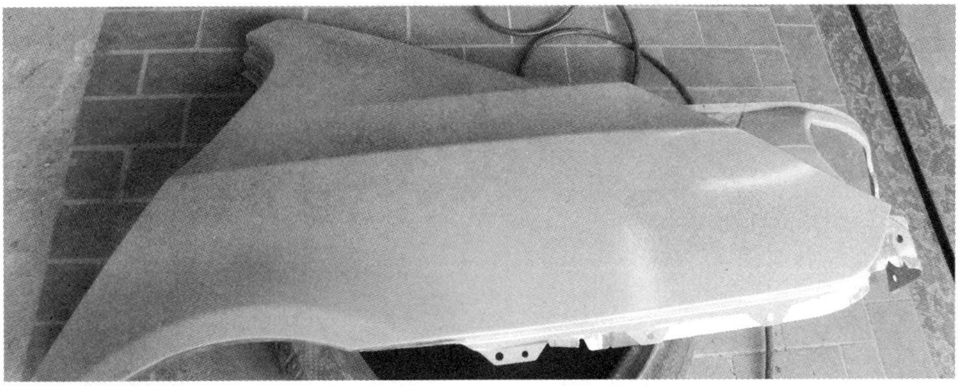

图6-38　准备更换构件

6）更换构件的定位安装

将更换构件进行定位安装，汽车车身构件（车门、后备厢盖、灯具、后保险杠等）之间间隙都应查阅技术文件，如图 6-39 所示，并按文件要求进行试装，直到完全符合才能进行固定。

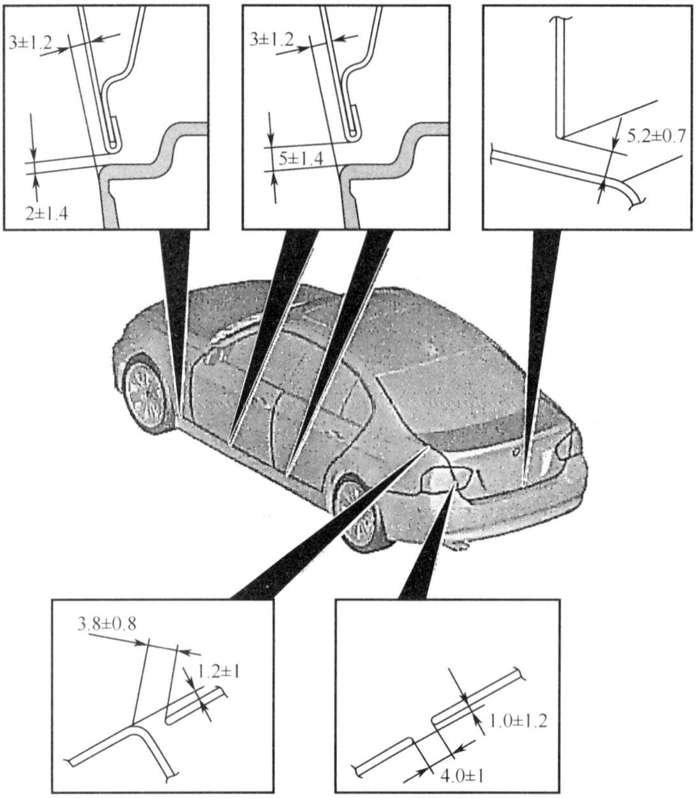

图6-39　车身构件之间间隙

如图 6-40 所示，确定与车身原构件完全符合以后，再进行焊接。

图6-40　更换构件的安装与焊接

7）检查、打磨和防腐处理

更换构件安装后还需要进行最后检查、打磨和防腐处理，如图 6-41 所示，为更换的焊接定位后的车身翼子板。

图6-41　更换完工后的车身翼子板

在更换构件进行焊接后，还需要进行检查，并试装车身后部的相关构件，在确定车身的各部构件装配完全正确以后，经检验员检查就可以交下一道工序进行涂装作业。

6.2　汽车车身侧面碰撞损坏测量方法和分析

【实例】车身门槛梁的更换

汽车侧面碰撞，不同的车型（高级车型、中级车型、紧凑型车型）修复应有相同的理念，这是因为汽车车身的侧面防碰撞结构与理念有相同之处。此案例为高级车型（宝马）车身门槛梁的更换，其修复操作工艺更加合理、更加规范、更有利于车身功能的恢复。

1. 检查、测量、分析、判断碰撞损坏部位和损坏程度并校正整体车身

汽车车身侧面碰撞严重损坏，碰撞造成汽车车身门槛梁严重变形，直接碰撞点在汽车车身门槛梁，车身 *B* 柱与 *C* 柱之间左后翼子板下部。

1）检查测量汽车整体损坏状况

查找汽车车身文件，检查车身整体受碰撞损坏情况。按车身文件图样检查测量如图 6-42 所示长度方向尺寸参数，检查汽车长度方向的参数，根据此碰撞情况可以重点检查汽车底部、中部和后部尺寸。在检查测量没有什么问题的情况下，参照文件提供的技术参数，按图 6-43 所示，测量控制点对角线尺寸，检查车身整体是否有弯曲变形。

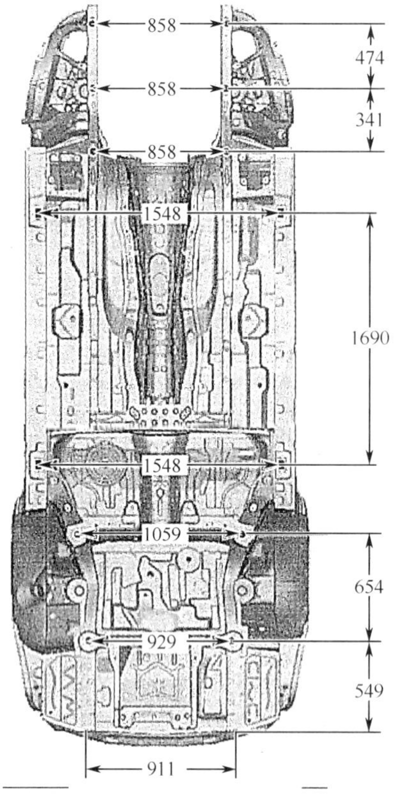

图6-42　检查汽车长度方向尺寸参数

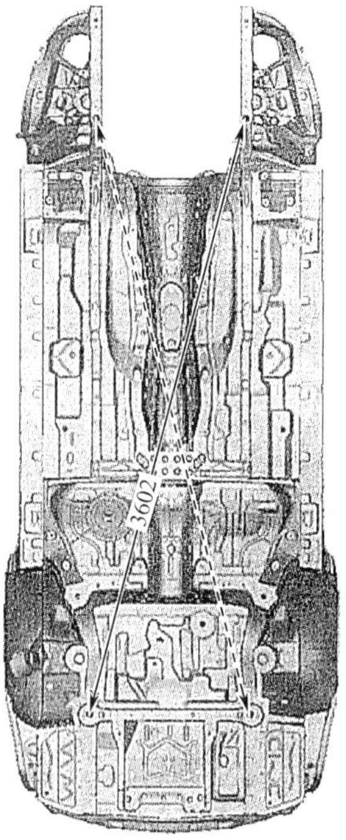

图6-43　检查车身整体是否有弯曲变形

2）制定车身损坏修复工艺

经过上述检查测量判断汽车整体车身没有损坏，碰撞损坏只限车身局部范围。车身损坏的修复工艺和工序主要内容是：先将汽车车身直接碰撞部位进行校正、整形修复。如图 6-44 所示，为车身车门槛梁损坏应先将汽车在整形校正设备上进行固定，然后将汽车车身外部构件拆卸，例如，汽车车门、装饰件、车身防腐等构件拆卸，可以使用的构件应妥善保管，选择正确的夹具对汽车车身损坏部位进行校正、拉伸等工艺操作。

图6-44　车身车门槛梁损坏

3）汽车车身的整体校正

在进行汽车车身整体校正前，也可以对汽车车身 C 柱之间或 B 柱之间进行测量检查。如图 6-45 所示，查阅车身技术文件与测量参数比较，再决定车身校正修复工艺方法。

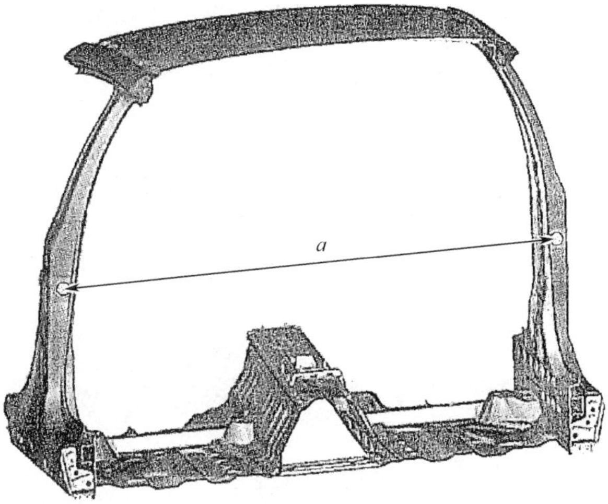

图6-45　检查车身两立柱之间距离

4）选择合适的校正工艺方法、设备、夹具、工具和牵拉点

正确地选择校正工艺方法、设备、夹具、工具等都与车身损坏修复的质量息息相关。汽车车身碰撞的情况复杂，虽然汽车车身的碰撞损坏的修理理念相同，但对碰撞损坏的每个实例的修复过程却找不出一个固定的模式，这也是汽车车身修复困难的地方。这需要汽车车身修复人员不断总结经验，找出车身修复的规律，制定出更加合理的工艺规范，才能让损坏的汽车恢复原来的功能。例如，如图 6-46 所示，修理技师对车身门槛梁直接碰撞位置设置拉伸点，汽车损坏部位选择、夹具的合理布置、夹具的安装等都需要不断总结找出最有效的工艺修复方法。

在此实例中，汽车车身侧围后翼子板下部是盒子形结构，为了使校正拉伸更加有效果，还需在汽车车身门槛梁直接碰撞部位焊接上一个可以供拉伸的辅助件，再采用合适的夹具进行拉伸校正工艺操作。

图6-46　修理技师对车身门槛梁直接损坏部位进行拉伸点设置

5）多点拉伸是校正工艺的有效方法

如图 6-47 所示，车身修复还可以采用有效的多点拉伸校正的工艺方法，在采用多点校正的工艺方法时，也要注意边拉伸、边观察，一方面是要注意千万不能过度拉伸，另外通过观察可以找出最合适的拉伸工艺方法和拉伸位置，让拉伸校正更加有效。

图6-47　采用多点拉伸可以取得更有效的效果

6）时刻注意在牵拉时的校正状况

不要忘记车身校正有一个“先里后外”的校正工艺原则，如图 6-48 所示，在车身修复过程中，需要仔细观察车身后翼子板内侧的拉伸校正效果。

图6-48　拉伸时要注意车身碰撞位置里面的拉伸效果

7）边拉伸边整形是有效的校正工艺方法

边拉伸校正、边进行整形也是校正的好方法，这是因为汽车碰撞损坏有直接碰撞，还有间接碰撞损坏，有的非直接碰撞部位，在进行直接碰撞部位的拉伸校正时，是可以通过辅助手段，进行锤击整形让部分弯曲变形通过锤击慢慢得到恢复。

在前面的车身修复校正工艺原则中有一条很重要的原则，牵拉校正时，应按碰撞冲击力相反的方向进行拉伸校正，因为这样可以收到最好的整形校正效果，如图 6-49 所示。

图6-49　牵拉力的方向要设置在碰撞力相反的方向

在进行上述校正、整形操作后，依据校正、整形效果，可以决定下一步的操作，如果碰撞不十分严重，碰撞只影响车身覆盖件的变形，以上操作应可以恢复车身碰撞变形。但此实例碰撞严重，以上操作并不能完全修复碰撞损坏，所以还需要进行下一步校正整形。

2. 汽车车身碰撞修复的第二阶段

在上述校正阶段，如果进行重复校正操作没有明显效果了，就需要根据车身修复的需要进行下一步车身校正，这并不是说上述校正操作可以省去，对于碰撞严重的整体式车身这样的操作校正作业是非常必要的，通过对车身外板的牵拉，可以将碰撞冲击变形的部位进行整体校正，直接碰撞位可能不能完全恢复，但间接碰撞部位或者变形不很严重的间接部位却可以得到恢复。

主要操作工艺方法：

先将损坏严重的车身门槛外板割除，并进行进一步车身加强板、内板的校正或部分更换。

1）找出车身外板焊接点

汽车车身构件大多数都采用的电阻点焊，为了找出点焊点和选择合适的切割位置，需要将车身涂层打磨掉，如图 6-50 所示。

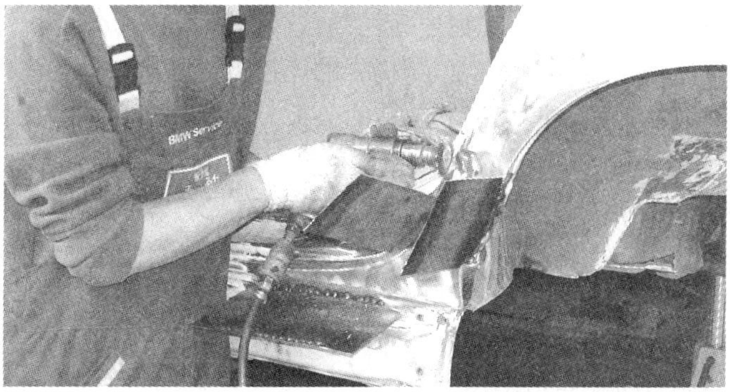

图6-50　打磨掉焊接点表面涂层

2）打磨焊接点

如图 6-51 所示，需要更换的部位打磨掉涂层后点焊点露出，汽车车身构件之间多数采用电阻点焊的工艺连接方法。割除更换构件部分损坏部位，需要将构件的点焊去除。

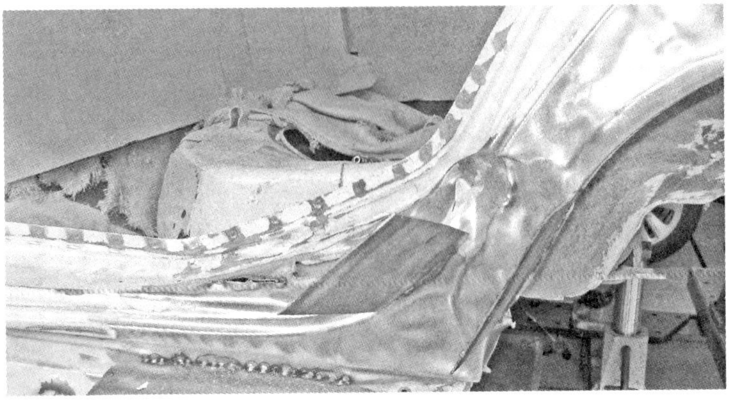

图6-51　打磨掉涂层后点焊点显露出来

3）门槛梁损坏部位的割除

切割更换部分构件，可以用专用工具进行，如图 6-52 所示，选择合适的位置进行切割。

图6-52　割除车身门槛梁损坏部位

4）熟悉汽车车身焊接工艺，掌握分离焊接点的工艺方法

汽车车身修理技师需要熟悉汽车车身构件的连接方式，汽车车身构件因部位不同，其连接方式也略有不同，例如，汽车车身侧围的外板一般是车身 A 柱、B 柱和 C 柱，包括车身后翼子板都是一个整体，车身门框的点焊就容易找到，而车身门槛下沿的点焊就难发现，其连接方法可以在车身技术文件中找到。有经验的汽车车身修理技师可以在磨掉涂层后寻找点焊时，同时仔细观察车身构件损坏状况，汽车车身的碰撞损坏常会因涂层的覆盖被忽略，在打磨掉涂层以后细小的裂纹都会显露出来，凹陷、变形、裂纹都是车身构件损坏的外部特征，车身修复人员应引起高度重视，如图 6-53 所示，修理技师在观察检查构件损坏情况并完全剥离更换部位的焊接点。

图6-53　完全剥离更换部位的焊接点

5）合理选择构件更换部位、大小和切割位置

要更换部分损坏的构件，首先要决定更换构件的部位，如图 6-54 所示，汽车车身门槛梁是一个多层盒子形结构，一般外层板是较易整形低碳素钢材料，所以切割更换都较为容易，门槛梁加强板一般都是高强度钢材料，因为强度高，所以车身内板（加强板）的每个构件的面积都不会太大，这一方面是因为这些构件都是薄板冲压成型，高强度钢的成型较低碳素钢更困难，所以构件面积不能太大，拉伸工艺结构凹凸尺寸相差不能太多；另一方面汽车车身内板更换较车身外板更加困难，构件尺寸太大也不方便进行构件更换。

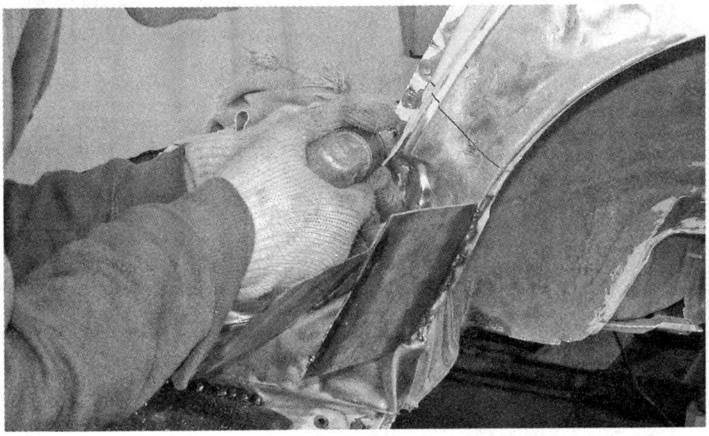

图6-54　合理选择构件更换位置和大小

6）车身门槛梁下沿的焊点剔除

汽车车身构件部分更换的位置当然要看构件损坏部位以及更换备料的形状、大小，但选择在车身什么位置进行切割也是相当重要的。此实例修理技师选择车身 *B* 柱后、*B* 柱后翼子板下沿作为进行切割的位置；如图 6-55 所示，为对翼子板轮缘部位的点焊点进行剔除。

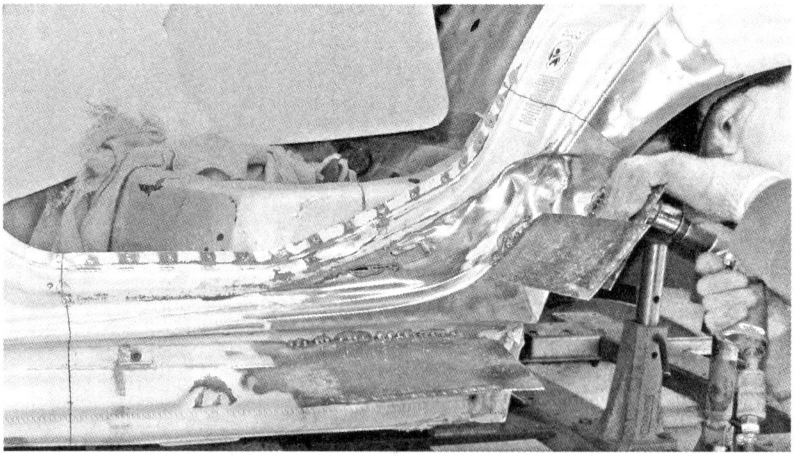

图6-55　车身门槛梁下沿焊点剔除

7）剥离构件损坏部位

在更换构件部位的点焊点全部剔除后，就可以将车身构件外板分离。修理技师对车身外板的分离可以选择合适的工具，例如，用平口的錾子进行分离，如图 6-56 所示，对车门槛梁门框的点焊进行分离。进行分离损坏构件也可以用其他钣金工具，用钣金锤对车身外板进行分离，这一操作主要是要将构件更换部位的焊接点清除，构件的分离就会很顺利，如果焊接点没有全部剔除，就进行分离操作，不仅会很困难，常会因构件拆除时用力过大影响车身其他构件。

图6-56　用錾子分离门框的焊点

8）分离构件损坏部分注意配戴防护用品安全操作

将车身门槛梁的点焊点全部分离以后，就可以将车身门槛梁分离下来。在用手对损坏构件从车身上分离下来时一定要注意配戴防护手套，防止损坏的的构件边上的毛刺划伤了手，如图 6-57 所示。

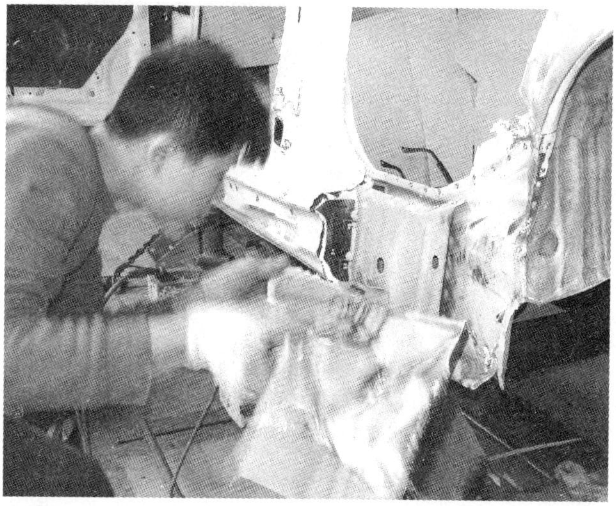

图6-57　取下损坏构件注意配戴防护手套

9）观察车身门槛梁内部损坏变形状况

汽车车身门槛梁外板分离后，如图 6-58 所示，车身门槛梁内部结构和损坏情况都可以显露出来，这时可很清楚观察到车身门槛梁的变形损坏情况。在决定修复工艺方法时，要充分考虑到汽车车身材料的特性，例如，从图中可以看到车身门槛梁加强板、内板都加工成肋、凹坑、工艺孔等，这些结构会增加构件的强度，让整形修复更加困难。

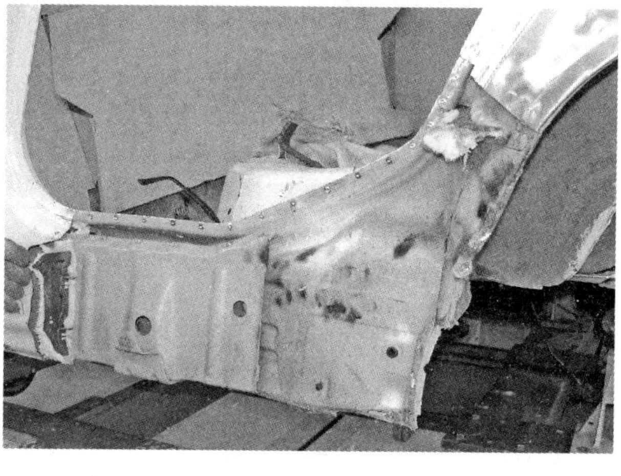

图6-58　车身门槛梁加强板和内板结构

10）车身门槛梁的结构

如图 6-59 所示，车身门槛梁是一个盒子形结构，一般将其分为车身门槛梁外板、加强板、内板，各种车型可能有不同的名称，但一般可以这样来区分，本书前面介绍过，汽车车身侧面能压缩的空间很小，往往不能采用“预压缩技术”来吸收能量，汽车车身侧面只能提高构件刚度来保护汽车乘员室的安全空间。车身门槛梁设置成盒子形结构，让门槛梁外板与内板之间有一定的空间，在碰撞冲击力很大时也能吸收部分冲击能量。

如图 6-59 所示中还可以观察到，在门槛梁盒子形结构中间还有一块加强板，这也是为了提高车身门槛梁结构刚度，确保乘员室有足够的安全空间。

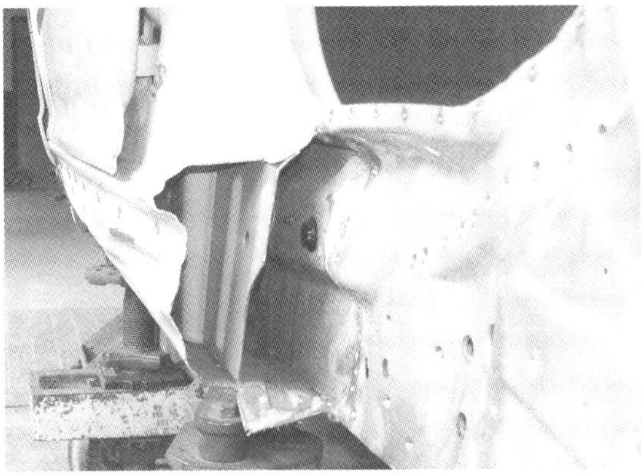

图6-59 门槛梁的盒子形结构

11）检查车身内地板的的损坏情况

从检查可以观察到在车身门槛与地板的连接边缘还存着明显的裂纹与凹陷，如图6-60所示，一般车身内地板产生损坏，可以视为汽车碰撞严重，这样碰撞损坏需要仔细检查，所以在分析、判断汽车车身碰撞损坏时，常有一条重要的原则，即“要沿着碰撞冲击力的方向检查车身构件及其他部件的损坏情况，直到完全没有损坏痕迹为止。”

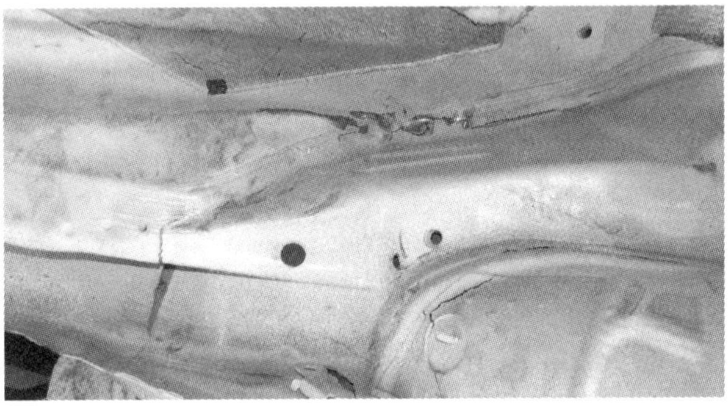

图6-60 检查车身内地板出现皱褶和裂纹

12）校正修复

采用液压辅助装置或其他牵拉设备就可将车身门槛梁内板校正修复，如图6-61所示，可以通过测量检查车身中部的测量控制点的尺寸是否符合车身技术文件要求。此实例可以测量车身门框测量控制点尺寸，车身*C*柱之间测量控制点之间尺寸等。

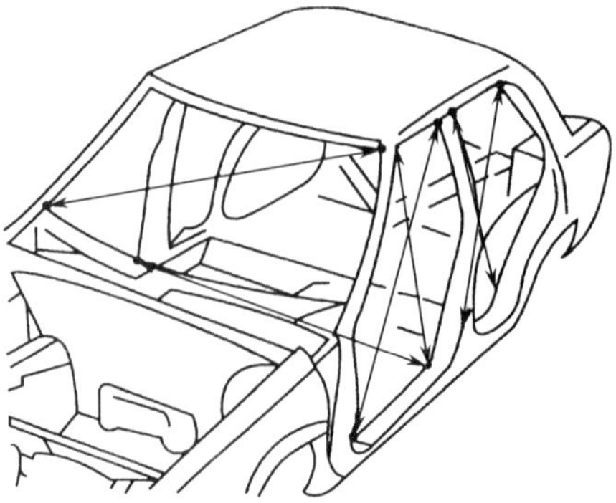

图6-61 车身中部测量控制点

13）拆除车身门槛板内板

以上车身门槛梁与地板之间的裂纹与凹陷说明汽车碰撞还是很严重，以上的校正拉伸都没能将其恢复，为了便于进行拉伸整形，如图 6-62 所示，还需要拆除车身门槛梁加强板，先将门槛梁内板焊接点剔除。

车身门槛梁加强板一般也是通过电阻点焊进行连接，拆除工作也是先将点焊剔除，先将点焊点的焊点钻去。车身加强板和内板一般没有很厚的涂层，只有防腐涂层，所以很容易找出焊接点，选用合适的工具和钻头就可以将这些点焊点除去。

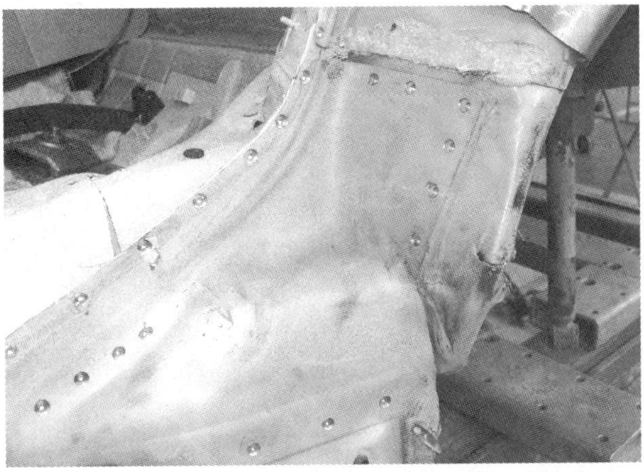

图6-62　拆除门槛梁加强板

14）查阅车身技术文件进行车门间隙测量

汽车车身内板各种车型可能会有不同的加强刚度的结构，如图 6-63 所示，修理人员可以查阅技术文件，查阅各个部位的结构要求。

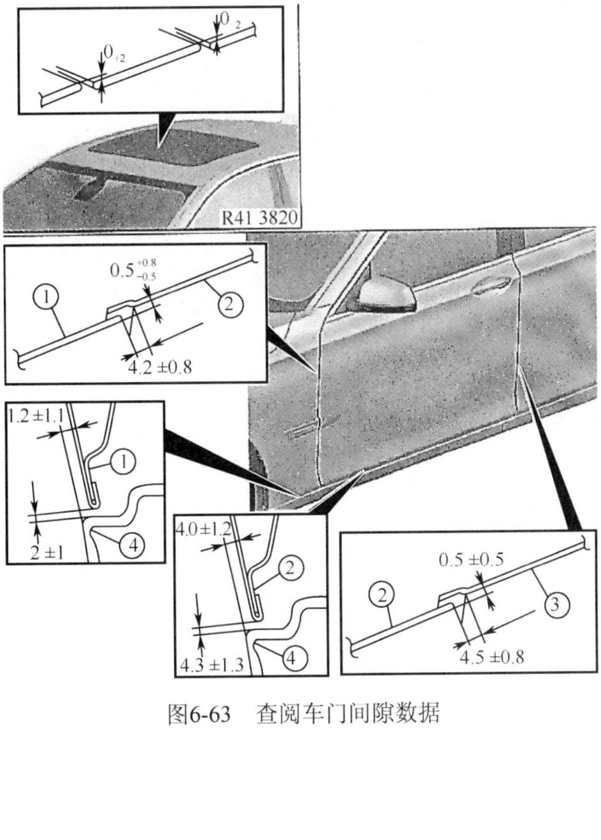

图6-63　查阅车门间隙数据

15）试装车门

在拆除这些损坏的构件以后，还需要用测量工具对车身进行测量，也可以采用试装车身附件的方法，例如，试装车身车门进行检查车身校正的情况，如图 6-64 所示。

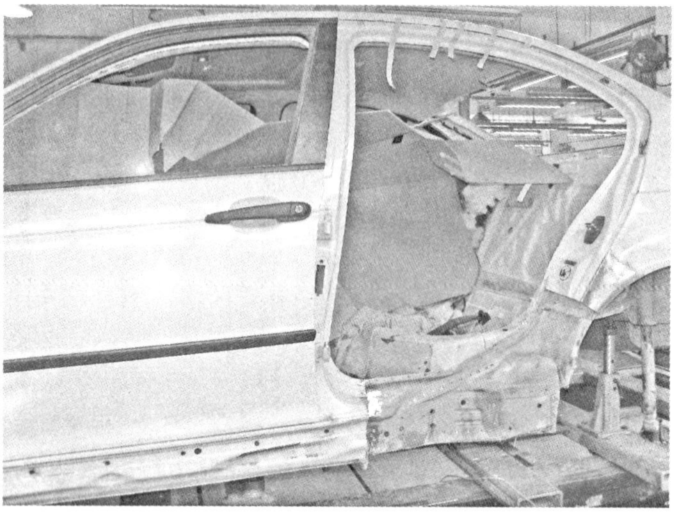

图6-64 试装车身车门

16）进一步校正车身损坏部位，并进行防腐处理

汽车碰撞损坏构件的外板、加强板拆除以后，可以依据对车身主要控制点的测量数据进行有针对性的校正，也可以安装车身附件来进一步检查车身碰撞损坏部位的修复情况。

汽车车身主要控制点按汽车车身技术文件要求校正达到要求以后，就可以将更换的构件按技术文件要求进行更换，主要工艺要点是更换构件的定位（采用点焊定位），按原车构件的连接方法进行连接，测量相关测量控制点，进行防腐处理，如图 6-65 所示。

图6-65 立即进行防腐处理

17）固定准备更换构件的固定夹具应保持一段时间

在进行车身构件的更换过程中，特别更换多个车身构件时，不要急于将用于固定构件的钣金夹具除去。如图 6-66 所示，夹具可以一直夹到因其他工序操作非要取下来为止，这是因为汽车车身的构件都是由金属薄板材料经冲压而成型，在整形和校正的过程中都有“回弹”和应力产生，所以夹持一段时间更有利于构件的定位和应力的消除。

图6-66　固定钣金工具应保持一段时间

18）汽车车身内部的修复检查更为重要

在车身的校正过程中或校正完工以后，应仔细检查损坏部位的修复状况，如图 6-67 所示，如果通过测量能正确判断车身修复情况，是最好的检验方法，车身有的局部损坏则需要检查，例如，车身构件的涂层是否有裂纹、凹凸不平等。钣金工序完工以后要立即进行防腐处理。

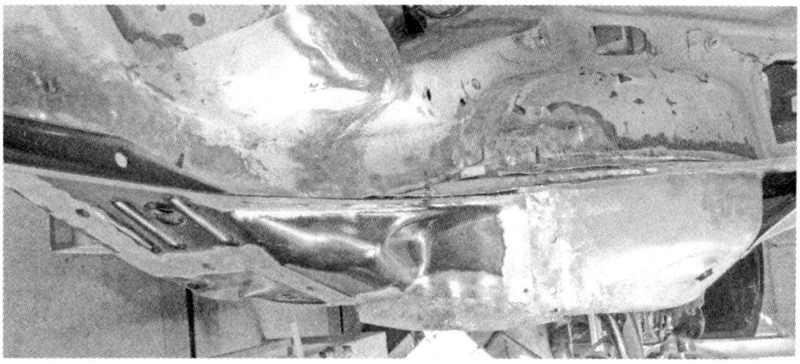

图6-67　检查车身内部的损坏修复状况

3. 修复第三阶段车身外板的更换

车身整体校正基本完成以后，就可以进行损坏构件的更换阶段，这里说基本完工，主要是说整体式汽车车身更有“整体特性”，汽车车身每一个部位，车身每一侧面都可以看成一个盒子型结构，例如，汽车车身侧面可以看成一个大的盒子，汽车车门就是这个盒子的“盖”，所以在局部进行了更换以后，在进行其他构件的校正安装过程中，原先已校正完工的部位或构件又产生了变形，也是完全可能的。所以修理技师总是会反复地测量比较、试装、修复、再试装，这是非常必要的工艺操作过程。如图 6-68 所示，在安装车身门槛梁外板前还应对损坏部位进行仔细检查。

1）车身门槛梁外板的更换安装

汽车车身门槛梁的更换安装，如图 6-69 所示，对要更换的门槛梁进行检查，看是否符合要求，因为这些构件都是薄金属材料冲压成型，在制造、运输、保管的过程中，很容易产生弯曲或局部变形。

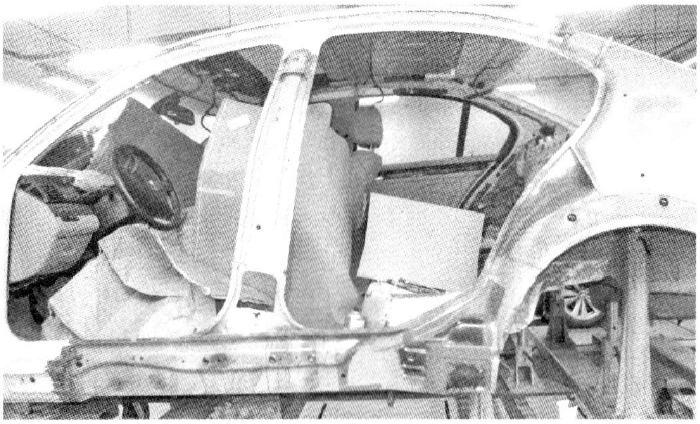

图6-68　车身门槛梁外板的更换和安装

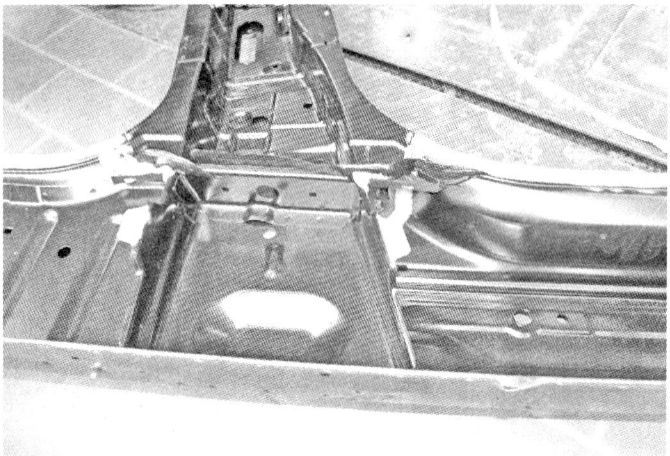

图6-69　更换的车身门槛梁构件

2）安装更换构件

车身碰撞损坏弯曲的车身门槛梁校正修复以后，经过检查、测量及防腐处理，如图 6-70 所示，就可进行更换件的安装。

图6-70　检查、测量车身门槛梁

3）更换车身门槛梁的工艺方法

汽车车身门槛梁一般为盒子形结构，盒子形结构可以分为车身门槛梁内板、加强板和门槛梁外板，如图 6-71 所示，更换车身门槛梁外板可以与门槛梁加强板错开一段，图中箭头之间的距离约为 20～30mm。

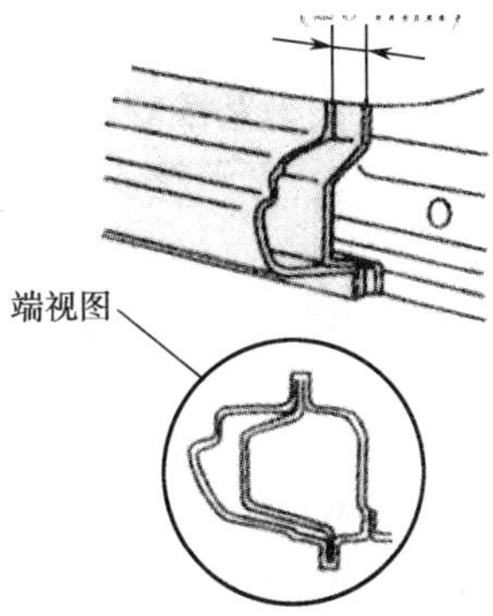

图6-71　车身门槛梁更换工艺方法

4）车身门槛梁的定位、安装、焊接

汽车车身门槛梁的外构件先在车身上进行定位，定位可以采用点焊的定位方法，然后进行检查安装完全符合要求以后进行焊接，如图 6-72 所示，安装完工以后立即进行防腐处理。

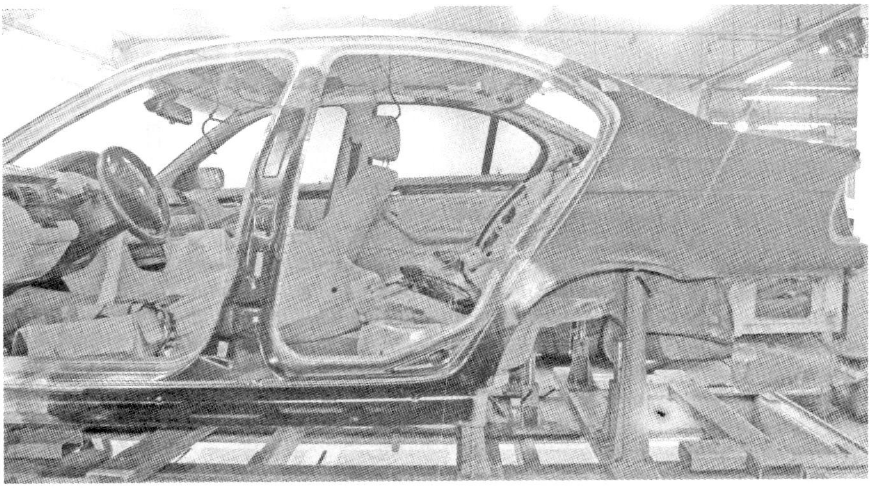

图6-72　进行防腐处理

4. 汽车车身尾部的校正

经测量还发现车身尾部测量控制点没有达到要求，因此还需要进行校正。

1）车身尾部的校正

如图 6-73 所示，在车身校正检测设备上进行校正是很可靠的。车身校正设备采用液压系统进行牵拉校正，对车身的校正能取得更好的效果。

图6-73　车身的整体校正

2）整体式汽车车身侧面碰撞的变形特性

现代汽车大多数都采用整体式车身，整体式车身侧面碰撞常会产生如图 6-74 所示的弯曲变形，图中虚线为汽车原车身外形轮廓线，汽车受侧面碰撞以后，产生的变形常会产生整体式的弯曲变形，所以，汽车侧面碰撞损坏，需要对车身的整体结构进行检查、测量和校正。

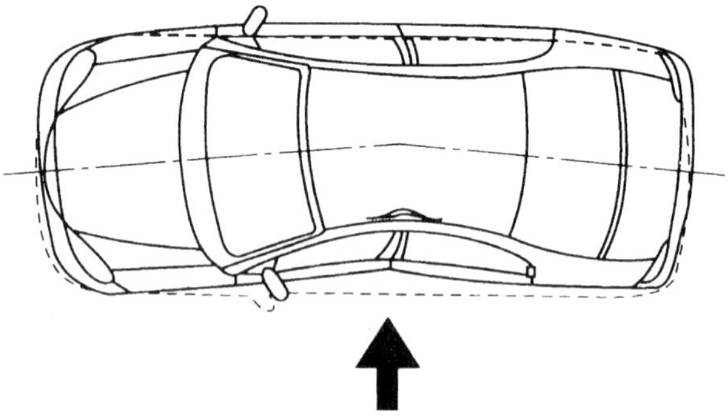

图6-74　汽车侧面碰撞产生弯曲变形

此案例采用液压校正设备，当然可以取得较好的校正效果，如果没有液压校正设备，按其校正原理，应该将汽车车身没有变形部位固定起来，例如，图中的辅助固定位置，汽车碰撞产生弯曲变形以后，汽车车身的假想中心线也会随着产生弯曲，其测量方法可以对前后四个或六个测量控制点采用对角线的测量方法进行测量，用拉伸的工艺方法，采用如图 6-75 所示中的拉伸控制点，如果不能同时拉伸，也可采用将拉伸点分别固定的方法一个一个进行拉伸，同样可以取得校正的效果。

3）采用多点校正可以收到更好的校正效果

在车身校正设备上能更好地进行校正，常可以采用多点校正，如图 6-76 所示，整体式车身采用多点校正的方法可以收到更好校正效果。

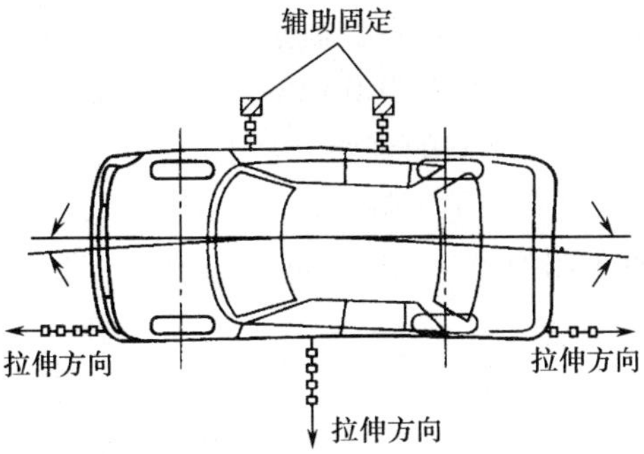

图6-75　整体式车身侧面碰撞的校正

图6-76　采用多点校正

4）试装车身附件检验车身校正效果

在进行校正的同时，也可以采用试装车身附件的方法，如图 6-77 所示，可查阅车身技术文件，并进行比较。

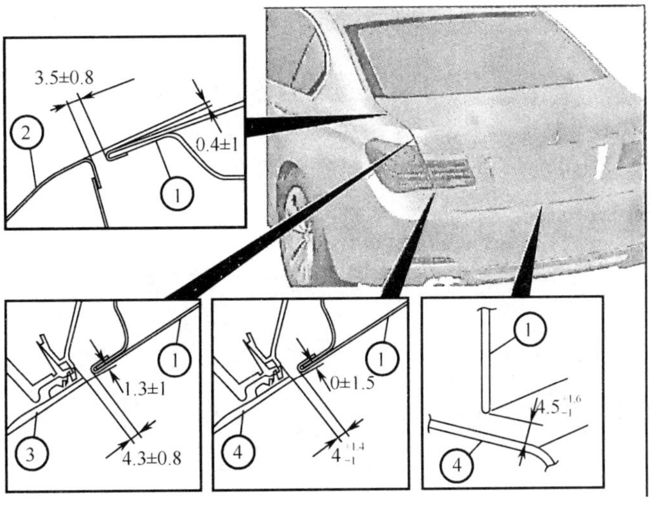

图6-77　查阅文件比较间隙

因为只有车身校正合理，各主要测量控制点符合车身文件要求以后，车身才能安装正确，汽车车身的修复最终还是要进行车身其他附件的安装调试，所以边校正边进行车身附件的安装也是检验车身校正是否正确的重要工艺手段。

车身试装车身构件应按一定的工艺顺序进行，例如，可以先进行车身前门的试装，如图 6-78 所示，并注意检查车门与车身侧围之间的间隙。

图6-78　试验装车身前门

车身前门装配完工以后，再进行车身后门的安装，如图 6-79 所示，全部试装后应检查车身前、后门与车门框之间的间隙，车身开闭是否灵活，是否符合车身技术文件的要求。

图6-79　试装车身后车门

6.3 汽车车身侧、顶碰撞损坏测量方法和分析

汽车侧面碰撞严重还会造成汽车侧面和车顶的损坏，汽车车顶是车身刚度较差的部位，因些，碰撞十分严重会让车身侧顶横梁弯曲变形，还会使车身的整体结构产生变形。汽车车身顶部是汽车密封要求很高的部位，因此，汽车侧、顶的碰撞损坏的修复十分重要，只有采用正确的修复工艺方法，适时应用测量的方法，才能达到较好的修复效果。

汽车碰撞如果冲击力很大常会造成汽车的侧、顶严重损坏，这类碰撞不仅会造成车身外部构件的损坏，而且还会损坏车身内部构件，造成局部内部构件严重变形。汽车车顶在汽车的整体结构中，就象一个盒子形状的“盖”，汽车车顶的损坏变形会影响到整体车身结构，因此，在修复过程中，车身测量控制点的测量需要贯串整个修复过程。这样的碰撞损坏的修复常需要进行车身整体校正，局部构件更换，拆卸车身附件、机件，适时进行测量可以检查阶段修复质量，减少返工，让修复工作进展更加顺利。

汽车碰撞损坏十分严重，造成汽车车身侧面严重损坏，由于直接碰撞点在汽车车身的中间位置，碰撞造成汽车车身侧围、B 柱、两个车门都严重损坏变形，并且还影响到车身顶部弯曲变形。如图 6-80 所示，可以目测看到汽车车身侧面变形损坏情况。

图6-80　汽车侧面严重碰撞损坏

1. 汽车侧、顶面严重碰撞损坏的分析、评估

汽车碰撞以后，车身修复人员将与检验员、保险人员对汽车车身进行分析、评估，汽车碰撞的分析、评估可以按如图 6-81 所示的程序进行，汽车车身构造类型主要是指汽车车身是否是整体式汽车车身结构，汽车是否是发动机前置前轮驱动的设置结构，然后可以按如图 6-82 所示的检查内容和程序进行。

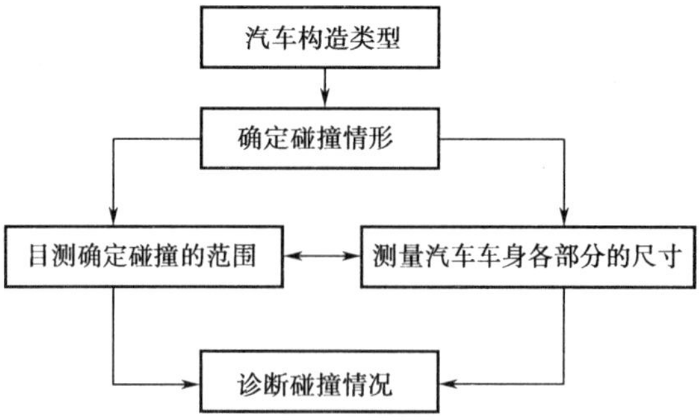

图6-81　汽车碰撞分析评估内容和程序

1）汽车侧碰撞严重损坏的变形特点和损坏分析

汽车侧面碰撞严重一般会在直接碰撞点，即汽车车身中部向里弯曲变形（这里主要是指整体式汽车车身结构），而汽车的前、后会产生与汽车中部相反方向的变形，这些部位损坏变形的状况，会与汽车的碰撞位置、碰撞冲击力的大小，撞击物的质量等多种因素有关，采用汽车车身测量控制点的尺寸方法，其检查结果可以用来作为分析、评估汽车碰撞严重程度的重要依据。

例如，在车身技术文件中可以查阅到如图 6-82 所示，车身底部前桥固定点与后桥固定点之间距离 d 为 1658±2mm，车身底部前桥固定点与后桥固定点对角线之间距离 e 为 1867±2mm 等。可以依据这些车身技术文件的参数进行测量来判断汽车碰撞后的变形状况。

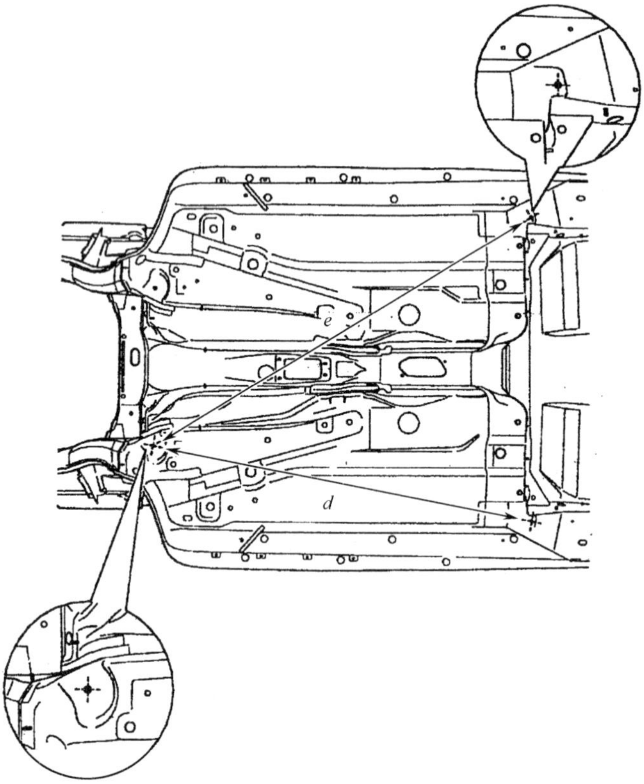

图6-82　汽车车身技术文件测量控制点参数

2）目测汽车车身碰撞产生的车身变形的损坏状况

如图 6-83 所示，汽车损坏十分严重，一般汽车碰撞固定障碍物，汽车车身表面会有明显碰撞痕迹，有的汽车碰撞表面不一定显示碰撞严重损坏状况，但仍需仔细检查汽车的损坏情况，特别是汽车车身的重要测量控制点的尺寸是否有变化，首先应仔细检查汽车中部尺寸是否弯曲变形。

图6-83　目测汽车损坏状况

对汽车车身也应仔细检查，其中检查汽车车身构件之间的间隙是一个方便可行的方法。如图 6-84 所示，车身左边后备厢盖与翼子板之间的间隙就挤压在一起。

图6-84　后备厢盖间隙挤压在一起

如图 6-85 所示，汽车车身右边后备厢盖与翼子板之间的间隙明显有不均匀，接近 C 柱部分已没有间隙，而汽车车身后灯具与后备箱的间隙已明显出现不均匀。

图6-85　汽车车身后部间隙明显变形

3）查阅汽车车身技术文件有关测量点的尺寸并对照检查

在车身技术文件中也可以找到这些构件之间的技术参数。如图 6-86 所示，后备厢盖与后灯具、翼子板间隙为 3mm，后备厢盖与后保险杠之间 *K* 处的间隙为 5mm，后灯具与后保险杠 *D* 处的间隙为 2mm，车身修复人员可以根据这些技术参数进行测量，并综合目测碰撞损坏情况进行分析、评估。

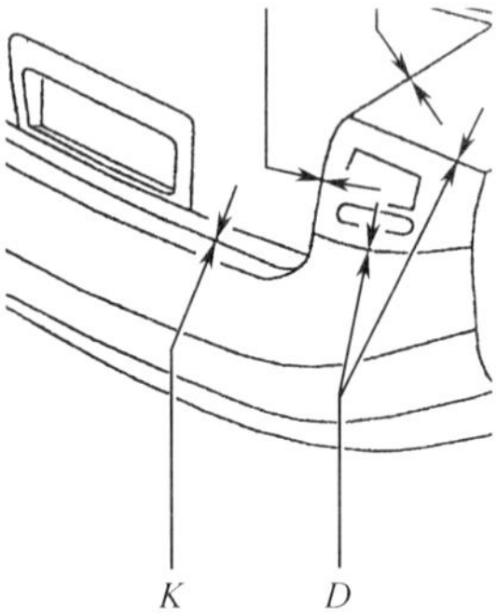

图6-86　车身技术文件后部间隙尺寸

汽车车门的间隙和开闭是否灵活，是否能按车身技术文件的要求停在规定位置等都可以用来判断汽车碰撞损坏情况，汽车车门通过车身门柱连接，汽车车身侧围框架结构是否变形将会直接影响汽车车门的上述状况。在车身修复过程中，修理技师也常用试装车门的工艺手段和结合测量构件之间相对位置和间隙，来检验车身框架结构的校正修复状况，如图 6-87 所示。

图6-87　汽车车门间隙状况

汽车车身修理人员了解汽车车身结构及这些结构的防碰撞理念是很重要的。一般车身构件有外板，为了加强车身结构的刚度，还设有内板，即加强板，如图 6-88 所示，*A-A* 是一个盒子型的箱体结构，为了加强刚性，在 *A-A* 盒子型结构的内部空间还充满泡沫添加剂，如果在修复这些部位时，这些泡沫如果加热到 500℃，可以用刮刀刮掉。*A-A* 为车顶框架内护板，*B-B* 为柱内护板，*C-C* 为泡沫填充位置，图中 *C* 的位置是车身侧围框架结构的上横梁与车身 *B* 柱的结头，一般横向支撑的刚度也比较弱，因此，常会采用充满泡沫添加剂的工艺手段来加强此处结头的强度。

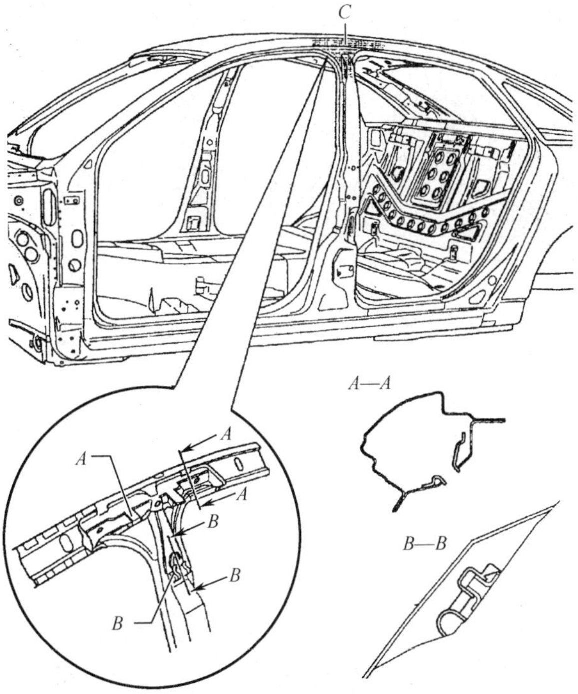

图6-88　车身侧围结构

4）确定汽车车身整体框架结构是否受碰撞的影响

现在汽车修理在碰撞十分严重的情况下，常需要将汽车安放在具有校正整体测量点的测量设备上，经测量确定碰撞对汽车的整体结构和测量控制点完全符合要求以后，才能进行汽车车身的局部的整形和校正。

在汽车车身技术文件上可以查阅到有关重要测量点的尺寸，例如，如图 6-89 所示，后车门开口 C 柱之间距离 *e* 为 1433±2mm，车门开口高度 *f* 为 1032±2mm。B 柱与 C 柱之间距离 *g* 为 940±2mm，两 C 柱之间距离应通过测量检查；车门高度、B 柱与 C 柱之间距离可以试装车门保证车门与车门框间隙均匀并符合技术要求。

5）全面分析、评估汽车碰撞损坏状况并决定修复工艺方法

为进一步分析、评估汽车车身碰撞的损坏状况常需要拆卸车身的一些构件，例如汽车车门、座椅、内装饰件等，如图 6-90 所示，这一工作是必须进行的，因为拆去车身的附件才能更加有利于对汽车损坏部位的分析、评估；才更有利于检查相关的构件的损坏情况；才更有利于汽车构件的整形和校正作业。

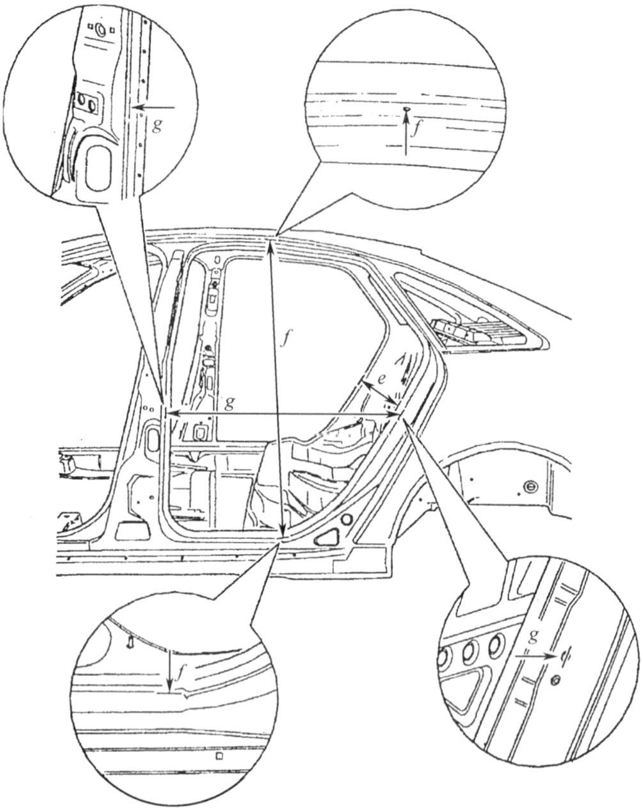

图6-89　车身侧围框架结构重要参数

图6-90　拆卸车身附件

在汽车车身修复过程中，常需要注意对汽车碰撞损坏的间接损坏部位的修复和处理，如图 6-91 所示，一般汽车车身间接损坏部位，没有明显的直接碰撞痕迹，汽车构件表面的涂层会产生一些裂纹，这些碰撞损坏可以根据汽车损坏情况、客户要求、保险评定人员多方面意见来决定。

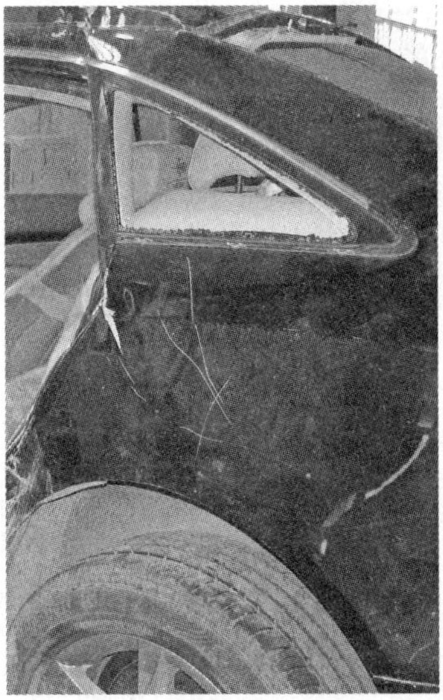

图6-91　碰撞间接损坏的处理

拆除汽车车身内部构件，例如，座椅、内部压条、装饰件等，拆除这些构件才能更方便地检查损坏构件的损坏情况，如图 6-92 所示，有时还需对车身内部，例如，车身内地板进行检查，如果发现有裂纹或皱褶，还需要将构件涂层去除，再进行进一步检查。

图6-92　检查汽车车身内部

按以上工作程序经检修人员（包括机修工、电气修理工、车身修理工）、检验员、保险公司、客户共同决定车身修复工艺方案。汽车在碰撞损坏的修复过程中，还可能发现新的因碰撞产生的各种损坏，还需要采用合适的工艺修复方法进行彻底地修复，任何微小的车身构件损坏都会留下隐患，随着时间和工况的变化，加上使用环境（锈蚀、道路、驾驶操作不当）的影响，这些隐患会进一步扩大，甚至产生汽车车身构件的早期损坏或断裂。

2. 汽车车身严重损坏的校正和修复

汽车车身侧、顶碰撞严重损坏并进行综合分析、评估后，将由机修工、电工和钣金工进行交替修复施工，不同车型机修工、电工和钣金工的作业内容也略有不同，汽车车身的修复内容主要是车身整体的校正、损坏构件的整形、修复或更换、车身构件的安装和调试等。

1）采用车身校正设备校正

汽车车身的修复应在有加力装置的车身校正设备上进行，如果汽车修理厂或 4 S 店是专修某系列车型的，这个修理厂的车身校正设备与汽车车身连接和校正的一些技术参数就可以在车身校正设备上固定下来。如图 6-93 所示，整体式汽车车身在车身校正时，应将车身裙部与车身校正设备固定，这样可以在进行车身牵位校正工艺过程中取得较好的校正效果。

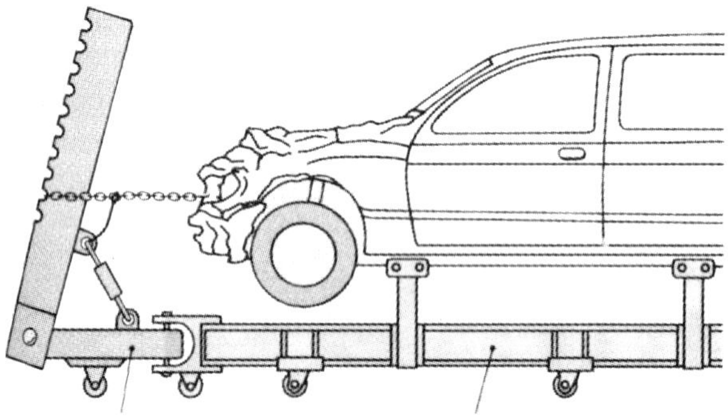

图6-93　汽车专用车身校正设备

如图 6-94 所示，先将需要修复的汽车拖到车身校正设备上，并将汽车车身与汽车校正设备固定。

图6-94　汽车与车身校正

汽车车身校正设备上有与车身裙部固定的装置，如图 6-95 所示，一般应将车身校正设备四个装置都与车身裙部固定，这是一个很重要的工作。这是因为在车身校正时，车身受到很大的牵引力，汽车固定不牢固，不仅不能很好的校正汽车车身整体结构，还可能发生意外事故，甚至发生人员伤害和设备的损坏事故。

图6-95　校正设备固定装置

由于汽车车身受到严重撞击而造成车身外覆盖件和车身整体结构件的变形，就必须使用车身校正设备对这些变形损坏进行校正修复或更换。汽车车身外部覆盖件的变形可以用钣金锤、顶铁和整形修复机来修复，但车身整体结构的损伤和变形就不同了，为保证汽车车身乘员室的有效安全空间，汽车车身整体结构是非常坚固的，车身的内板、加强板都具有一定的刚度和硬度，必须使用车身校正设备的液压装置才能够进行有效的修复作业。

车身的校正和牵位操作，通常被认为是一种笨重的体力操作，实际上，如果采用了车身校正设备，该操作过程就比较容易。

为什么要使用液压装置进行车身校正呢？这是因为在进行车身整体校正的同时，还要消除由于碰撞而造成的车身构件的应变和应力；为了达到这些目的，使用液压顶杆和液压拉力杆这样的液压设备会有更有效的修复效果。

2）汽车车身碰撞损坏的牵拉工艺方法

校正车身时，有一个基本原则，即按与碰撞冲力相反的方向，在碰撞区施加拉力进行牵拉，如图 6-96 所示，牵拉点的选择要根据车身构件的损坏情况。

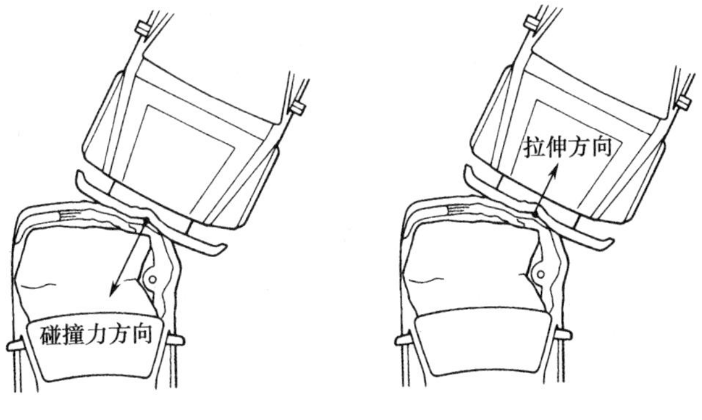

图6-96　校正碰撞损坏的基本原则

汽车车身在遭受严重碰撞后，常会产生复杂的变形，同时，汽车车身构件也会因其结构、形状、强度和刚度不同产生的损坏变形也不一样，只用一个碰撞点，在碰撞力的相反方向施加拉力，是无法使其复原的，因此，可以采用在多点进行牵拉的方法，在拉拔过程中，要根据汽车车身结构、构件的材料、碰撞损坏的情况等多种因素进行校正整形，如图 6-97 所示，汽车车身侧面 *B* 柱与车身门槛梁的接头进行牵拉可以取得较好的效果。

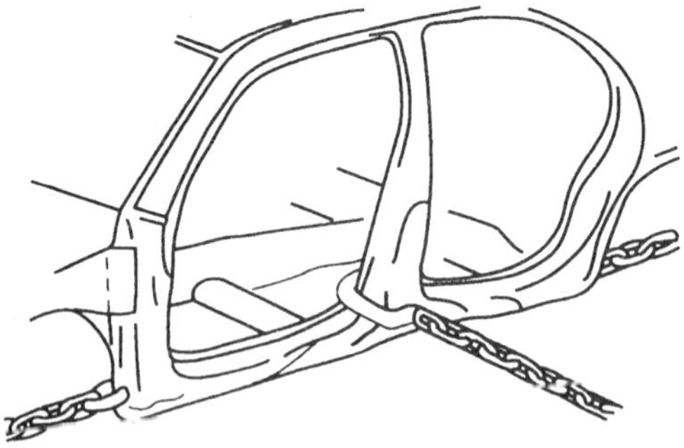

图6-97　采用牵拉车身*B*柱接头工艺方法

如图 6-98 所示，先对车身碰撞点的侧围上横梁进行牵拉校正。

图6-98　牵拉车身侧围上横梁

3）检查校正牵拉整形情况，采用最有效的工艺方法

汽车车身碰撞损坏的校正工作是一个需要有耐心和仔细的工作，在牵拉作业时常常要一边进行牵拉校正，一边仔细观察牵拉校正的效果，如果效果不明显应更换牵拉点在车身的位置或改变牵拉工艺，直到牵拉作业方法对碰撞损坏的校正有了明显效果，才能继续进行牵拉校正作业。在这个工艺环节中，一般只拆去了可拆卸连接构件，如座椅、内外装饰件等；车身的不可拆部件（已损坏的车身外部构件）并没有拆除，所以在牵拉过程中可以注意观察汽车的整体车身结构和构件之间的间隙等是否在牵拉校正过程中有变化，是否是朝着恢复车身结构的方向转变；如图 6-99 所示，可以观察汽车车身尾部后备厢盖与相邻构件之间的间隙的变化（注意：观察时一定注意安全，不要在牵拉相反的方向站立）。牵拉工艺过程一般会采用牵拉——保持——再牵拉——再保持的工艺方法，有经验的修理技师，在牵拉基本恢复车身原来结构时还会让牵拉保持较长时间，这是因为汽车车身由金属薄板材料制造，这些金属材料的构件都存在“回弹”的金属特性。

图6-99　全面观察牵拉校正效果

在车身校正牵拉的同时，可以用锤对车身变形进行整形敲打也是使车身变形产生的应力消除的有效方法，如图 6-100 所示。

图6-100　用锤敲打帮助整形

在车身校正的过程中，可变换牵拉部位并仔细观察校正牵拉效果，有的牵拉点要反复进行，有的牵拉点还要反复采用牵拉——保持——牵拉——再保持——再牵拉的工艺方法，如图 6-101 所示。

图6-101　变化牵拉位置

汽车车身 C 柱一般有比较强的刚度，如图 6-102 所示，在这个位置进行牵拉校正有时会有较好的效果。

图6-102　牵拉车身C柱

车身 B 柱是汽车车身侧面的重要构件，车身 B 柱虽没有车身 C 柱那样的刚度，但对车身 B 柱的校正牵拉可以起到非常好的校正效果，校正时可以如图 6-103 所示，牵拉点设置在车身 B 柱上部，也可以设置在车身 B 柱下部，设置在什么位置，可以依据车身损坏直接碰撞点的位置和牵拉校正效果的具体情况来酌情处理。

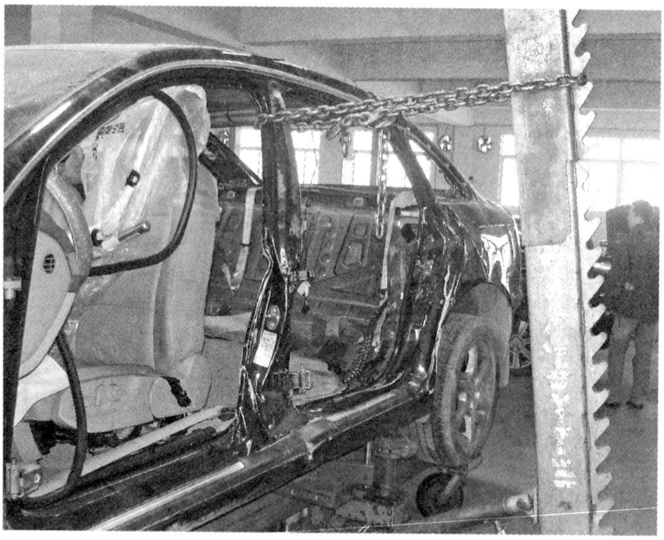

图6-103　牵拉车身B柱

3）拆除不可拆卸连接的车身外构件并进行整形

车身校正完工以后就可以将车身侧围损坏的构件拆除，如图 6-104 所示，汽车车身侧围结构由车身侧围 A、B、C 柱和后翼子板构成一个整体结构，此案例为更换汽车车身侧围。

图6-104　拆除车身侧围损坏构件

拆除车身侧围外板后，应对车身内板进行整形，如图 6-105 所示，车身侧围内板都有一定的强度可以用钣金锤与垫铁进行整形，对于车身构件局部变形严重的部位也可以采用牵拉的工艺方法。

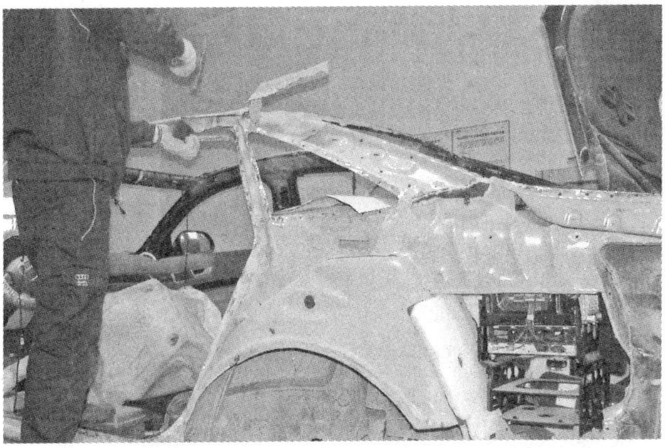

图6-105　对车身内板损坏构件整形

采用牵拉的工艺方法应注意选择牵拉点的设置，车身内板常用高强度金属材料制造，焊接性能也不如汽车车身外板那样好，如图 6-106 所示，可以利用汽车车身门框的一些铰链孔，制作一个辅助环，进行牵拉作业。

图6-106　利用铰链安装孔安装辅助牵拉环

在进行车身内板整形时，还要注意对一些构件上的毛刺、凸块进行打磨，如图 6-107 所示，使下面的作业能更顺利进行。

图6-107 打磨除去毛刺、凸块等

对汽车车身内板的牵拉要特别小心，车身内板一般比车身外板有更大的强度，所以牵拉时会较为困难，更重要的是一定不能牵拉过度，如果牵拉过度会造成无法进一步校正修复的后果，只能采用局部更换车身内板的方法来进行修复。如图 6-108 所示，车身这个部位的牵拉校正一定要用液压加力装置进行，才能取得比较好的效果。

图6-108 采用液压加力装置校正

汽车车身顶部是一个框架结构，与车身底部的框架结构相比会显得薄弱很多，所以这一部位结构的校正不困难，但这个框架结构的定位却十分重要，因为车身顶部框架是车身两侧围的定位依据，这一部位的框架校正定位是否正确将会影响到汽车车身侧围的安装、汽车车门的安装、汽车前后内窗玻璃的安装等。所以这一部位的整形是很重要的，不要认为这一部位的框架都属于车身内板，车身外板安装后就看不到了，这是错误的想法，这一部位的任何构件整形不好，甚至任何一个构件的弯曲变形、凸起都会给车身外构件的安装造成困难。如图 6-109 所示，一定要对车身顶部框架结构的每个构件按要求进行整形。

图6-109　对车身顶部框架结构整形

4）整形、打磨配装车顶

在对车身顶部框架进行整形的同时还需要进行打磨，特别是一些车身点焊残渣、残留铆钉、车身内填充材料等。如图 6-110 所示，车身顶部框架的各个框架边缘都要进行整形，并打磨平整，这样下面的整形和安装工艺才能顺利进行。

图6-110　车顶框架边缘进行整形和打磨

汽车车身侧面门槛梁是汽车车身侧面整体刚度最好的部位，如果汽车车身门槛梁碰撞损坏造成弯曲变形，应视为汽车碰撞损坏严重，如图 6-111 所示，车身门槛梁也是盒子形结构横梁，车身门槛梁外板与内板之间应有空间，如果碰撞造成了车身门槛梁内板弯曲变形可以认为是受到了严重的碰撞冲击。汽车车身门槛梁是汽车底部结构，因此，锈蚀也会很严重，在整形、校正的同时应清除锈蚀，如果锈蚀严重到无法清除的构件应更换掉。

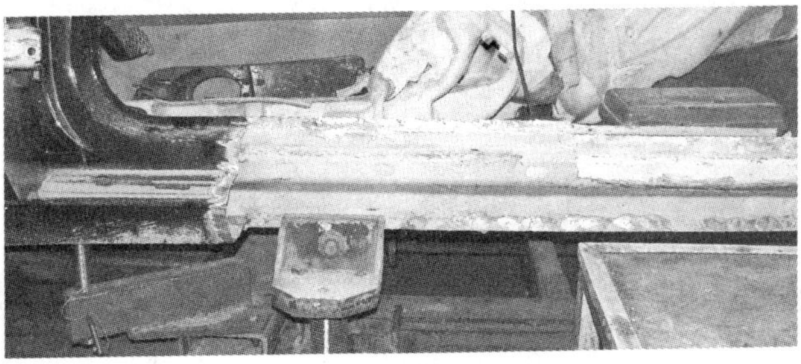

图6-111　车身门槛梁应打磨清除构件锈蚀

汽车车顶部结构的刚度远不如汽车车身其他部位的刚度，汽车的车顶就如同一个“饼干桶”的盖一样，汽车车身经安装焊接以后就会大大提高汽车车身的整体刚度。汽车车顶也是汽车车身密封要求最高的部位，如图 6-112 所示，汽车车顶结构可以在汽车车身技术文件上查到，其安装尺寸在修复时应按车身技术文件的参数要求，汽车车顶与车身侧围之间的结构是车身修复的重要部位，在车身修复时一定要特别注意，才能保证车身修复的最好效果。

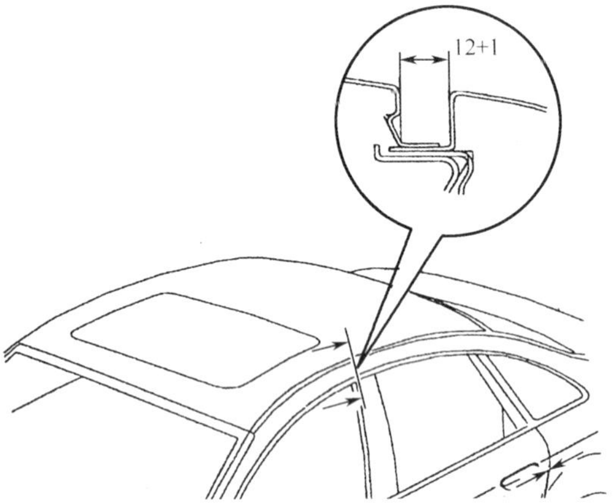

图6-112　按车身技术文件要修复车顶

汽车车顶部位的框架结构，实质主要是由车身侧围的定位来决定的，这就是说，如果车身侧围的定位不正确，汽车车顶的安装就会出现问题，甚至造成车顶无法安装，需要重新进行车身侧围的校正后，才能进行车顶的安装。如图 6-113 所示，车顶是由车身侧围与车顶前后横梁组成的，结构简单的车的车顶前后横梁一般都采用点焊与车身侧围上横梁连接。

图6-113　汽车车顶的结构

汽车车顶后横梁如图 6-114 所示，是一个薄金属材料的构件，一般不具有很高的强度，因拆除时只要将点焊点剔除，更换十分方便，所以修复时常采用更换车顶横梁的工艺方法。

图6-114　车身车顶后横梁

车身车顶前横梁，如图 6-115 所示，也是采用点焊焊接在车身侧围的上横梁上，更换也是只要将焊点剔除，就可以很方便地拆除。

图6-115　车身车顶前横梁

5）配装车身附件

车身侧围内板经过整形以后，可以将更换的车身侧围进行试装，如图 6-116 所示，将车身侧围和车门等构件进行试装。汽车车身的修复是一个十分仔细的工作，需修理人员认真的工作态度和具有一定的操作技能，除此之外，多年的车身修复经验也是必不可少的。因为汽车车身碰撞可以说没有完全相同的实例，即使可以归纳出分门别类的碰撞实例，但碰撞造成的损坏千差万别，需要修理人员在操作过程中不断地总结经验才能成为一个优秀的修理技师。

图6-116　试装车身附件

可查阅到车身侧面构件之间的装配间隙要求，如图 6-117 所示，车身中部各构件之间隙为：F 为 3mm，G 为 3.5mm，J 为 4.5mm。除了要注意这些构件之间的间隙要求达到之外，还应注意构件的使用功能，例如，汽车车门应开闭灵活，并可以在要求的位置停止等。

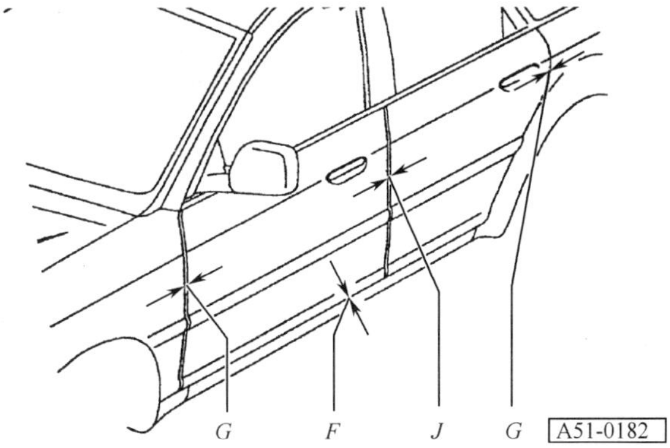

图6-117　汽车车身侧面构件之间间隙

汽车整体校正后，采用试装的方法也有工艺方法的问题，依据汽车车身碰撞损坏的部位，需要采用不同的工艺方法，例如，如图 6-118 所示，因为汽车车身前部没有受碰撞的影响，所以汽车车身前柱（*A* 柱）的构件位置可以作为汽车校正装配的依据。

图6-118　以车身前部和A柱为校正依据

车身更换的侧围构件包括车身 *B* 柱、*C* 柱、后翼子板连成一体的侧围构件，因为车身后部没有受碰撞的影响，所以可以依据车身侧围与车身后部构件之间的间隙作为校正车身依据。如图 6-119 所示，可以利用车身尾部的结构，进行校正试装车身侧围。

图6-119　车身侧围与后部构件间隙

6）配装车身各附件

汽车车顶构件也可以进行试装，此案例汽车车型车顶结构是采用车身侧围与车顶长度方向的边缘焊接的工艺方法，所以汽车车顶的框架必须保证与车身两侧围有很好的尺寸保证。如图 6-120 所示，间隙过大是无法进行安装的。汽车车顶构件很大，如果反复用车顶进行校正，会给安装工作带来更大困难，应主要通过合理检查和测量手段在汽车车身侧围的校正完全正确以后随后马上进行车顶安装。

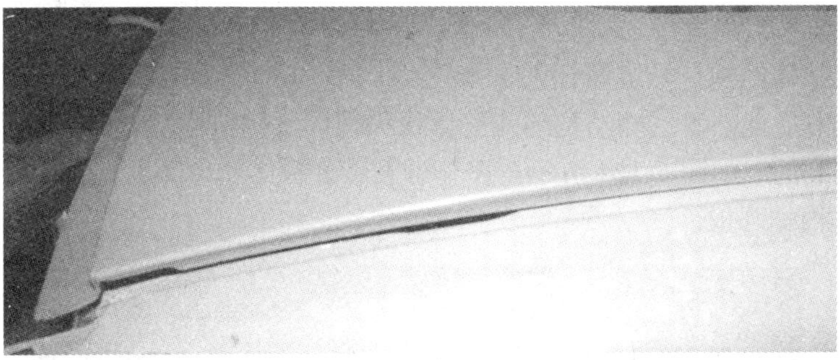

图6-120　试装车顶构件

汽车车顶的安装要保证车顶与车身两侧围的上横梁的间隙符合车身技术文件的要求，这样，在焊接后，有好的密封性能。如图 6-121 所示，这是汽车左侧车顶与车身侧围连接的状况。如图 6-122 所示，为汽车右侧车顶与侧围的连接状况。

图6-121　汽车左侧车顶与车身侧围连接状况

图6-122　右侧车顶与侧围的连接状况

在试装车身构件的过程中，操作者还会发现车身整体还有需要校正的部位，需针对这些部位进行进一步整形，如图 6-123 所示，继续对车身车顶进行整形。

图6-123　继续对车身车顶进行整形

7）配装车身 *B* 柱

汽车车身整体结构是经过设计人员精心设计的，车身修复人员应了解这些结构，在修复过程中应尽可能地熟悉这些结构的几何形状和构件材料的特性，这对修理人员进行校正和整形都是有利的。如图 6-124 所示，在车身侧围外板内，*B* 柱有一个连接车身侧围上、下横梁的 *B* 柱内加强板。

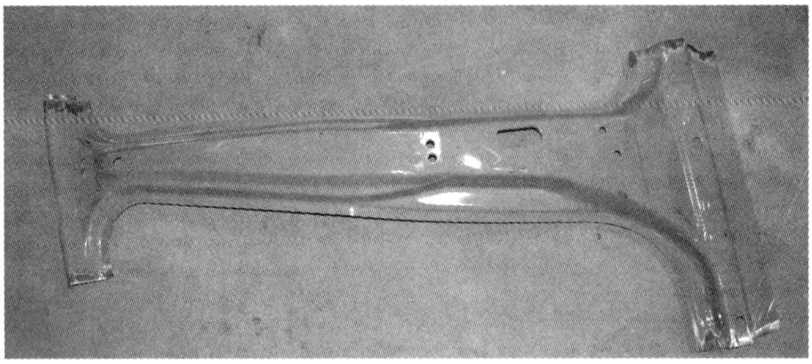

图6-124　车身*B*柱内加强板

这个 *B* 柱加强板有一定强度，它与车身侧围上、下连接的接头是汽车侧围重要的连接接头，是车身结构的重要部分，在进行整形更换的过程中应引起特别重视，在一些专业修理单位汽车车身 *B* 柱的安装有专用配套设备，如图 6-125 所示，这样在安装时，可以达到车身技术文件的要求。

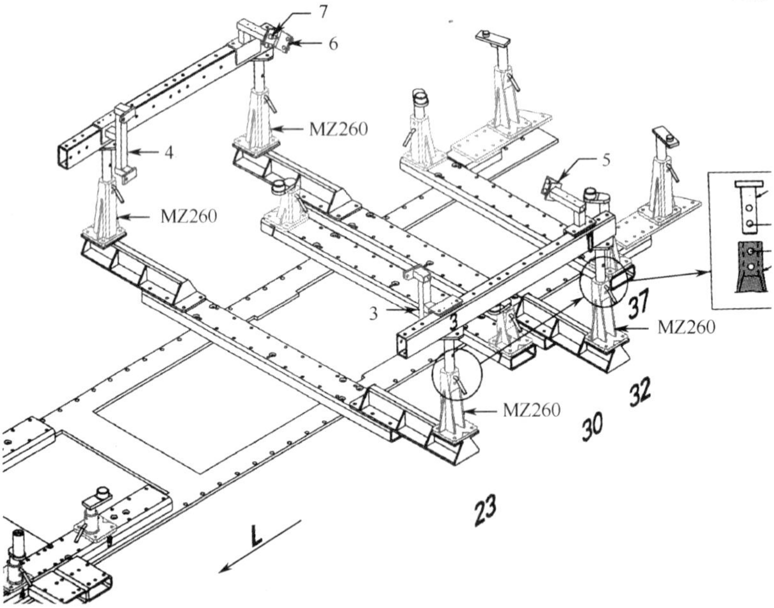

图6-125　安装车身B柱的专用夹具

汽车车身 *B* 柱加强板的安装如图 6-126 所示。

汽车车身构件之间的接头是保证车身整体刚度的重要构件，如果车身接头的连接强度无法保证，那么，汽车车身的整体刚度和强度也就无法保证，所以应特别引起修理人员的重视。如图 6-127 所示，为车身 *B* 柱与车身侧围上横梁的连接。

图6-126　安装车身侧围*B*柱内加强板

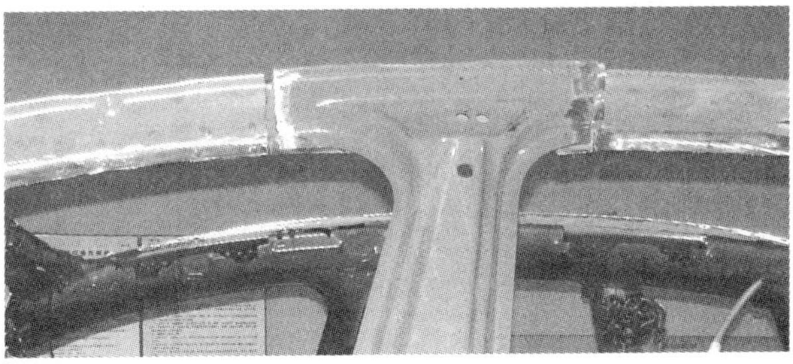

图6-127　*B*柱与侧围上横梁连接

车身 *B* 柱与车身侧围的下横梁的连接强度更为重要，汽车车身侧面的抗碰撞功能除了 *B* 柱的自身抗碰撞性能之外，主要是通过车身 *B* 柱与车身侧围的连接强度来实现的。如图 6-128 所示为车身 *B* 柱与车身侧围门槛梁的连接。

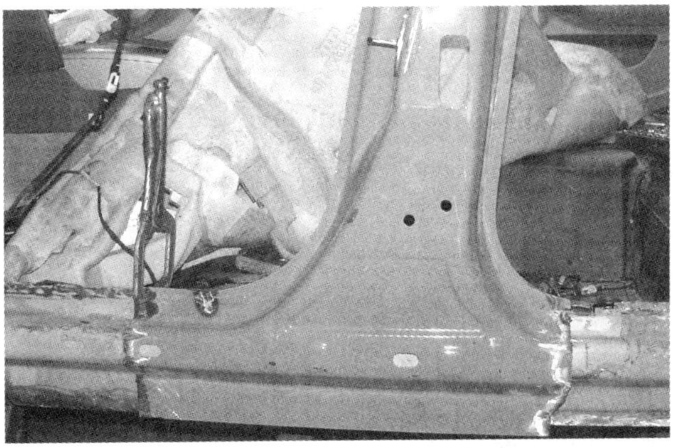

图6-128　*B*柱与侧围门槛梁连接

汽车车身构件之间的焊接是汽车车身修理中的重要工艺方法，虽然现在修理行业采用了焊接操作方便的惰性气保护焊、电阻焊等；但焊接操作仍应是操作人员的重要技能，如图 6-129 所示，为 *B* 柱与车身上横梁的焊接连接情况。

图6-129 *B* 柱与车身上横梁的焊接连接

汽车车身 *B* 柱内加强板虽然最终修理完工以后将会被车身外板覆盖，但这些构件的修复都十分重要，可以这样说，汽车车身的抗碰撞功能主要应是通过这些车身内加强板的整体连接结构来实现的，如图 6-130 为车身内加强板的连接状况。

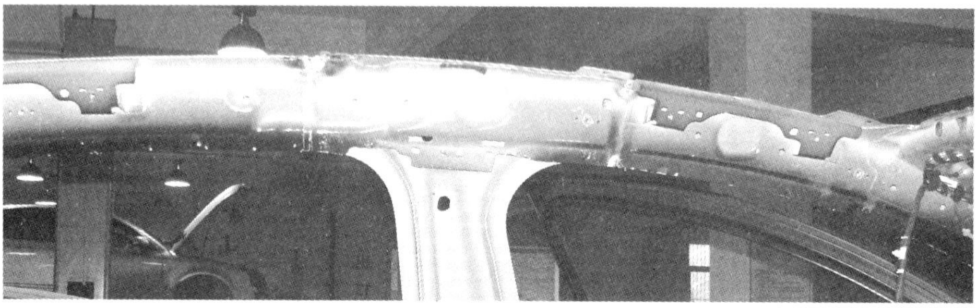

图6-130 车身内加强板的连接状况

8）试装车身附件、校正整体结构

汽车外部构件试装以后，有可能发现汽车的外部构件还不能很好与车身安装服贴，这需要对车身局部进行局部校正和整形，由于汽车车身外部构件已经试装在车身上，因此，在校正过程中，需要注意对车身外构件的表面进行保护，如图 6-131 所示，在牵拉校正设置时应注意不要用金属链条直接与车身外构件表面直接接触。如果能在校正时，进行详细检查和相关测量控制点的测量，则常常可以避免在试装车身构件后再进行牵拉操作。

图6-131 车身外构件试装中的校正

在车身整体校正完成后，可以进行试装车顶，如图 6-132 所示，应按汽车技术文件要求进行车顶的安装，并保证车顶与车身侧围上横梁的结构和间隙符合车身技术文件要求。

图6-132　装配车顶并符合技术文件要求

对于汽车车身门槛梁的更换，更换的外构件与原车构件需要采用对接的工艺方法，对接间隙应控制在合理的范围之内，焊接必须采用惰性气体保护焊，如图 6-133 所示。

图6-133　更换构件与原构件对接

在汽车车身整体结构校正完工后，可以采用定位焊将更换的构件基本定位，对车身的所有外部构件进行试装，如图 6-134 所示。

图6-134　试装车身外部构件

汽车直接碰撞位置在车身中部，修复时又更换了车身 *B* 柱，所以在进行车身外部构件试装时，要特别注意汽车前、后车门之间的间隙，以及是否能开闭灵活等，如图 6-135 所示，车门间隙符合要求，上、下间隙均匀。

图6-135　汽车前、后门间隙均匀并符合要求

汽车车顶是重要构件，在车身技术文件中都会有具体的安装要求，如图 6-136 所示，还要对车顶在试装过程中进行反复检查，确实保证安装质量。

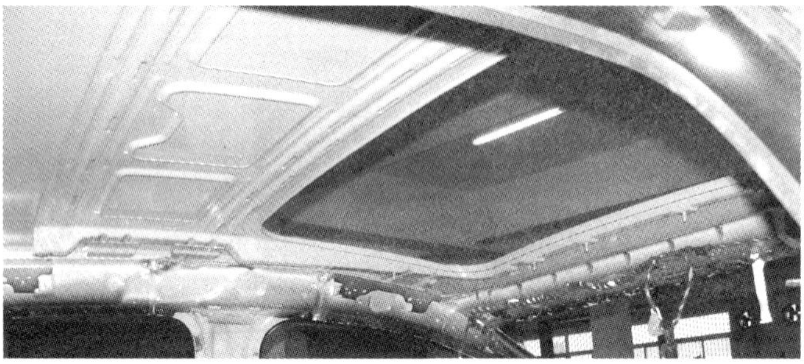

图6-136　确保车顶的安装质量

9）整形焊接更换构件

在试装校正完工以后，经检验人员检查确实基本合格以后，就可进行更换件的操作，并进行焊接作业了，这一系列作业也应按车身文件的要求和操作工艺规范进行，例如，如图 6-137 所示，对更换构件进行塞焊焊接连接，采用塞焊连接在进行打孔时，应避开原来点焊位置，塞焊操作应遵循操作规范进行。

图6-137　塞焊操作应遵循操作规范进行

汽车车身的外部构件一般都是采用点焊，如图 6-138 所示，更换了汽车车身整个侧围，汽车车身的前、后门框以及三角小窗、侧围整体周边都需进行点焊焊接，焊接操作时应注意焊接工艺要求，车身修复钣金工位也应根据车间的工装、工具、工作环境制定出相应的操作规范，并按这些规范进行合理操作。

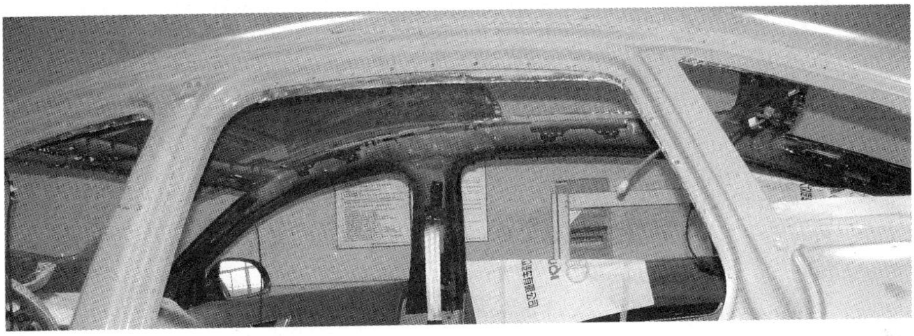

图6-138　按操作规范进行正确的操作

汽车车顶的更换安装操作也是采用点焊连接，如图 6-139 所示，操作时更需要注意，因为如果操作不好，焊接质量不好，时间长了，车身涂层松动后会造成漏水、漏气现象，其后果是十分严重的。有的车型汽车车顶也采用连续焊，这些要求可以在汽车车身技术文件中查阅，并应按技术文件的要求进行操作。

汽车侧围整体更换或者局部更换，都应以没有受到碰撞的部位构件为基准进行校正，例如，可以以车身后部后备厢盖、后保险杠、后灯具等为依据进行校正试装。所以，如图 6-140 所示，可以试装汽车后车门。

图6-139　车顶点焊连接

图6-140　试装汽车后车门

汽车后车门试装完工以后，再试装前车门，如图 6-141 所示，校正试装完工以后，可逐渐将更换构件焊接固定，在对更换的构件进行焊接时，要循序渐进按装配工艺和焊接工艺规范操作，这一过程中一些用来固定的钣金工具不要急于拆除，应保持一段时间，防止焊接安装构件产生回弹或装配应力产生的变形。

图6-141　试装汽车前车门

汽车试装校正全部完工以后，就可进行附件、装饰条等构件的安装，如图 6-142 所示，安装附件和进行铆钉连接车身压条等。

图6-142　安装附件和进行铆钉连接车身压条

汽车焊接完工后对车身各种焊点还要进行检查和打磨，如图 6-143 所示，汽车车身构件更换后进行检查和打磨都是需要认真操作，这样才能取得修复工作的最好效果。

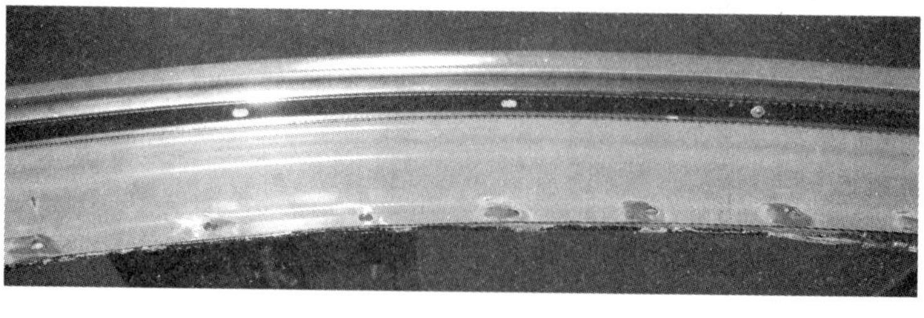

图6-143　汽车要进行检查和打磨

在车身钣金工序全部完工以后，可以交检验员、下道工序（涂装作业）有关人员进行检查交接。

6.4 汽车车身后部碰撞损坏测量方法和分析

如图 6-144 所示，汽车车身后部侧面碰撞严重损坏，造成汽车车身尾部、后保险杠、后灯具等损坏，车身翼子板外板损坏，内板碰撞变形，所以，需要更换翼子板外板，并整形或更换内板。

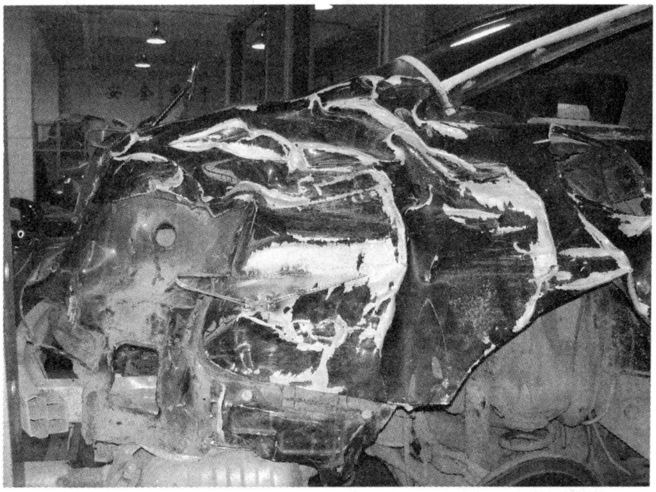

图6-144　车身后部右侧翼子板严重损坏

汽车车身后部碰撞严重损坏，主要操作要点是：先分析观察、检验测量判断汽车结构是否有损坏和变形，然后进行车身校正和整形，决定更换损坏的翼子板的位置，拆除损坏的翼子板外板，对车身翼子板内板进行整形和局部构件更换。

1. 碰撞损坏的分析、评估

汽车右后侧碰撞十分严重，检查汽车车身左侧并没有损坏痕迹，如图 6-145 所示，汽车车门间隙上下均匀，车门开闭灵活可靠。整体式车身因为是一个整体的框架结构，汽车碰撞的检查需要全面进行，碰撞车身的右后部位，碰撞严重也会影响车身的左侧面。

图6-145　汽车车身左侧未见碰撞损坏痕迹

为了准确进行判断，找出碰撞产生的问题，采用测量车身主要控制点是简明扼要的工艺手段。先查汽车车身整体是否受碰撞的影响，如图 6-146 所示，按技术文件检查底部尺寸。

车身底部前桥固定点与后桥固定点之间距离 d 为 1658±2mm。车身底部前桥固定点与后桥固定点对角线之间距离 e 为 1867±2mm（在装配校正时应以安装组件为准）。检查这一部位尺寸是确定汽车车身前部是否受碰撞的影响。

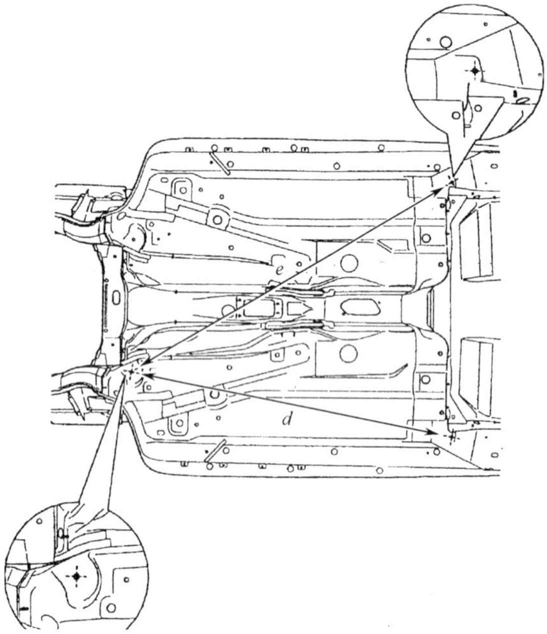

图6-146　检查车身底部尺寸

汽车碰撞的部位主要在汽车车身后部，所以还需检查汽车后部主要测量点尺寸。如图 6-147 所示，轴支座之间的距离 f 为 1190±2mm，后纵梁间距离 g 为 1080±2mm，轴支座与纵梁距离 h 为 1662±2mm，轴支座与纵梁距离对角线距离 J 为 2012±2mm。

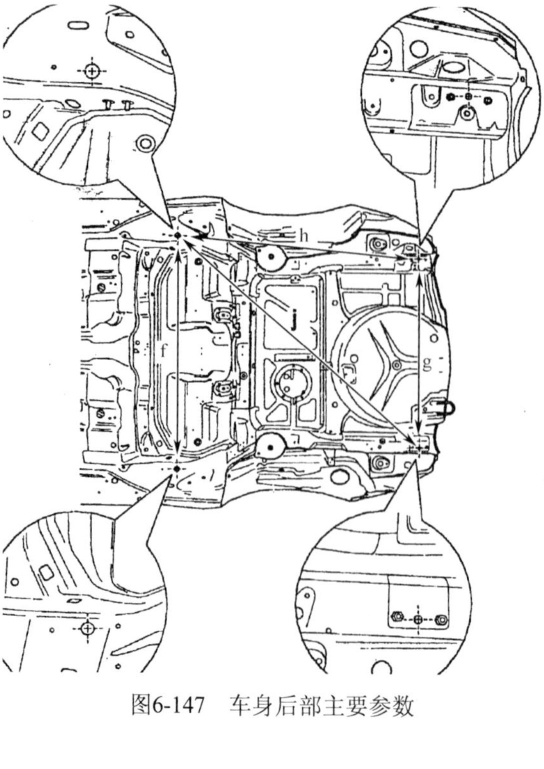

图6-147　车身后部主要参数

如果以上测量控制点尺寸都没有问题，可以判断车身底部没有受到碰撞的影响。查找车身技术文件，如图 6-148 所示，车身后部主要测量控制点尺寸，上部侧板距离 *h* 为 1212±2mm，后围板凸缘 *i* 为 545±2mm，后纵梁间距离 *k* 为 1135±2mm。根据车身技术文件对车身进行测量，由于汽车车身碰撞发生在车身后部，有的测量控制点尺寸无法测量。例如上部侧板距离 *h* 就无法测量，但由于此碰撞主要产生在车身后部，后纵梁间距离 *k* 是可以进行测量的，并通过测量这个测量控制点的尺寸可以判断碰撞是否对车身后纵梁产生了影响。

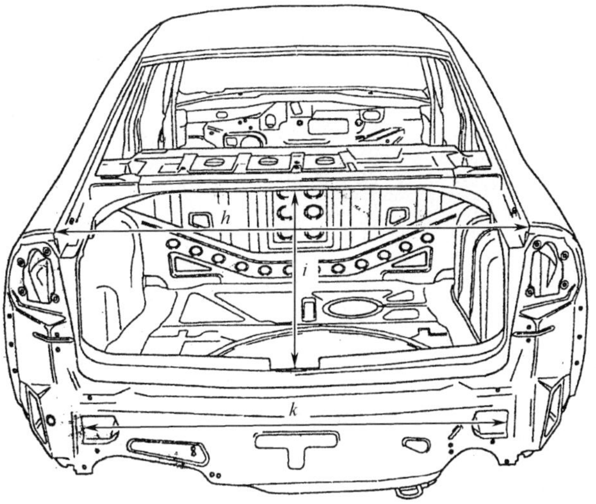

图6-148　车身技术文件车身后部重要测量点尺寸

经过检查和测量控制点的测量，汽车车身由于碰撞位置较高，车身后下部没有碰撞损坏。如图 6-149 所示，虽然车身右尾翼子板损坏严重，但并没造成车身纵梁及其他部位的损坏。为什么要强调汽车车身纵梁检查和测量相关测量点呢？这是因为汽车后纵梁与后减震器座有关，减震器座的变形或位置移动都会给车辆的行驶带来影响。例如，车身纵梁间距如果偏离技术文件要求的尺寸±2mm，汽车行驶过一段时间就会发现汽车车轮磨损不均匀，在高速下直行紧急制动，汽车不能正常直线停止。

图6-149　车身后部下部未见明显严重损坏

2. 碰撞损坏修复的主要操作要点

1）车身碰撞损坏部位的校正、牵拉

在拆除了车身后部一些有碍车身校正操作的构件后，可能先对车身损坏部位进行校正和牵拉操作，如图 6-150 所示，采用在损坏部位焊接上辅助牵拉环，进行校正牵拉。

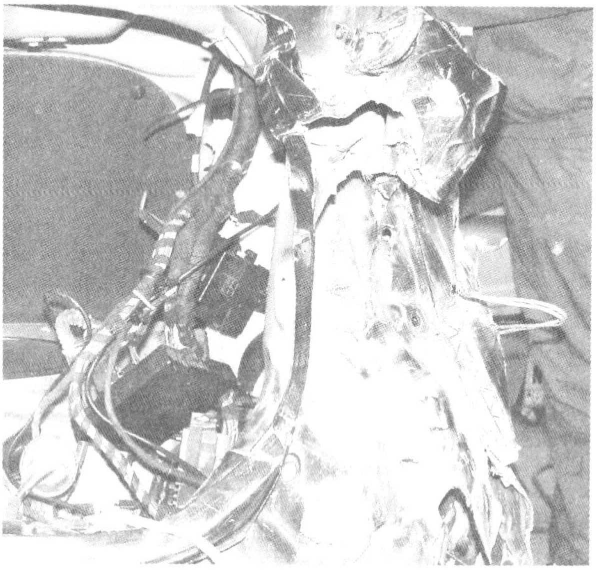

图6-150　牵拉损坏部位

2）采用液压设备进行牵拉

对严重损坏部位翼子板进行牵拉校正，并将损坏部分从车身上剥去。为了便于牵拉，可以在车身翼子板外板上焊一个环，如图 6-151 所示。

图6-151　采用液压设备进行牵拉操作

3）采用多点牵拉工艺方法

可以采用多点牵拉的工艺方法对损坏部位进行牵拉操作，如图 6-152 所示，在损坏部位进行多点牵拉。

图6-152　采用多点牵拉

4）部分分离车身损坏的翼子板外板

碰撞严重损坏的修复工艺方法是先将损坏部位尽可能地牵拉复位，在进行以上牵拉效果不明显的情况下，可以采用将车身 C 柱、车身后车门柱的损坏翼子板外板割除，并将割除部位附近的焊点剔除，将车身翼子板的门柱边缘分离，如图 6-153 所示。这样操作的主要目的是想将损坏部位的内板通过牵拉尽可能地恢复。

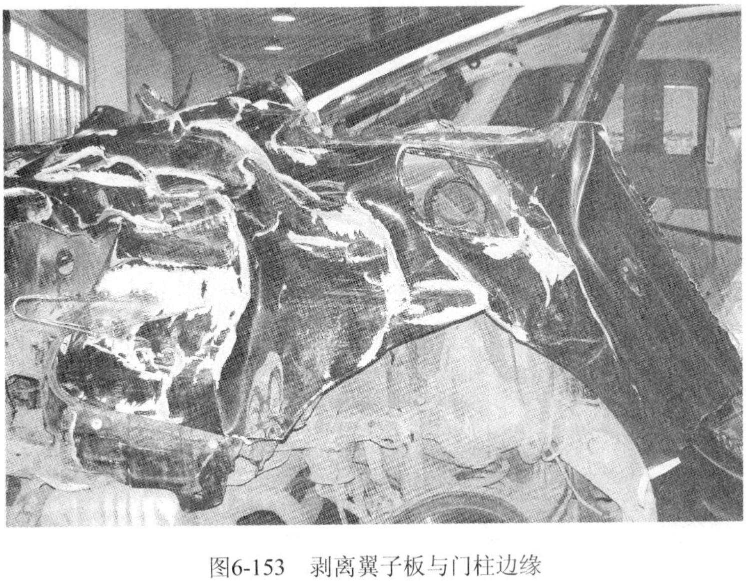

图6-153　剥离翼子板与门柱边缘

5）剥离损坏的翼子板外板

在进行牵拉时注意观察牵拉的校正效果，并时刻注意观察牵拉是否有效，如果牵拉已没有什么效果，就可以将车身翼子板外部损坏构件分离下来，如图 6-154 所示，这样可以直接观察车身翼子板损坏部位内板的变形情况，也方便下一步的修复操作。

图6-154　分离损坏的翼子板外板

6）整形车身翼子板内板

车身翼子板外板剥去以后，可以看出车身翼子板内板损坏折摺变形，如图 6-155 所示，车身翼子板内板是用高强度金属材料制作的，其内板变形十分严重，要进行整形应十分困难。

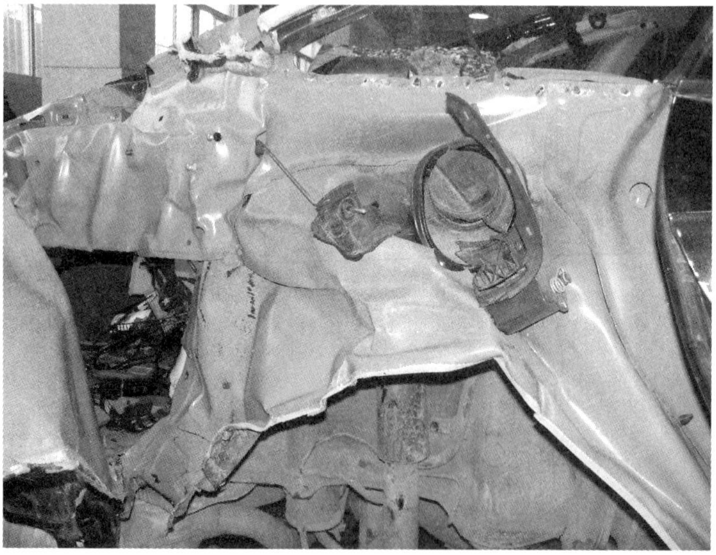

图6-155　车身翼子板内板严重折摺变形

7）部分更换翼子板内板

从车身翼子板内板的结构和焊接接缝，可以看出翼子板内板与后三角窗是一个整体，如图 6-156 所示，更换翼子板损坏部位，必须将三角窗部位一起拆除。

图6-156　翼子板内板结构

8）更换翼子板内板

拆除更换损坏的翼子板内板，如图 6-157 所示，为带有三角窗的翼子板内板。

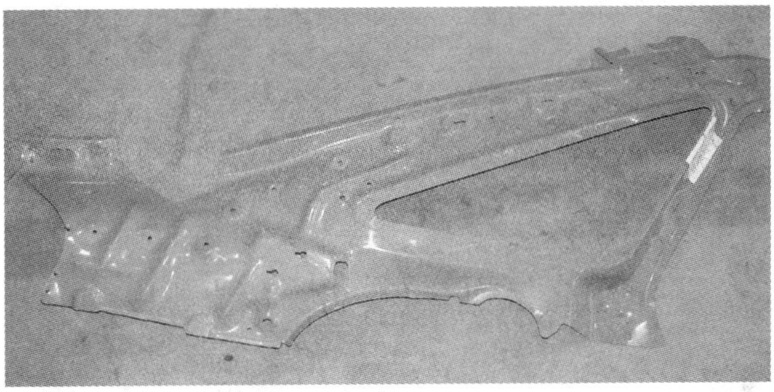

图6-157　更换损坏的翼子板内板

9）整形更换部位的相邻内板

在拆除更换翼子板内板以前，还需要对相邻的内板进行整形，如图 6-158 所示。

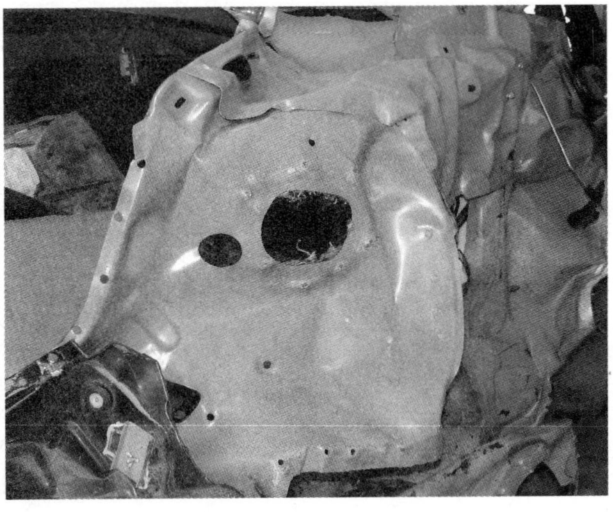

图6-158　整形相邻内板

10）焊接辅助牵拉环整形

在进行整形时可以焊接辅助环进行牵拉操作，如图 6-159 所示。

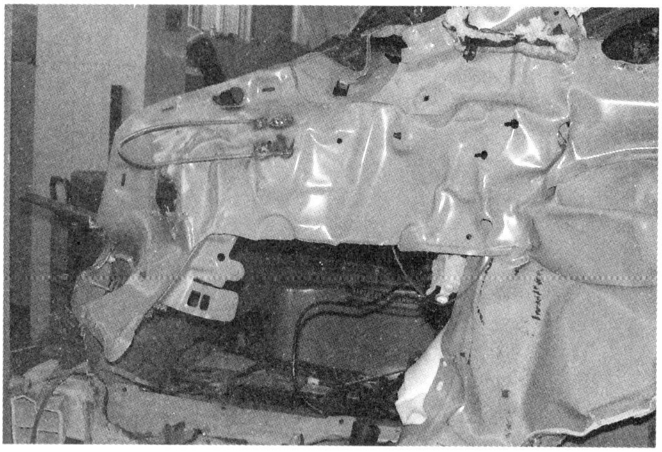

图6-159　焊接辅助牵拉环

11）使用液压设备进行牵拉

车身内板的强度较大，一般应使用液压设备进行牵拉操作，如图 6-160 所示。

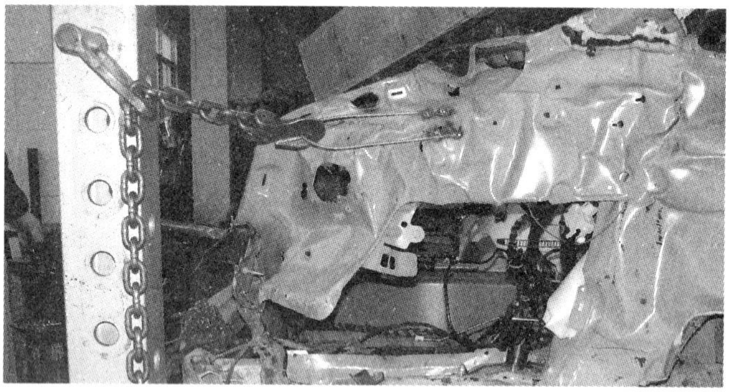

图6-160　使用液压设备进行牵拉

12）用钣金工具整形

在进行牵拉的同时，还可以用钣金工具进行整形，如图 6-161 所示。进行整形时需要注意汽车油箱的安全，如图 6-162 所示。牵拉操作可以选用钣金夹具，如图 6-163 所示。

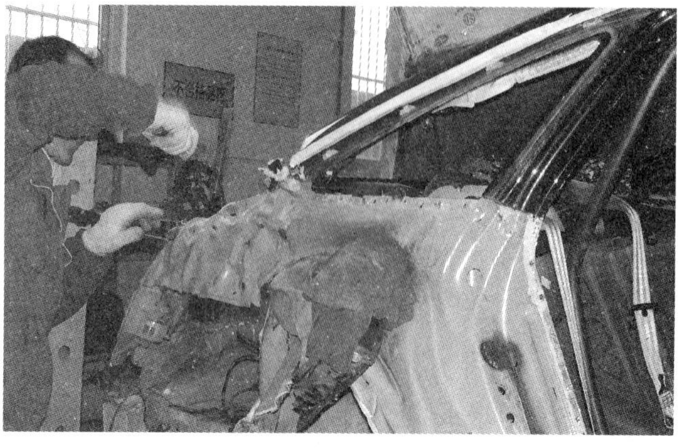

图6-161　使用钣金工具整形

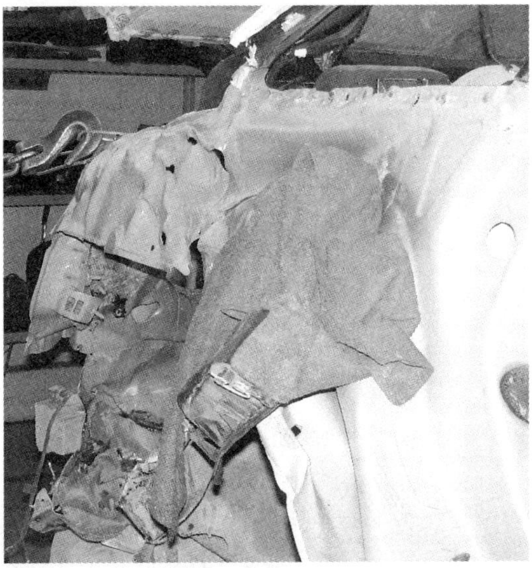

图6-162　注意油箱安全

图6-163　使用钣金夹具整形

整形完成以后就可以进行翼子板内板的更换。车身翼子板内板一般都采用点焊焊接，剔除点焊点，拆除损坏构件，采用塞焊焊接更换上新的车身内板。以上操作完成以后还应重复检查车身后部重要测量点的尺寸，检查校正修复效果。汽车车身后部翼子板、后备厢盖等都没有很高的刚度，因此，在整形过程中和整形以后构件会产生局部变形或产生回弹，所以必须反复测量和检查。在钣金作业完工以后还需要试装汽车车门，并参阅车身技术文件查看车身中部车门间隙尺寸，并需达到技术文件的参数要求，如图 6-164 所示。

另外，此车碰撞的直接部位是车身翼子部的后部，所以，还需要对车身后部一些构件之间的间隙进行检查并测量其间隙是否符合要求。如图 6-165 所示，检查测量后备厢盖与后保险杠间隙，检查后备厢盖与翼子板间隙等，并检查后备厢盖、后油箱盖是否开闭灵活可靠。

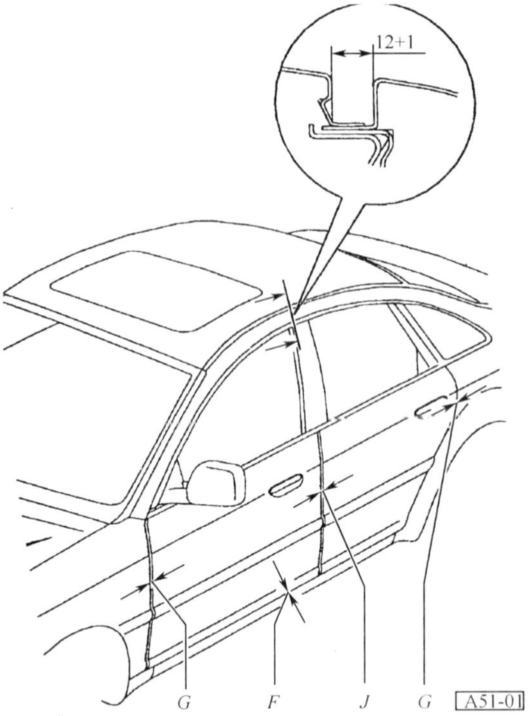

图6-164　检查车身中部重要测量参数

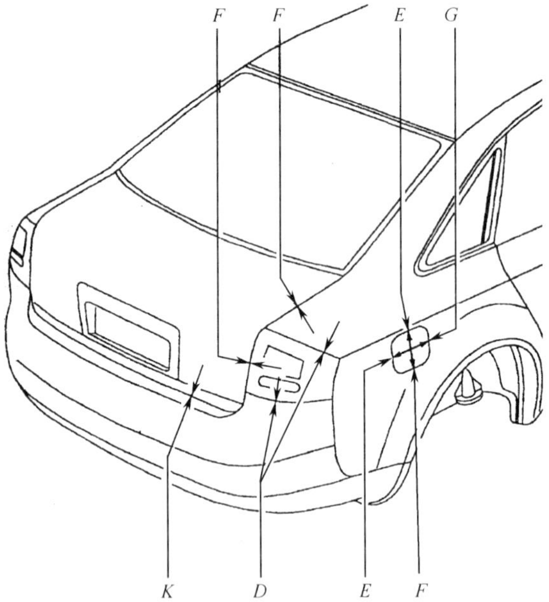

图6-165　检查车身后部构件间隙

上述操作检查以后还应交检验员进行检查，并做细记录才能交下道工序进行作业。

附　录

1. 图纸幅面和格式（GB/T 14689—93）

图样是绘制在图纸上的，国家标准对图纸作出了统一规定，以便于阅读和存档。

（1）图纸幅面尺寸。绘制技术图样时，应先采用表 1 所规定的基本幅面和尺寸。必要时，也允许选用加长幅面，但加长后的幅面尺寸需由基本幅面的短边成整数倍增加后得出。

表 1　图纸基本幅面代号和尺寸

<table>
<tr><th>幅面代号</th><th>B×L</th><th>a</th><th>c</th><th>e</th></tr>
<tr><td>A0</td><td>841×1189</td><td rowspan="5">25</td><td rowspan="3">10</td><td rowspan="2">20</td></tr>
<tr><td>A1</td><td>594×841</td></tr>
<tr><td>A2</td><td>420×594</td><td rowspan="3">10</td></tr>
<tr><td>A3</td><td>297×420</td><td rowspan="2">5</td></tr>
<tr><td>A4</td><td>210×297</td></tr>
</table>

（2）图框格式。在图纸上必须用粗实线画出图框，其格式分为不留装订边和留有装订边两种，格式如图 1 和图 2 所示，但同一产品的图样只能采用一种格式。

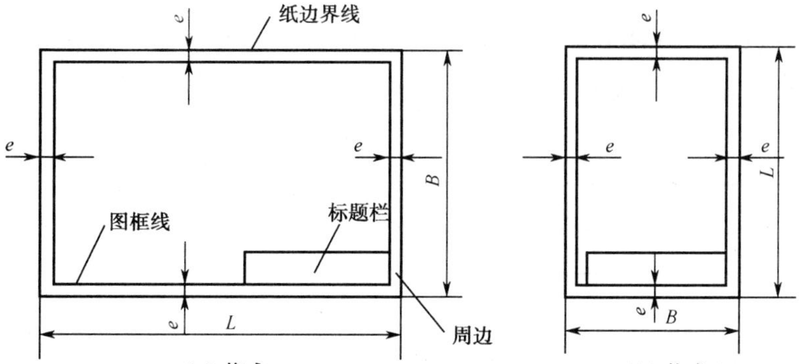

（a）格式一　　（b）格式二

图1　不留装订边的图框格式

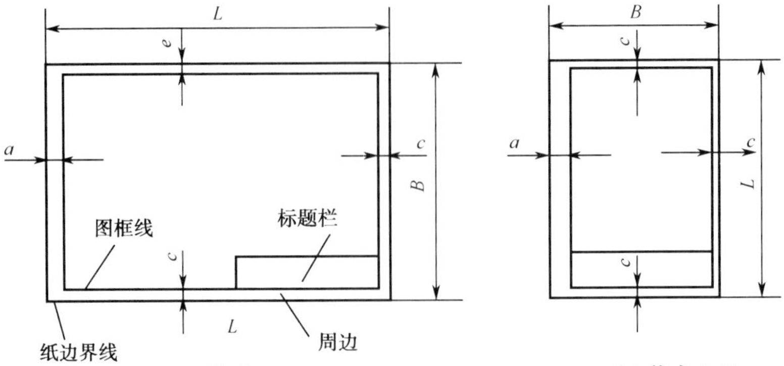

（a）格式（一）　　（b）格式（二）

图2　留装订边的图框格式

（3）标题栏的方位。标题栏的格式和尺寸按 GB10609.1—89 的规定，如图 3 所示。标题栏的位置应位于图纸右下角。

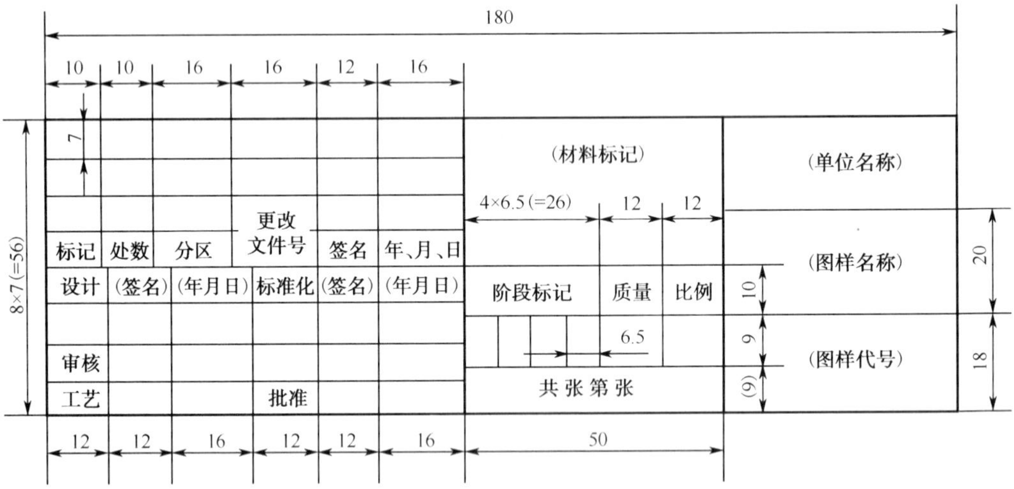

图3　标题栏的格式举例

（4）比例（GB/T 14690—93）。比例是指图中图形与其实物相应要素的线性尺寸之比。绘图时，应在表 2 规定的系列中选取适当的比例，必要时，允许选取表 3 中的比例。

表 2　比例

种　类	比　例		
原值比例	1∶1		
放大比例	5∶1	2∶1	
	5×10^n∶1	2×10^n∶1	1×10^n∶1
缩小比例	1∶2	1∶5	1∶10
	1∶2×10^n	1∶5×10^n	1∶1×10^n

注：*n* 为正整数。

表 3　比例

种　　类	比　　例				
放大比例	4：1	2.5：1			
	4×10^n：1	2.5×10^n：1			
缩小比例	1：1.5	1：2.5	1：3	1：4	1：6
	1：1.5×10^n	1：2.5×10^n	1：3×10^n	1：4×10^n	1：6×10^n

注：n 为正整数

（5）字体（GB/T 14691—93）。技术图样和有关技术文件中书写字体必须做到：字体工整，笔画清楚，间隔均匀，排列整齐。

2. 图线（GB/T 17450—1998 和 GB4457.4—84）

工程图样是用不同形式的图线画成的。为了便于绘图、看图和统一，国家标准规定了图线的名称、形式、尺寸和一般应用及画法规则等。

（1）线形及其应用。国家标准 GB/T 17450—1998《技术制图　图线》规定了绘制各种技术图样的基本线形（表 4）。它们适用于各种技术图样，如机械、电气、建筑和土木工程图样。

表 4　基本线形

代码 No.	基 本 线 形	名　　称
01		实线
02		虚线
03		间隔画线
04		点画线
05		双点画线
06		三点画线
07		点线
08		长画短画线
09		长画双短画线
10		画点线
11		双画单点线
12		画双点线
13		双画双点线
14		画三点线
15		双画三点线

注：上表中所列基本线形应用时画画成直线也可画成曲线。

在实际应用时，各专业要根据该标准制订相应的图线标准。国家标准 GB4457.4—84《机械制图　图线》中规定的 8 种图线（表 5 和图 4），是目前机械制图使用的图线标准。

表5　图线

图线名称	图线形式	图线宽度	一般应用
粗实线		b	（1）可见轮廓线 （2）可见过渡线
细实线		约 $b/3$	（1）尺寸线及尺寸界线 （2）剖面线 （3）重合断面的轮廓线 （4）螺纹的牙底线及齿轮的齿根线
波浪线		约 $b/3$	（1）断裂处的边界线 （2）视图和剖视的分界线
双折线		约 $b/3$	断裂处的边界线
虚线	4～6 ≈1	约 $b/3$	（1）不可见轮廓线 （2）不可见过渡线
点画线	15～30 ≈3	约 $b/3$	（1）轴线 （2）对称中心线 （3）轨迹线 （4）节圆及节线
粗点画线		b	有特殊要求的线或表面的表示线
双点画线	15～20 ≈5	约 $b/3$	（1）相邻辅助零件的轮廓线 （2）极限位置的轮廓线 （3）坯料的轮廓线

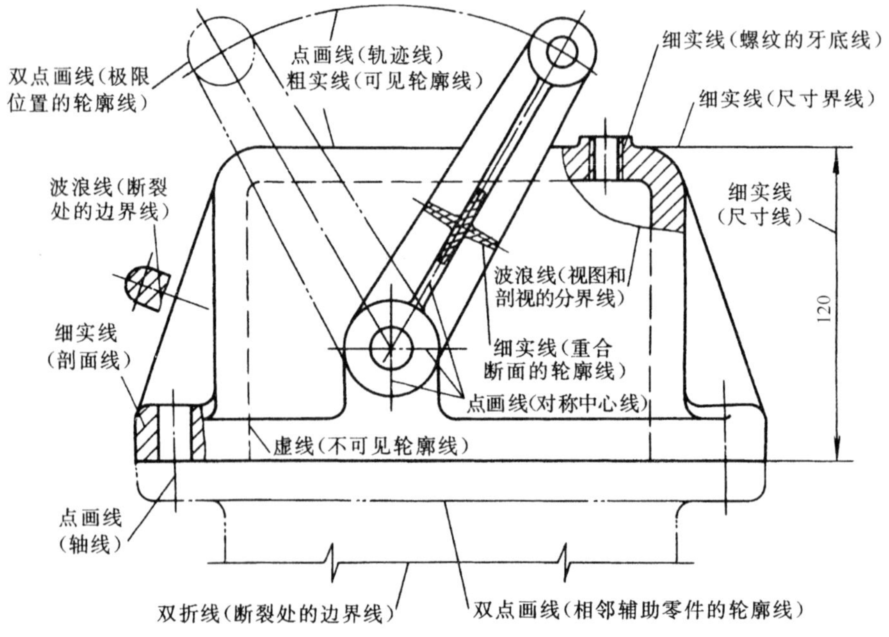

图4　线形应用示例

（2）图线的尺寸。图线的宽度应按图样的类型和尺寸大小在下列数系中选择。数系的公比为 1∶$\sqrt{2}$（≈1∶1.4）：0.13mm，0.18mm，0.25mm，0.35mm，0.5mm，0.7mm，1mm，1.4mm，2mm。

图线宽度的选择，应根据图纸幅面的大小、所表达对象的复杂程度，以及所绘制图样的用途等因素全面综合考虑。机械图样常用粗线宽度建议采用 0.7mm 或 1mm。在同一样中，同类图线的宽度应一致。

（3）图线画法的注意事项（见图 5）

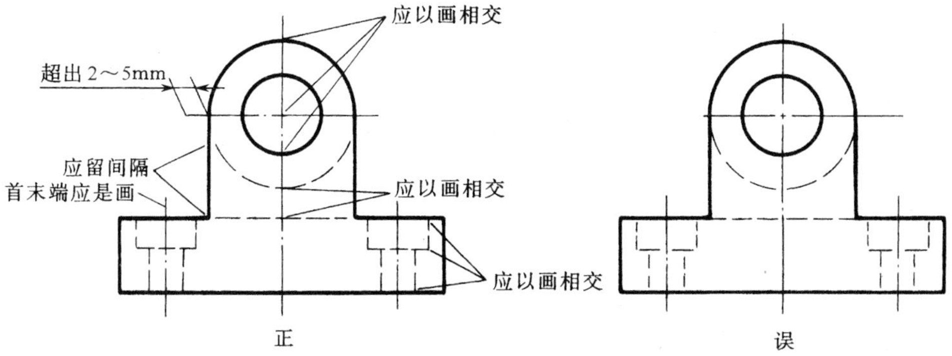

图5　图线画法注意事项

① 图线相交时，都应以画相交，而不应该是点或间隔。

② 虚线直线在实线延长线上相接时，虚线应留出间隔；虚线圆弧与实线相切时，虚线圆弧应留出间隔。

③ 实际绘图时，图线的首末端应是画，不应是点。点画线的两端应超过轮廓线 2～5mm。

④ 画圆的中心线时，圆心应是画的交点，当圆的图形较小（直径小于 12mm）时，允许用细实线代替点画线。

⑤ 计算机绘图时，圆心处的中心线可以用圆心符号代替。

⑥ 当有两种或图线重合时，通常应按照图线所表达对象的重要程度优先选择绘制顺序：可见轮廓线→不可见轮廓线→尺寸线→各种用途的细实线→轴线和对称中心线→假想线。

3. 尺寸标注（GB 4458.4—84 和 GB/T 16675.2—1996）

1）基本规则

（1）机件的真实大小应以图样上所注的尺寸数值为依据，与图形的大小及绘图的准确度无关。

（2）图样中（包括技术要求和其他说明）的尺寸，以 mm 为单位时，不需标注计量单位的代号或名称，如采用其他单位，则必须注明相应的计量单位的代号或名称。

（3）机件的每一尺寸，一般只标注一次，并应标注在反映该结构最清晰的图形上。

2）尺寸的组成。图样上标注的每一尺寸，一般由尺寸界线、尺寸线和尺寸数字所组成，如图 6 所示。

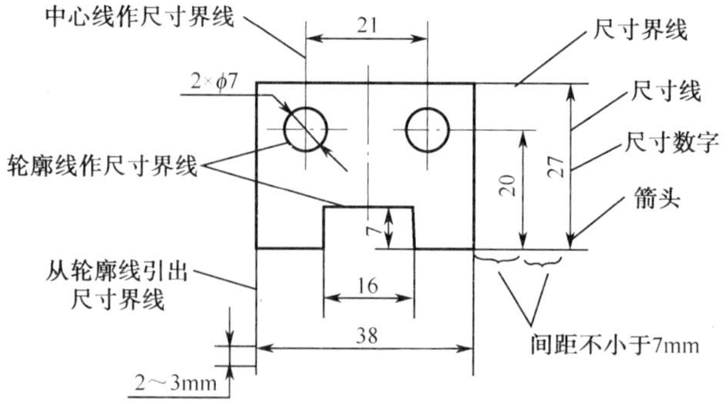

图6　尺寸的组成

（1）尺寸界线。尺寸界线用细实线绘制，并应由图形的轮廓线、轴线或对称中心线处引出，也可利用轮廓线、轴线或对称中心线作尺寸界线。

尺寸界线一般应与尺寸线垂直，必要时才允许倾斜。在光滑过渡处标注尺寸时，必须用细实线将轮廓线延长，从它们的交点处引出尺寸界线，如图7所示。

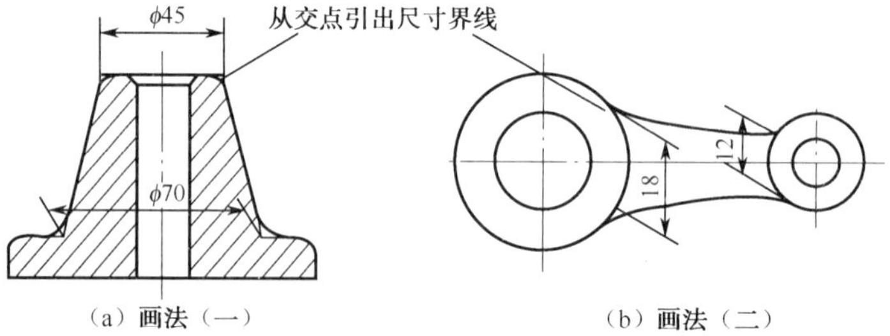

图7　尺寸界线的允许画法

（2）尺寸线。标注尺寸线时，尺寸线必须与所标注的线段平行。

尺寸线的终端有箭头和斜线两种形式，如图8所示。箭头形式，适用于各种类型的图样。当尺寸线的终端采用斜线（用细实线绘制）形式时，尺寸线与尺寸界线必须相互垂直。同一张图样中只能采用一种尺寸线终端的形式。

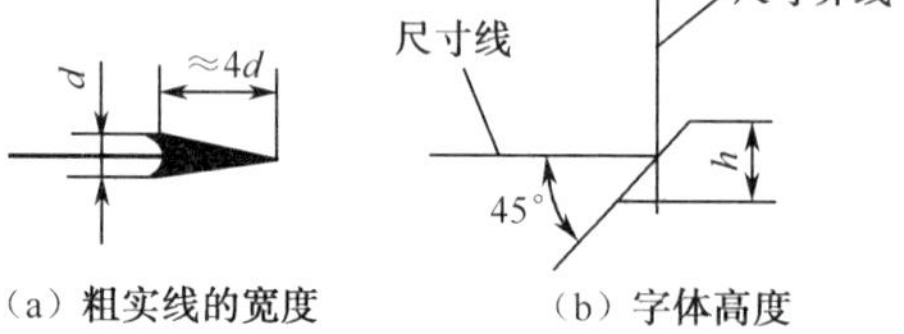

图8　尺寸线的两种终端形式

（3）尺寸数字。线性尺寸数字一般应注写在尺寸线的上方，也允许注写在尺寸线的中断处。

3）常用的尺寸注法（见表6）

简化标注尺寸时，可使用单边箭头，如图9（a）所示，也可以采用带箭头的指引线，如图9（b）所示，还可以采用不带箭头的指引线，如图9（c）所示。

表 6　常用的尺寸注法

项　目	图　例	说　明
直线尺寸	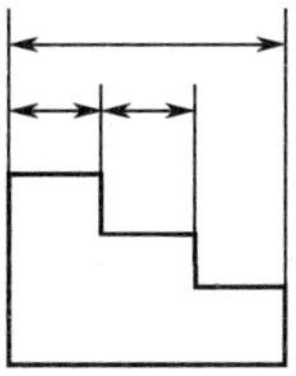 合理 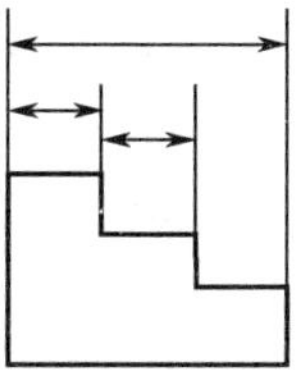 不合理 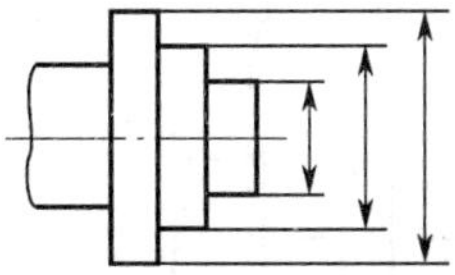 合理 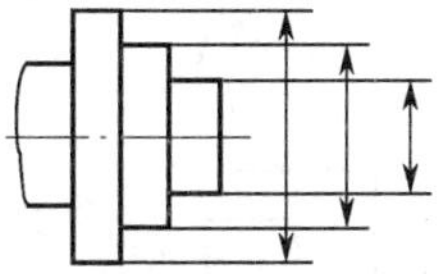 不合理	串列尺寸，箭头应对齐； 并列尺寸，小在内，大在外，尺寸线间隔不小于 7mm，且保持间隔基本一致
圆和圆弧	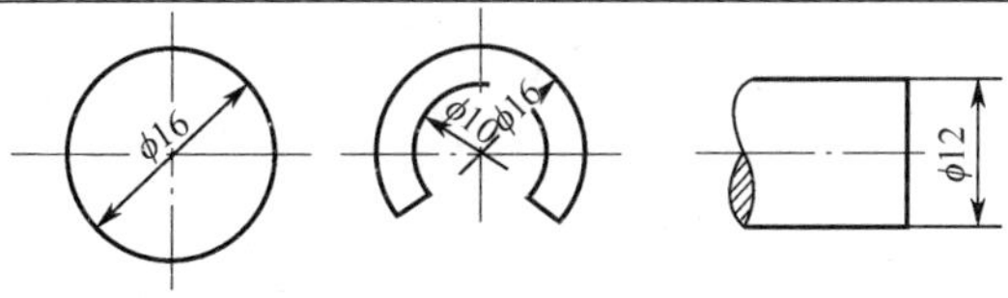 正 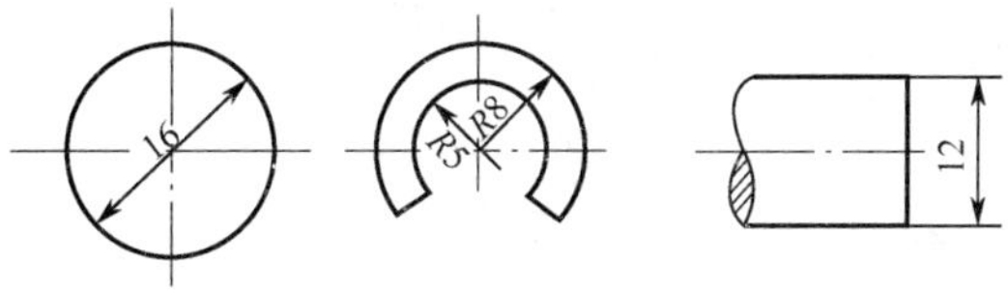 误 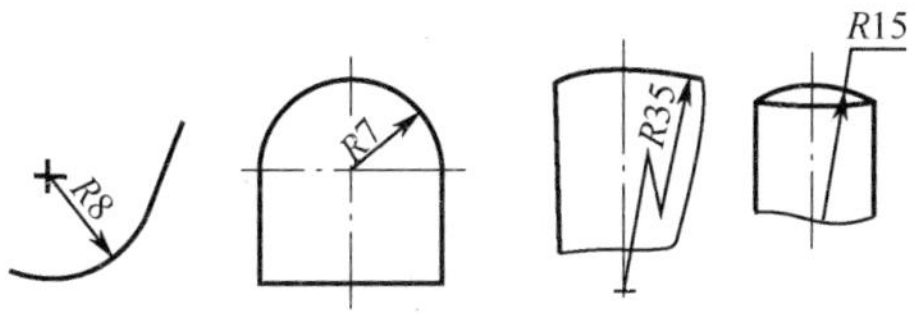 正 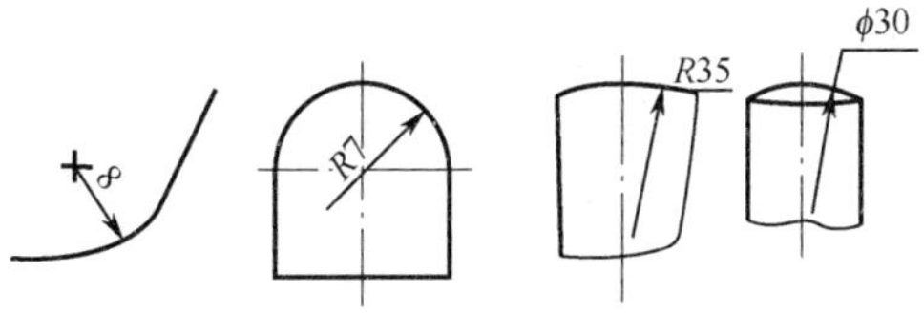 误	圆的直径和圆弧半径的尺寸线终端应画成箭头； 圆和大于半圆的圆弧尺寸应标注直径，且应在尺寸数字前加注符号“*φ*”； 小于和等于半圆的圆弧尺寸一般标注半径，只在指向圆弧的一端尺寸线上画出箭头，尺寸线指向圆心，且在尺寸数字前加注符号“*R*”

（续）

项　目	图　例	说　明
狭小部位	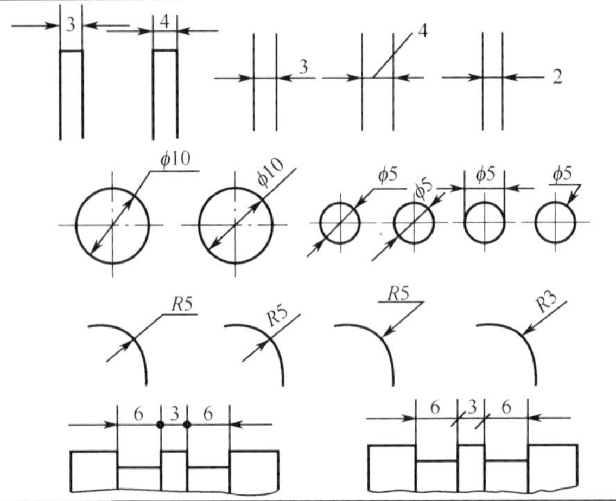	当没有足够位置画箭头和写数字时，可将其中之一布置在外面，也可把箭头和数字都布置在外面； 标注一连串串列小尺寸时，可用小圆点或斜线代替中间的箭头
角度	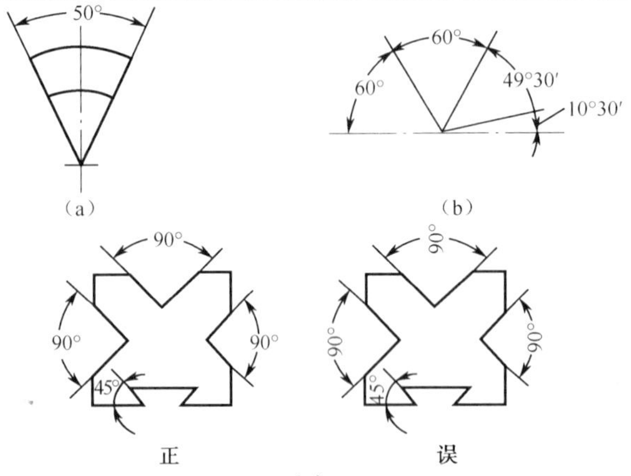	角度的尺寸线应沿径向引出，尺寸线应画成圆弧，其圆心是该角的顶点； 角度的数字一律写成水平方向，一般注写在尺寸线的中断处，必要时也可注写在尺寸线的上方、外面或引出标注
对称图形	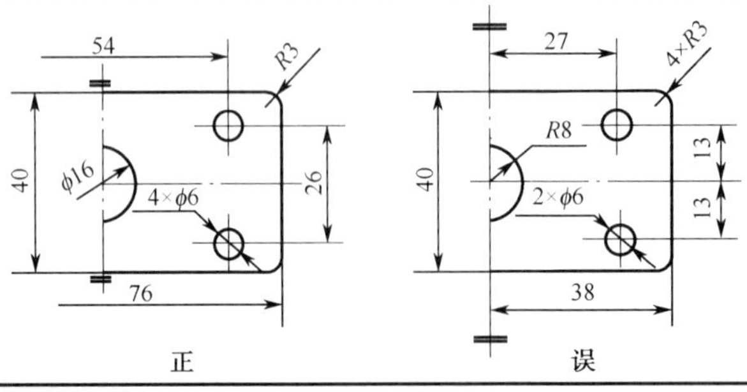	对称图形，应把尺寸标注为对称分布； 当对称图形只画出一半或略大于一半时，尺寸线应略超过对称中心线或断裂处的边界线，此时仅在尺寸线的一端画出箭头

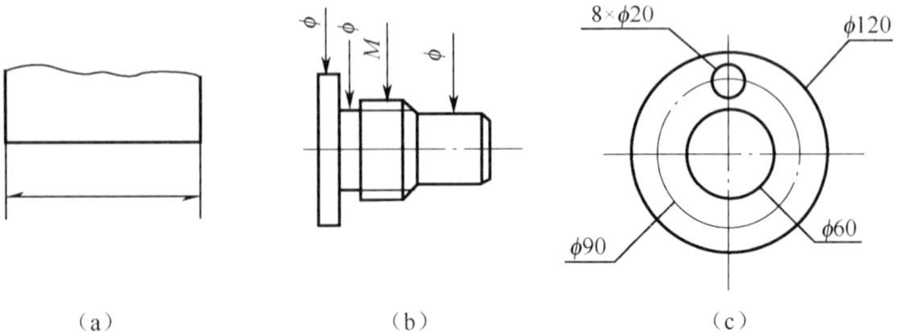

（a）　　（b）　　（c）

图9　尺寸的简化注法（一）

采用一组同心圆弧标注，如图 10（a）所示，一组圆心位于一条直线上的多个不同心圆弧，如图 10（b）所示，或一组同心圆，如图 10（c）所示，它们的尺寸可用共用的尺寸线和箭头依次表示。

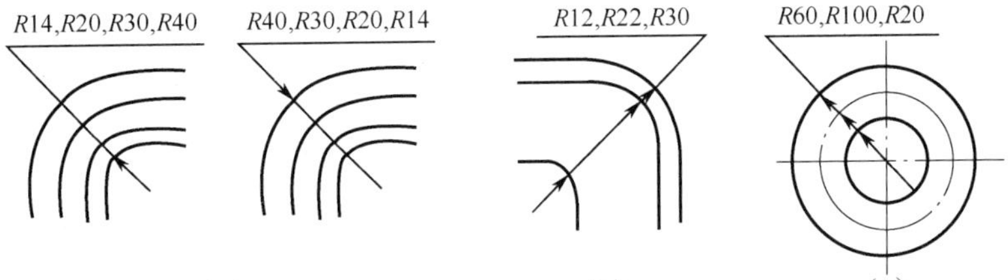

（a）　　（b）　　（c）

图10　尺寸的简化注法（二）

4. 表面粗糙度

表面粗糙度符合的意义及选择（见表 7、表 8、表 9）。

表 7　表面粗糙度符号的意义

符　　号	意义及说明
	基本符号，表示表面可用任何方法获得。当不加注粗糙度参数值或有关说明（如表面处理、局部热处理方法等）时，仅用于简化代号标注
	基本符号加一短划，表示表面是用去除材料的方法获得。如车、铣、钻、磨、剪切、抛光、腐蚀、电火花加工、气割等
	基本符号加一小圆，表示表面是用不去除材料的方法获得。如铸、锻、冲压变形、热轧、冷轧、粉末冶金等 或者是用于保持原供应状况的表面（包括保持上道工序的状况）
	在上述三个符号的长边上均可加一横线，用于标注有关参数和说明
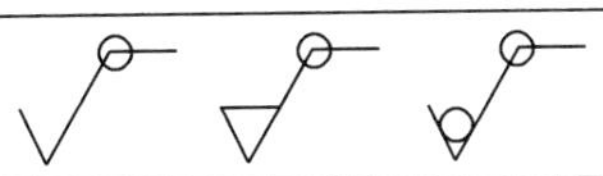	在上述三个符号上均可加一小圆，表示所有表面具有相同的表面粗糙度要求

表 8　表面粗糙度代号的意义

代　　号	意　　义	代　　号	意　　义
	用任何方法获得的表面粗糙度，R_a 的上限值为 3.2μm	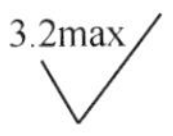	用任何方法获得的表面粗糙度，R_a 的最大值为 3.2μm

表 9　表面粗糙度 R_a 值的选择

表面特征		示　例	加工方法	适用范围
加工面	粗加工面	100▽　50▽　25▽	粗车、粗铣、粗刨、粗镗、钻	非接触表面，如钻孔、倒角、轴端面等
	半光面	12.5▽　6.3▽　3.2▽	精车、精铣、精刨、精镗、粗磨、细锉、扩孔、粗铰	接触表面：不甚精确定心的配合表面
	光面	1.6▽　0.8▽　0.4▽	精车、精磨、刮、研、抛光、铰、拉削	要求精确定心的重要的配合表面
	最光面	25▽　0.1▽　0.05▽　0.025▽　0.012▽	研磨、超精磨、镜面磨、精抛光	高精度、高速运动零件的配合表面；重要的装饰面
毛坯面		◯▽	铸、锻、轧制等，经表面清理	无需进行加工的表面

5. 极限与公差

（1）极限与公差在图样上的标注与识读根据国家标准有如下规定。

在标注配合的孔或轴的尺寸时，必须注写标准公差等级与基本代号（或偏差值）标注的形式有以下几种：

零件图中的标注形式。表 10 给出了标准公差等级与基本偏差代号在零件图上的标注方法。

① 注极限偏差值：在孔或轴的基本尺寸后注出极限偏差数值，上偏差注在右上方，下偏差注在右下方，并与基本尺寸在同一底线上。极限偏差数值比基本尺寸数值的字体小一号。上、下偏差的小数点必须对齐，小数点后面的位数必须相同。当其中的一个偏差为零时，应标注“0”。两个偏差数值相同时，可注写一次，此时偏差数值与基本尺寸数值的字体大小相同，前加正、负符号。

② 注公差带代号：在孔或轴的基本尺寸后面只注出公差等级和基本偏差代号。

③ 同时注公差带代号及极限偏差值，在孔或轴的基本尺寸后面先后注出公差带代号和用圆括号括起来的极限偏差值。

（2）装配图中的标注形式表 10 给出了标注公差等级与基本偏差代号在装配图上的标注方法。

① 一般标注形式：在基本尺寸后面注出孔与轴的配合代号，其中孔的配合代号注在上边，轴的公差代号注在下面。

② 注极限偏差或同层标注配合代号形式：允许将孔和轴的偏差分别注在基本尺寸后边，也允许将配合代号和基本偏差同时标注在基本尺寸后面。

③ 特殊标注形式。与标准件和外购件相配合的孔和轴，允许只注出公差代号。

表 10 极限与配合在图样上的标注方法

<table>
<tr><td>基准制</td><td colspan="2">零件图上的标注方法</td><td>装配图上的标注方法</td></tr>
<tr><td rowspan="2">基准制</td><td>基准孔</td><td>与基准孔配合的轴</td><td>标注形式</td></tr>
<tr><td>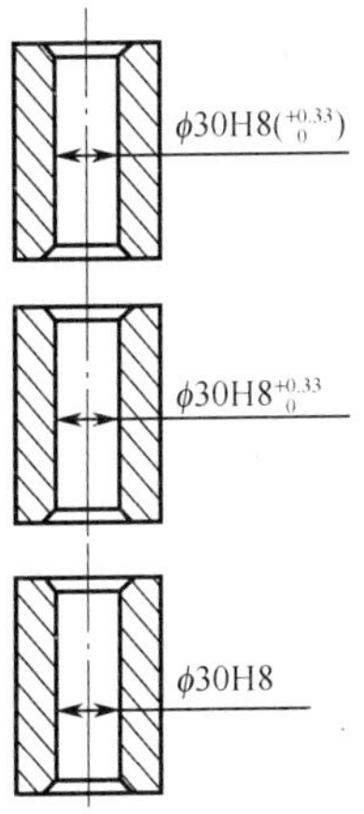</td><td>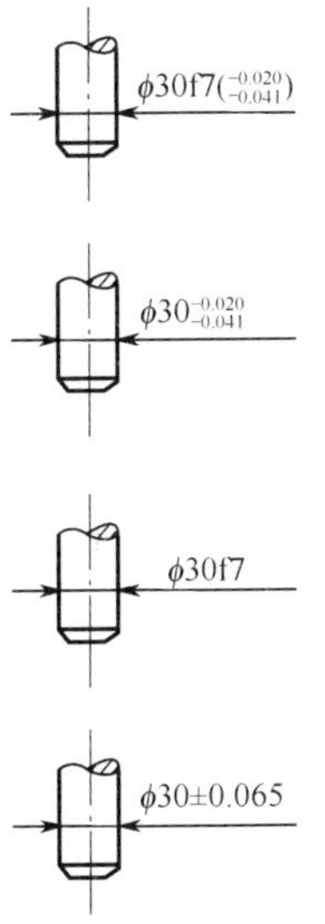</td><td>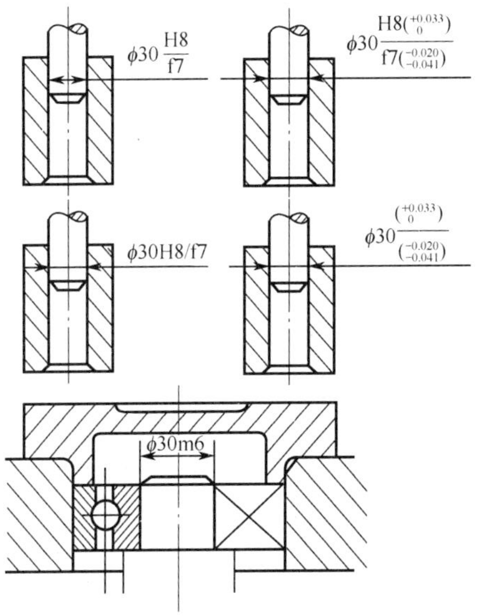</td></tr>
<tr><td rowspan="2">基准制</td><td>基准孔</td><td>与基准孔配合的轴</td><td>标注形式</td></tr>
<tr><td>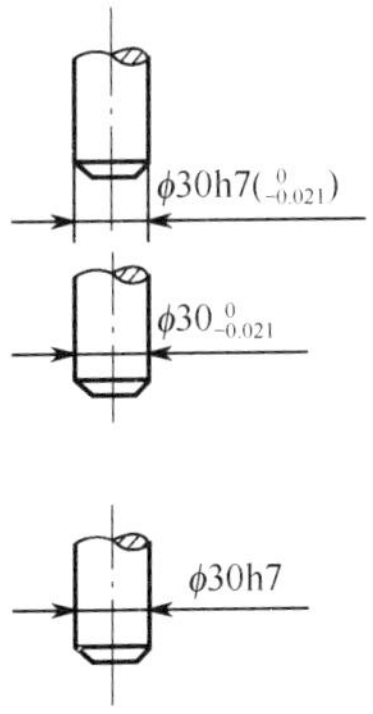</td><td>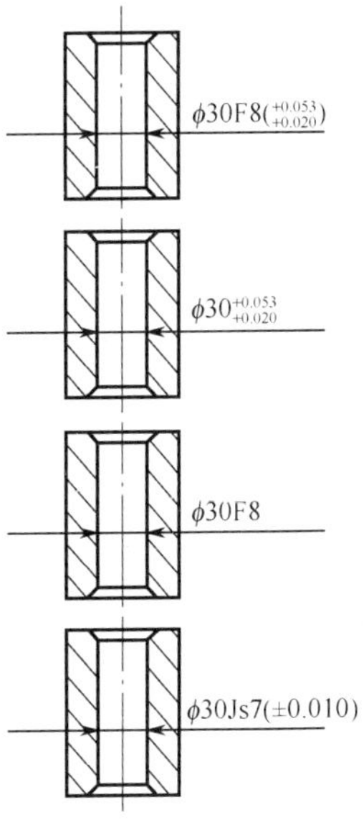</td><td>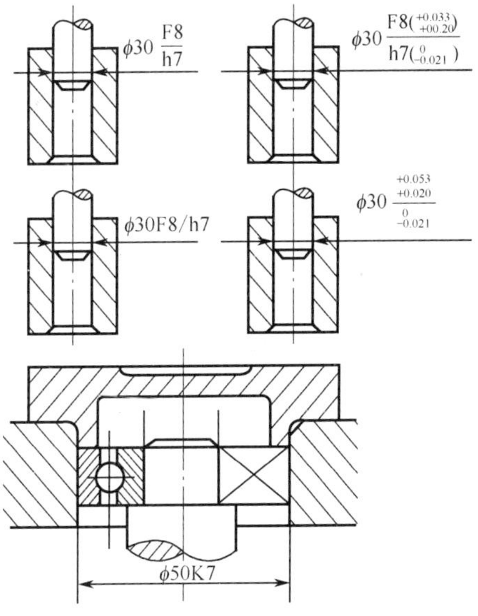</td></tr>
</table>

（3）极限与配合（见表 11 为优先及常用配合轴的极限偏差表、表 12 为优先及常用配合孔的极限偏差表）

表 11 优先及常用配合轴的极限偏差表

(μm)

代号		a	b	c	d	e	f	g	h									js	k	m	n	p	r	s	t	u	v	x	y	z
基本尺寸 mm		公差等级																												
大于	至	11	11	*11	*9	8	*7	*6	5	*6	*7	8	*9	10	*11	12	6	*6	6	*6	*6	6	*6	6	*6	6	6	6	6
—	3	-270 -330	-140 -200	-60 -120	-20 -45	-14 -28	-6 -16	-2 -8	0 -4	0 -6	0 -10	0 -14	0 -25	0 -10	0 -60	0 -100	±3	+6 0	+8 +2	+10 +4	+12 +6	+16 +10	+20 +14	—	+24 +18	—	+26 +20	—	+32 +26
3	6	-270 -345	-140 -215	-70 -145	-30 -60	-20 -38	-10 -22	-4 -12	0 -5	0 -8	0 -12	0 -18	0 -30	0 -46	0 -75	0 -120	±4	+9 +1	+12 +4	+16 +8	+20 +12	+23 +15	+27 +19	—	+31 +23	—	+36 +28	—	+43 +35
6	10	-280 -338	-150 -240	-80 -170	-40 -76	-25 -47	-13 -28	-5 -14	0 -6	0 -9	0 -15	0 -22	0 -36	0 -58	0 -90	0 -150	±4.5	+10 +1	+15 +6	+19 +10	+24 +15	+28 +19	+32 +23	—	+37 +28	—	+43 +34	—	+51 +42
10	14	-290 -400	-150 -260	-95 -205	-50 -93	-32 -59	-16 -34	-6 -17	0 -8	0 -11	0 -18	0 -27	0 -43	0 -70	0 -110	0 -180	±5.5	+12 +1	+18 +7	+23 +12	+29 +18	+34 +23	+39 +28	—	+44 +33	—	+51 +40	—	+61 +50
14	18																							—		+50 +39	+56 +45	—	+71 +60
18	24	-300 -430	-160 -290	-110 -240	-65 -117	-40 -73	-20 -41	-7 -20	0 -9	0 -13	0 -21	0 -33	0 -52	0 -84	0 -130	0 -210	±6.5	+15 +2	+21 +8	+28 +15	+35 +22	+41 +28	+48 +35	—	+54 +41	+60 +47	+67 +54	+76 +63	+86 +73
24	30																							+54 +4.	+61 +48	+68 +55	+77 +64	+88 +75	+101 +88
30	40	-310 -470	-170 -330	-120 -280	-80 -142	-50 -89	-25 -50	-9 -25	0 -11	0 -16	0 -25	0 -39	0 -62	0 -100	0 -160	0 -250	±8	+18 +2	+25 +9	+33 +17	+42 +26	+50 +34	+59 +43	+64 +48	+76 +60	+84 +68	+96 +80	+110 +94	+128 +112
40	50	-320 -480	-180 -340	-130 -290																				+70 +54	+86 +70	+97 +81	+113 +97	+130 +114	+152 +136
50	65	-340 -530	-190 -380	-140 -330	-100 -174	-60 -106	-30 -60	-10 -29	0 -13	0 -19	0 -30	0 -46	0 -74	0 -120	0 -100	0 -300	±9.5	+21 +2	+30 +11	+39 +20	+51 +32	+60 +41	+72 +53	+85 +68	+100 +87	+121 +102	+141 +122	+163 +144	+191 +172
55	80	-360 -550	-200 -390	-150 -340																		+62 +43	+78 +59	+94 +75	+121 +102	+139 +120	+165 +146	+193 +174	+229 +210
80	100	-380 -600	-220 -440	-170 -390	-120 -207	-72 -126	-36 -71	-12 -34	0 -15	0 -22	0 -35	0 -54	0 -87	0 -140	0 -220	0 -350	±11	+25 +3	+35 +13	+45 +23	+59 +37	+73 +51	+93 +71	+113 +91	+146 +124	+168 +140	+200 +178	+236 +214	+280 +258
100	120	-410 -630	-240 -460	-180 -400																		+76 +54	+101 +79	+126 +104	+166 -144	+194 +172	+232 +210	+276 +254	+332 +310

（续）

代号		a	b	c	d	e	f	g	h										js	k	m	n	p	r	s	t	u	v	x	y	z
基本尺寸 mm		公差等级																													
大于	至	11	11	*11	*9	8	*7	*6	5	*6	*7	8	*9	10	*11	12	6	*6	6	*6	*6	6	*6	6	*6	6	6	6	6
120	140	-460 -710	-260 -510	-200 -450																		+88 +63	+117 +92	+147 +122	+195 +170	+227 +202	+273 +248	+325 +300	+390 +365
140	160	-520 -770	-280 -530	-210 -460	-145 -245	-85 -148	-43 -83	-14 -39	0 -18	0 -25	0 -40	0 -63	9 -100	0 -160	0 -250	0 -400	±12.5	+28 +3	+40 +15	+52 +27	+68 +43	+90 +65	+125 +100	+159 +134	+215 +190	+253 +228	+305 +280	+365 +340	+440 +415
160	180	-580 -830	-310 -560	-230 -480																		+93 +68	+133 +108	+171 +146	+235 +210	+277 +252	+335 +310	+405 +380	+490 +405
180	200	-660 -950	-340 -630	-240 -530																		+106 +77	+161 +122	+195 +166	+265 +236	+313 +284	+379 +350	+454 +425	+549 +520
200	225	-740 -1030	-380 -670	-260 -550	-170 -285	-100 -172	-50 -96	-15 -44	0 -20	0 -29	0 -46	0 -72	0 -115	0 -185	0 -200	0 -460	±14.5	+33 +4	+46 +17	+60 +31	+79 +50	+109 +80	+159 +130	+209 +180	+287 +258	+330 +310	+414 +395	+499 +470	+604 +575
225	250	-820 -1110	-420 -710	-200 -570																		+113 +84	+169 +140	+225 +196	+313 +284	+369 +340	+454 +425	+549 +520	+669 +640
250	280	-920 -1240	-480 -800	-300 -620	-190 -320	-110 -191	-56 -108	-17 -49	0 -23	0 -32	0 -52	0 -81	0 -130	0 -210	0 -320	0 -530	±16	+36 +4	+52 +20	+66 +34	+88 +56	+126 +94	+190 +158	+250 +218	+347 +315	+417 +385	+507 +475	+612 +580	+742 +710
280	315	-1050 -1370	-540 -860	-330 -650																		+130 +98	+202 +170	+272 +240	+382 +350	+457 +425	+557 +525	+682 +650	+822 +790
315	355	-1200 -1560	-600 -960	-360 -720	-210 -350	-125 -214	-62 -119	-18 -54	0 -25	0 -36	0 -57	0 -89	0 -140	0 -230	0 -360	0 -570	±18	+40 +4	+57 +21	+73 +37	+98 +62	+144 +108	+220 +190	+304 +268	+426 +390	+511 +475	+620 +590	+766 +730	+936 +900
355	400	-1350 -1710	-680 -1040	-400 -760																		+150 +114	+244 +208	+330 +294	+471 +435	+566 +530	+696 +660	+856 +820	+1036 +1000
400	450	-1500 -1900	-760 -1160	-440 -840	-230 -385	-135 -232	-68 -131	-20 -60	0 -27	0 -40	0 -63	0 -97	0 -155	0 -250	0 -400	0 -630	±20	+45 +5	+63 -23	+80 +40	+108 +68	+166 +126	+272 +232	+370 +330	+530 +490	+635 +595	+780 +740	+960 +920	+1140 +1100
450	500	-1650 -2050	-840 -1240	-480 -880																		+172 +132	+292 +252	+400 +360	+580 +540	+700 +660	+860 +820	+1040 +1000	+1290 +1250

注：带“*”者为优先选用。

表 12　优先及常用配合孔的极限偏差表

（μm）

代号		A	B	C	D	E	F	G	H	H	H	H	H	H	H	H	JS	JS	K	K	K	M	N	N	P	P	R	S	T	U
基本尺寸 mm		公差等级																												
大于	至	11	11	*11	*9	8	*8	*7	6	*7	*8	*9	10	*11	12	6	7	8	*7	8	7	6	*7	6	*7	7	*7	7	*7
—	3	+330 +270	+200 +140	+120 +60	+45 +20	+28 +14	+20 +6	+12 +2	+6 0	+10 0	+14 0	+25 0	+40 0	+60 0	+100 0	±3	±5	0 -5	0 -10	0 -14	-2 -12	-4 -10	-4 -14	-6 -12	-6 -16	-10 -20	-14 -24	—	-18 -28
3	6	+345 +270	+215 +140	+145 +70	+60 +30	+38 +20	+28 +10	+16 +4	+8 0	+12 0	+18 0	+30 0	+48 0	+75 0	+120 0	±4	±6	+2 -6	+3 -9	+5 -13	0 -12	-5 -13	-4 -16	-9 -17	-8 -20	-11 -23	-15 -27	—	-19 -31
6	10	+370 +280	+240 +150	+170 +80	+76 +40	+47 +25	+35 +13	+20 +5	+9 0	+15 0	+22 0	+36 0	+58 0	+90 0	+150 0	±4.5	±7	+2 -7	+5 -10	+6 -16	0 -15	-7 -16	-4 -19	-12 -21	-9 -24	-13 -28	-17 -32	—	-22 -37
10	14	+400 +290	+260 +150	+205 +95	+93 +50	+59 +32	+43 +16	+24 +6	+11 0	+18 0	+27 0	+43 0	+70 0	+110 0	+180 0	±5.5	±9	+2 -9	+6 -12	+8 -19	0 -18	-9 -20	-5 -23	-15 -26	-11 -29	-16 -34	-21 -39	—	-26 -44
14	18																												
18	24	+430 +300	+290 +160	+240 +110	+117 +65	+73 +40	+53 +20	+28 +7	+13 0	+21 0	+33 0	+52 0	+84 0	+130 0	+210 0	±6.5	±10	+2 -11	+6 -15	+10 -23	0 -21	-11 -24	-7 -28	-18 -31	-14 -35	-20 -41	-27 -48	—	-33 -54
24	30																											-33 -54	-40 -61
30	40	+470 +310	+330 +170	+280 +120	+142 +80	+89 +50	+64 +25	+34 +9	+16 0	+25 0	+39 0	+62 0	+100 0	+160 0	+250 0	±8	±12	+3 -13	+7 -18	+12 -27	0 -25	-12 -28	-8 -33	-21 -37	-17 -42	-25 -50	-34 -59	-39 -64	-51 -76
40	50	+480 +320	+340 +160	+290 +130																								-45 -70	-61 -86
50	65	+530 +340	+380 +190	+330 +140	+174 +100	+106 +60	+76 +30	+40 +10	+19 0	+30 0	+46 0	+74 0	+120 0	+190 0	+300 0	±9.5	±15	+4 -15	+9 -21	+14 -32	0 -30	-14 -33	-9 -39	-26 -45	-21 -51	-30 -60	-42 -72	-55 -85	-76 -106
65	80	+550 +360	+390 +200	+340 +150																						-32 -62	-48 -78	-64 -94	-91 -121
80	100	+600 +380	+440 +220	+390 +170	+207 +120	+125 +72	+90 +36	+47 +12	+22 0	+35 0	+54 0	+87 0	+140 0	+220 0	+350 0	±11	±17	+4 -18	+10 -25	+16 -38	0 -35	-16 -38	-10 -45	-30 -52	-24 -50	-38 -73	-58 -93	-78 -113	-111 -146
100	120	+630 +410	+460 +240	+400 +180																						-41 -76	-66 -101	-91 -126	-131 -166

（续）

代号		A	B	C	D	E	F	G	H							JS		K			M	N		P		R	S	T	U
基本尺寸 mm		公差等级																											
大于	至	11	11	*11	*9	8	*8	*7	6	*7	*8	*9	10	*11	12	6	7	8	*7	8	7	6	*7	6	*7	7	*7	7	*7
120	140	+710 +460	+510 +260	+450 +200																						-48 -88	-77 -117	-107 -147	-155 -195
140	160	+770 +520	+530 +280	+460 +210	+245 +145	+148 +85	+106 +43	+54 +14	+25 0	+40 0	+63 0	+100 0	+160 0	+250 0	+400 0	±12.5	±20	+4 -21	+12 -28	+20 -43	0 -40	-20 -45	-12 -52	-36 -61	-28 -68	-50 -90	-85 -125	-119 -159	-175 -215
160	180	+830 +580	+560 +310	+480 +230																						-53 -93	-93 -133	-131 -171	-195 -235
180	200	+950 +660	+630 +340	+530 +240																						-60 -106	-105 -151	-149 -195	-219 -265
200	225	+1030 +740	+670 +380	-550 +260	+285 +170	+172 +100	+122 +50	+61 +15	+29 0	+46 0	+72 0	+115 0	+185 0	+290 0	+460 0	±14.5	±23	+5 -24	+13 -33	+22 -50	0 -46	-22 -51	-14 -60	-41 -70	-33 -79	-63 -109	-113 -159	-163 -209	-241 -287
225	250	+1110 +820	+710 +420	+570 +280																						-67 -113	-123 -169	-179 -225	-267 -313
250	280	+1240 +920	+800 +480	+620 +300	+320 +190	+191 +110	+137 +56	+69 +17	+32 0	+52 0	+81 0	+130 0	+210 0	+320 0	+520 0	±16	±26	+5 -27	+16 -36	+26 -56	0 -52	-25 -37	-14 -66	-47 -79	-36 -88	-74 -126	-138 -190	-198 -250	-295 -347
280	315	+1370 +1050	+860 +540	+650 +330																						-78 -130	-150 -202	-220 -272	-330 -382
315	355	+1560 +1200	+960 +600	+720 +360	+350 +210	+214 +125	+151 +62	+75 +18	+36 0	+57 0	+89 0	+140 0	+230 0	+360 0	+570 0	±18	±28	+7 -29	+17 -40	+28 -61	0 -57	-26 -62	-16 -73	-51 -87	-41 -98	-87 -144	-169 -226	-247 -304	-369 -426
355	400	+1710 +1350	+1040 +680	+760 +400																						-93 -150	-187 -244	-273 -330	-414 -471
400	450	+1900 +1500	+1160 +760	+840 +440	+385 +230	+232 +135	+165 +68	+83 +20	+40 0	+63 0	+97 0	+155 0	+250 0	+400 0	+630 0	±20	±31	+8 -32	+18 -45	+29 -66	0 -63	-27 -67	-17 -80	-55 -95	-45 -108	-103 -166	-209 -272	-307 -370	-467 -530
450	500	+2050 +1650	+1240 +840	+880 +480																						-109 -172	-220 -292	-337 -400	-517 -580

注：带“*”者为优先选用。

6. 形状和位置公差

形位公差的项目及符号（见表 13）。

表 13　形位公差的项目及符号

分　类	项　目	符　号	分　类		项　目	符　号
形状公差	直线度	—	位置公差	定向公差	平行度	//
	平面度	▱			垂直度	⊥
	圆度	○			倾斜度	∠
	圆柱度	⌭		定位公差	同轴度	◎
	线轮廓度	⌒			对称度	⌯
	面轮廓度	⌓			位置度	⌖
				跳动公差	圆跳度	↗
					全跳动	⌰

（2）形位公差在图样上的标注与识读（见表 14）。

表 14　形位公差在图样上的标注方法

标注形式分类	形位公差标注示例	说　明
1．箭头或粗短画与该结构要素的尺寸线明显错开	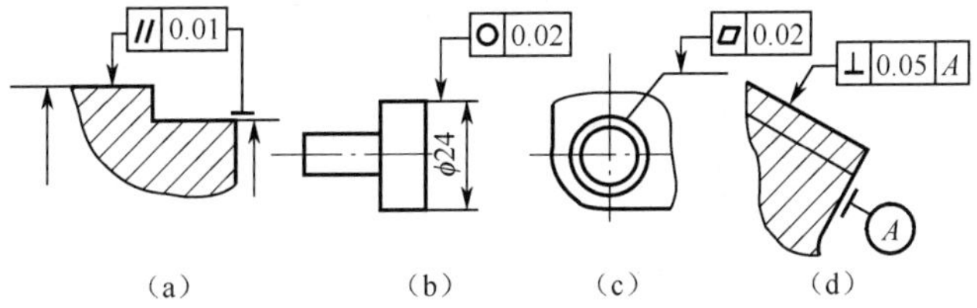	图（a）被测要素及基准要素是一般平面或轮廓线时的标注；图（b）被测要素是任一处截断面轮廓形状时的标注；图（c）被测要素或基准要素是圆孔表面时的标注；图（d）被测要素或基准是斜面时的标注
2．箭头或粗短画上的连线与该结构要素的尺寸线对齐	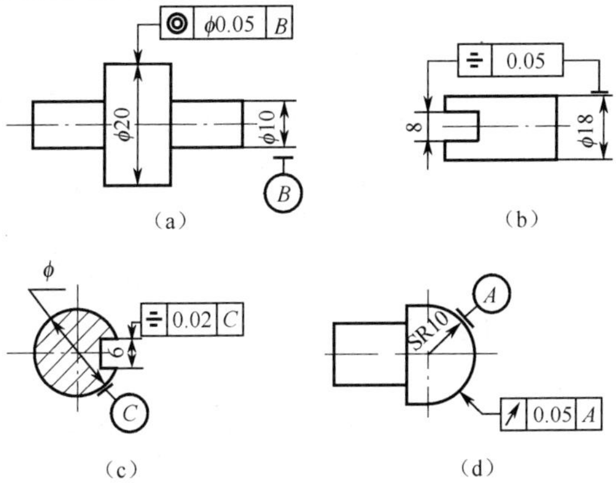	图（a）被测要素或基准要素是轴心线时的标注；图（b）、图（c）被测要素或基准要素是对称中心平面时的标注；图（d）被测要素或基准要素是球面或球心时的标注

（续）

标注形式分类	形位公差标注示例	说　　明
3．箭头或粗短画上的连线直接指向回转结构要素的公共轴心线	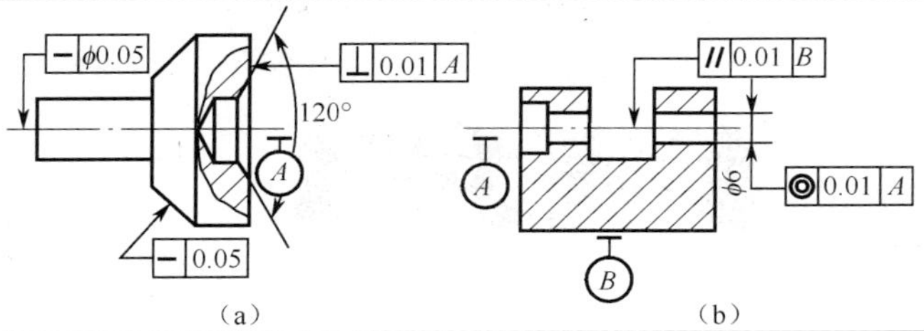 （a）　（b）	图（a）被测要素或基准要素是阶梯孔、轴的公共轴线时的标注； 图（b）被测要素或基准要素是不连续回转结构的整体轴线时的标注
4．采用框格并联标注法及绘制多箭头串联指引线标注法	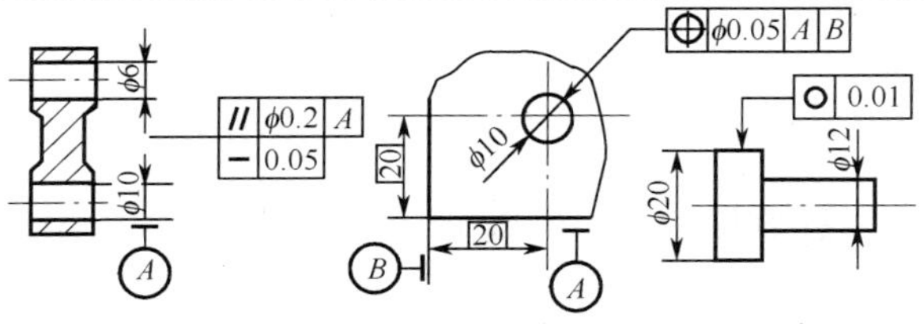 （a）　（b）　（c）	图（a）、图（b）同一要素有多项形位公差要求时的标注； 图（c）多个被测要素有同一形位公差要求时的标注
5．有附加要求及条件时按国家标准规定符号注写的形式	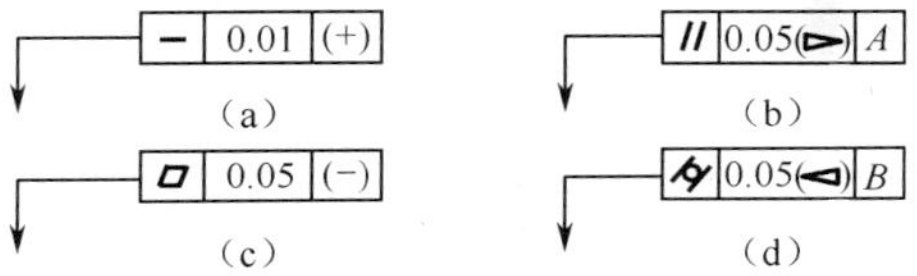 （a）（b）（c）（d）	有附加要求时的标注： 图（a）只许中间部分向材料外凸起的标注； 图（b）只许中间部分向材料里凹入的标注； 图（c）、（d）只许按符号尖端所指方向缩小的标注
6．在公差框格的上方或下方用简短的文字或数字写明的标注形式	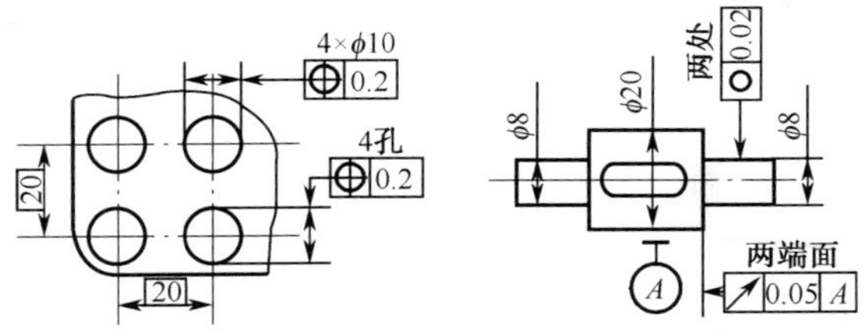 （a）　（b）	对形位公差有附加说明时的标注： 图（a）指出某一尺寸位置或某几处的形位公差要求； 图（b）指出某个结构要素或某些结构要素的形位公差要求
7．在公差数值框内加写规定符号或数值的标注形式	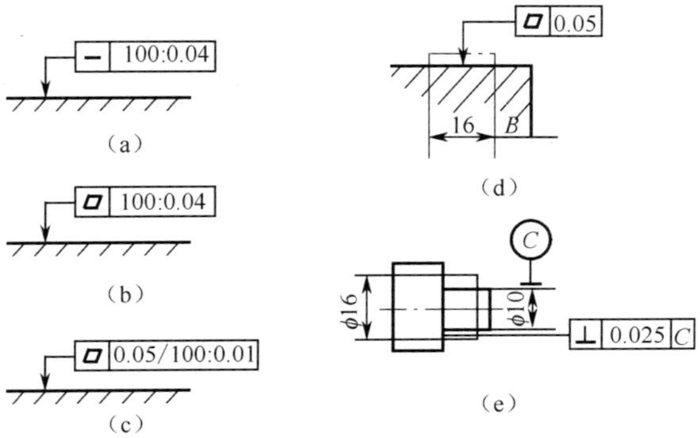	被测部位限定长度范围的标注： 图（a）在任意长为100mm内有该形位公差的要求； 图（b）在表面上任意100mm×100mm范围内有该形位公差的要求； 图（c）任意长和全长同时有该形位公差的要求； 图（d）、图（e）被测要素在限定尺寸范围内有该形位公差的要求

附　录

参考文献

1．冯秋官．机械制图与计算机绘图．机械工业出版社，北京．2000 年．
2．张湘衡．汽车车身碰撞修复．辽宁科学技术出版社，沈阳．2011 年．
3．张湘衡．汽车车身修复．华中科技大学出版社，武汉．2008 年．